Un Agent sort de l'ombre

avec la collaboration de
Philippe Lobjois

Pierre Martinet

Un Agent sort de l'ombre

privé©

Ouvrage publié sous la direction
de Guy Birenbaum

AVERTISSEMENT DES ÉDITEURS

Pour des raisons de confidentialité et de sécurité, les noms propres et les pseudonymes de la plupart des protagonistes de ce récit ont été changés. Pour ces mêmes raisons, un certain nombre de lieux, de dates et d'autres précisions circonstancielles, concernant notamment les missions effectuées par l'auteur au sein de l'armée de Terre et du Service Action de la DGSE, ont été volontairement altérés ou omis.

BEYROUTH 1983

Cela faisait un mois que mon régiment avait débarqué à Beyrouth. Arrivés dans des péniches de débarquement le 19 septembre, nous avions foulé le sable des plages beyrouthines sous un soleil éclatant.

C'était mon 6 juin 1944 à moi.

Très vite, ce qui devait être une simple mission d'interposition entre des milices se faisant la guerre était devenu une affaire mondiale. Le 6 juin 1982, l'armée israélienne, lasse de prendre des roquettes sur le Nord du pays, avait décidé d'envahir tout le Sud-Liban. L'opération « Paix en Galilée » était lancée. Elle remontera jusqu'à Beyrouth. Les Israéliens avançaient sur le sol libanais en décidant de casser la force palestinienne par n'importe quel moyen. Français, Américains, Italiens et Britanniques avaient tous été appelés à la rescousse pour sortir l'état-major palestinien du bourbier, Yasser Arafat en tête. Depuis, on y avait planté nos tentes, nos chefs trouvant l'endroit sympathique.

La preuve, c'est qu'on y était encore en septembre 1983 : marines américains, bersagliers italiens, commandos britanniques et parachutistes français circulaient dans la capitale déchirée par la guerre civile. Les gouvernements rebaptiseront tout ce petit monde en kaki : « Force multinationale de sécurité – Beyrouth. »

Engagé depuis douze mois au 3e régiment parachutiste d'infanterie de marine, je découvrais les longues patrouilles dans le grand Beyrouth. De jour comme de nuit, nous avancions dans cette ville qui basculait un peu plus chaque jour dans la folie.

Des dizaines de groupes armés s'y faisaient la guerre depuis sept ans et avaient pris l'habitude de nous tirer dessus, comme ça, juste pour nous souhaiter la bienvenue à la libanaise.

En tête de liste, il y avait le Hezbollah qui signifie « parti de Dieu ». C'était un mouvement fondamentaliste chiite installé à Baalbek, dans la Bekaa, dans l'est du Liban. Ils seront responsables d'un paquet d'attentats, d'actes de terrorisme et se spécialiseront dans les enlèvements d'étrangers. Mais ceux qu'on appelait les « fous de Dieu » détestaient le monde entier, particulièrement les États-Unis et Israël – les « Grands Satans » – ainsi que la France – « Petit Satan ». Leurs seuls amis à la surface du globe étaient la Syrie et l'Iran.

Derrière le Hezbollah, ça se pressait, il y avait les Druzes. Leur leader Kamal Joumblatt avait été assassiné dans un attentat. Son fils, Walid, avait repris le flambeau. Eux, c'étaient des durs. Vivant comme au Moyen Âge dans les montagnes du Chouf, ils occupaient tout un quartier dans l'Ouest de la ville. Socialistes, ils avaient appelé leur armée « Armée populaire du Parti socialiste progressiste ». Progressistes, ils ne l'étaient pourtant pas trop, mais ça devait faire bien sur leurs cartes de visite.

Il y avait aussi le mouvement Amal, « espoir » en arabe. Très « progressistes » eux aussi. C'était sur cette mouvance que notre section devait faire du renseignement.

Les chrétiens, comme les autres, avaient leurs milices, les Phalanges, connues aussi sous le nom de Kataëbs. Elles avaient été créées dans les années trente par le père de deux présidents, l'un assassiné en 1982, Gemayel, l'autre alors au pouvoir.

Pour compléter le tableau, et comme si nous n'avions pas assez d'ennemis, il y avait dans le Sud, sur la frontière israélienne, une milice soutenue par Israël, « l'Armée chrétienne du Liban-Sud », ainsi qu'une multitude de groupuscules palestiniens qui profitaient du chaos pour régler de très vieux comptes avec tout le monde.

Tous « progressistes » à leur manière, ils aimaient nous le rappeler en s'entre-tuant à coups de canons.

Cette ville qui s'enorgueillissait d'être la capitale de la « Suisse du Moyen-Orient » était devenue l'antichambre du chaos. De quartier en quartier, la guerre se déplaçait dans une ville coupée en deux. À l'est, il y avait les chrétiens tandis que les musulmans occupaient leurs positions à l'ouest.

Pour moi, c'était l'année des premières fois. Première intervention dans un pays en guerre, c'était aussi la première fois que je partais pour le Moyen-Orient. Je ne m'attendais pas à ça. Ce que je voyais autour de moi ne correspondait pas du tout aux reportages du 20 Heures.

Le pays était somptueux, à l'image des Libanaises qui traversaient devant nous, belles, sexy et libérées. Loin du cliché d'un pays en guerre, l'abondance était partout. Tout au long des avenues commerçantes de la ville, les vitrines pleines d'or des bijouteries succédaient aux boutiques à la mode.

On nous l'avait dit et répété : nous étions là pour la paix. Pour l'heure, l'urgence était de rétablir le contact avec la population. Pour être « accessibles », on s'était débarrassés de nos casques et de nos gilets pare-éclats.

La patrouille de nuit était en train de se terminer. Par deux, nous marchions, tendus, sur la corniche. Ici, tout le monde craignait les embuscades. Depuis quelques semaines, le dernier jeu en vogue était le jeté de grenade depuis les toits. Face à cela, nous avions rapidement acquis des réflexes dans les rues étroites. Tandis que l'un avançait, observant du bout de son fusil en vision immédiate, l'autre scrutait les toits à la recherche du moindre tireur embusqué.

Depuis une heure, nous étions en train de rejoindre *Caravelle* sur l'avenue Fouad-Cheab rebaptisée le « Ring ». *Caravelle*, c'était le nom donné au poste où était logée toute la section. Dans sa grande générosité, l'état-major français, en accord avec l'armée libanaise, avait réquisitionné pour nous une vaste maison, résidence de trois sœurs très pieuses, qui nous avaient ouvert leurs portes, trop heureuses d'accueillir des soldats français.

Pour moi, la nuit n'était pas finie. En rentrant, j'étais de permanence radio pour les heures qui restaient. Assis devant ma table, j'écoutais les palabres crachotées par mes deux postes. Ça me changeait de la musique de *Flashdance* qui tournait en boucle dans nos walkmans. L'un des postes était branché sur le régiment, l'autre captait les conversations de la compagnie. J'aimais bien entendre les voix d'un groupe à l'autre. J'y décelais les peurs et les appréhensions de chacun. Autour de moi, les gars de la section étaient partis dormir et je me sentais comme la sentinelle qui veille. Écroulés sur leurs lits Picot, les soldats dormaient tout habillés, les rangers aux pieds et le famas à portée de main.

J'ai regardé ma montre, il était 6 heures du matin. La permanence radio allait toucher à sa fin. La nuit avait été calme. Quelques accrochages en provenance des montagnes du Chouf et c'était tout. Par les volets en bois, je voyais le jour se lever. Un camarade est venu me relever. J'ai quitté mes deux postes radio et je me suis étendu à côté des autres. J'avais hâte de pouvoir rêver de Carcassonne, de mon village, de ma copine, enfin juste d'un endroit où les immeubles étaient debout, et où il n'y avait personne qui voulait vous planter un coup de couteau dans le dos à chaque carrefour.

Une déflagration sourde et lointaine a traversé la ville. Elle était porteuse d'un message qui semblait dire : « Allez-vous en, on ne veut pas de vous ! »

Je me suis retourné dans mon duvet. Ça devait venir des montagnes du Chouf. « Explosion du matin, chagrin », avait-on coutume de dire depuis que nous étions arrivés. C'étaient souvent juste des gars qui avaient une folle envie de faire parler d'eux dans les journaux de la mi-journée. Une deuxième déflagration, plus sèche, est venue se coller à mes oreilles. Elle aussi était porteuse d'un message. La petite voix me disait comme pour moi seul: « Aujourd'hui, je vais te faire mal. »

La lumière de ma montre s'était éteinte. Il était 6h23. Hors du duvet, je m'étais de nouveau installé devant les postes. Autour de moi, les gars de la section avaient commencé à s'agiter. Ça fusait dans tous les sens. Les ordres tombaient les uns après les autres. Une voix répétait sans cesse: « *Blanc 2* de *Blanc Autorité,* rejoignez immédiatement le secteur sud. » La voix avait quelque chose de drôle dans le ton. Elle avait peur.

Le pied sur le champignon, nous avons traversé la ville qui était en train de se réveiller à notre passage. La circulation n'était pas encore dense et nos TP3 se faufilaient nerveusement au milieu des grosses Mercedes d'occasion.

Depuis que nous avions posé le pied sur le sol libanais, les différents régiments français s'étaient partagés la capitale. Répartis dans des immeubles plus ou moins hauts, les soldats pouvaient embrasser du regard l'ensemble de la ville. À chaque poste, l'état-major avait donné un nom de code. Breton et marsouin, le général en chef devait vraiment aimer la mer car il avait distribué des noms de bateaux à tout le monde: *Caravelle, Kayak, Sampan, Boutre, Gondole.* Il y avait plus de trente-cinq postes répartis comme ça dans tout Beyrouth.

Sauf que ce jour-là, on était le 23 octobre 1983, c'était un dimanche et quelqu'un avait décidé de couler le *Drakkar.*

« Le quartier général américain vient de sauter. Il y a des morts partout. Ils ont balancé dedans une voiture remplie d'explosifs. »

Dans le TP3, branché sur la radio, la nouvelle venait de tomber. C'était l'explosion que j'avais d'abord entendue au loin. Les premiers échos parlaient d'un camion fou qui, rempli d'une tonne d'explosifs, s'était lancé sur le poste de garde du quartier général des marines, près de l'aéroport. Après quelques minutes, un second camion-suicide s'était écrasé sur le poste *Drakkar,* où étaient stationnés les parachutistes du 6e RIP.

Les TP3 ont stoppé net et, en descendant, on a compris que ça allait être une mauvaise journée. L'air était jaune, comme saturé de poussière en suspension, et était troué par les quelques sirènes du Croissant-Rouge libanais. Le silence paraissait irréel, comme l'image figée d'un film.

« L'immeuble est où ? », a demandé un type de mon groupe.

Personne ne lui a répondu. En fait, personne n'arrivait à croire que le mille-feuille de béton qui nous faisait face était il y a une heure encore le *Drakkar.*

Seul bruit sur le périmètre, le hurlement des sirènes semblait accompagner les soldats arrivés les premiers sur la zone.

L'un d'entre eux, un sergent couvert de poussière, passa au pas de course devant nous : « Magnez-vous, y a encore des gus dessous ! »

Tandis que les ambulances du Croissant-Rouge déchargeaient les brancards et le plasma sur le tas de béton, des dizaines de fourmis vertes s'affairaient. Les premiers corps venaient d'être sortis et attendaient d'être identifiés. L'un d'eux gisait, ramassé sur lui-même, la figure écrasée contre le béton. Concassé comme si une gigantesque main invisible l'avait broyé en même temps que l'immeuble. Je n'ai pas distingué la moindre trace d'uniforme, vu qu'il était aux trois quarts carbonisé. J'avais du mal à croire que cette forme recroquevillée avait pu être un jeune homme bien vivant. En fait d'immeuble, il n'y avait plus que des grandes plaques affaissées devant nos yeux, se chevauchant les unes les autres.

La peur, la haine et l'excitation : tout se mélangeait dans ma tête et mes pensées se sont mises à osciller dangereusement.

« Qui a fait ça, qui a fait ça ? »

La phrase bourdonnait autour de moi comme un insecte. Lancinante, cette question était en train de nous vriller la cervelle. Mais personne ne savait comment y répondre. Y avait-il des survivants ? La structure n'allait-elle pas nous tomber sur la gueule quand on l'escaladerait ? Tout tournait très vite dans ma tête, et pas seulement dans la mienne. Autour de moi, la rage circulait dans les rangs, très vite remplacée par l'accablement devant le tas de béton fumant qui s'étalait sous nos yeux pleins de poussière.

Se tournant vers nous, le chef de section nous dit : « On se déploie autour du *Drakkar*. Sécurisation du périmètre et vous repoussez les journalistes. Je veux pas en voir un s'approcher. Vous faites gaffe, y a des snipers qui allument la zone depuis ce matin. »

On ne se l'est pas fait dire deux fois. Les journalistes, on les aimait bien. Ils prenaient des photos de nous en montrant combien on était courageux de venir s'interposer au milieu de ces Libanais fous qui se faisaient la guerre. Ça ferait des souvenirs en couleur quand on rentrerait. Mais aujourd'hui, ils n'étaient pas les bienvenus. Près de l'amas de béton, il n'y en avait qu'une petite dizaine qui venait d'arriver. La nouvelle avait fait le tour de la ville, mais les embouteillages du matin bloquaient les accès au périmètre.

Il fallait se remuer. Après avoir sécurisé la zone, j'ai commencé à escalader la pyramide de pierres. Les étages, entassés les uns sur les autres, formaient un fatras compact duquel des fumerolles s'échappaient par les crevasses. Mes rangers s'enfonçaient dans la poussière blanchâtre du béton, tandis que je cherchais des signes de vie. Je n'étais pas le seul. Autour de moi, on était une cinquantaine à arpenter ce qui était en train de devenir, minute après minute, un gigantesque sarcophage. Les chiens renifleurs n'étaient pas encore arrivés et le régiment appelé d'urgence débarquait au grand complet afin de nous aider dans nos recherches.

Je continuais mon escalade. C'est en grimpant entre deux blocs effondrés que je l'ai aperçu. Figé dans la poussière, comme paralysé, il avait l'air de n'attendre que moi. Son corps était recroquevillé, brisé en deux. L'explosion avait dû le réveiller en sursaut. Il se serait relevé et le poids des étages l'aurait écrasé aussi sec. J'ai d'abord cru qu'il était noir. En fait, ce n'était pas le cas. Avec tout ce qu'il avait pris, son corps était devenu un gigantesque hématome. Je me suis approché de lui. Des fers à béton lui traversaient la tête, lui éjectant les yeux, qui pendaient comme deux balles de ping-pong hors de leur orbite. Un morceau du lit lui transperçait les cuisses. Pendant que mes yeux allaient d'un détail à l'autre, je remarquai sa plaque d'identité qui pendait. Son nom était gravé sur le morceau de métal. Il était un peu plus âgé que moi, il avait vingt et un ans.

Cinquante-huit morts ! Des volontaires du service long. Des jeunes gars qui avaient prolongé l'âge de l'adolescence. Des mômes qui avaient eu envie de voir du pays avant de rentrer dans la vie active. Des soldats à peine formés qui n'avaient pas même eu le temps de se défendre.

« Journée de merde », dit l'un de nos sergents.

Personne ne lui répondit. Pour beaucoup de gars du régiment, c'était sans doute la première fois qu'ils se trouvaient confrontés à autant de cadavres d'un coup. Certains n'en avaient jamais vu de leur vie.

Voir un cadavre n'est jamais anodin. Je pensais à lui, écrasé sous ses blocs. C'est moi qui l'avais vu le premier. J'avais été son premier visiteur, en quelque sorte. Un lien s'était tissé entre lui et moi. Comme s'il m'avait confié un message. Les morts que l'on rencontre sur sa route, surtout les premiers, ne sont jamais là par hasard. Ils nous mettent en garde, nous renvoient à nous-mêmes, à quelque chose qui nous dépasse de loin.

Ce premier jour, notre groupe est resté jusqu'à 21 heures. Je faisais équipe avec Sénéchal, Trahoré, Cone et Braunstein. C'étaient tous des gars de ma section. On était arrivés ensemble et j'espérais bien qu'on repartirait ensemble. Dans le camion qui nous ramenait vers *Caravelle,* je me suis senti les doigts puis, comme un chien, je me suis mis à renifler Sénéchal. L'odeur de la décomposition suintant des carcasses de béton s'était incrustée dans nos treillis, tenace comme une sangsue, comme si elle ne voulait pas qu'on l'oublie. Tout le monde sentait la mort mais personne ne s'en souciait. Ça faisait partie du job et, pendant cinq jours, toute la compagnie dut vivre avec.

Au poste de garde, nous avons vu que le courrier était arrivé. Avec Gérard, on a pris nos lettres respectives pour aller les lire dehors sous les étoiles. Gérard, je l'avais rencontré à la descente du train qui m'amenait à Carcassonne avant de m'engager. Lui aussi cherchait la caserne. Nous étions vite devenus inséparables. Quelques années plus tard, il épouserait ma sœur et deviendrait ainsi mon beau-frère.

J'avais reconnu l'écriture de ma copine, Brigitte. Je l'avais rencontrée en boîte de nuit à Carcassonne. Blonde aux yeux verts, elle avait dix-neuf ans comme moi, et travaillait comme secrétaire dans un cabinet immobilier de la ville. On s'était plu et on avait décidé de se marier. Trois jours après le mariage, le régiment et moi volions vers Chypre d'où nous avons rejoint Beyrouth par la mer. Depuis elle était devenue très chiante. Au téléphone, elle se plaignait de mon absence. J'ai vite compris que, là ou pas, elle se plaindrait tout le temps. Brigitte était une plaintive. C'était une sorte de seconde nature chez elle. Elle aimait ça et ça donnait un sens à sa vie. La seule fois où je ne l'ai pas entendue se plaindre, c'est quand je suis revenu avec des bijoux et de l'or que nous avions achetés rue Hamra. Parfois, je me demandais pourquoi elle était avec moi. Elle savait, en épousant un parachutiste affecté à un régiment d'élite, qu'il pouvait partir sur un claquement de doigts à l'autre bout du monde. Au fur et à mesure que je lisais sa lettre, ses histoires de boîtes de nuit, de copines et de nouvelles coiffures me sont soudainement apparues totalement dérisoires. Trop de décalage.

On venait à peine de finir de lire nos lettres quand l'ordre est tombé. Il fallait se déshabiller au plus vite pour éviter les infections. À cause des risques, les médecins avaient donné l'ordre à tous ceux qui avaient travaillé sur la zone de brûler leur treillis. À la queue leu leu, on a porté nos fringues imprégnées de la mort de nos copains dans le terrain vague en face du camp. Une fois tout le monde en treillis de rechange, un adjudant a aspergé le tas d'essence.

Tout autour, nous regardions ce feu de camp improvisé tout en nous observant. On était pas beaux à voir, mais on se sentait profondément vivants. J'ai eu un petit frisson. Je voyais que quelque chose était en train de s'envoler dans les volutes noires. Sans doute un morceau de notre naïveté sur le monde. Notre innocence s'était barrée, écrasée à quelques kilomètres de là sous des tonnes de béton.

Vivants nous l'étions, sauf qu'on ne savait pas pour combien de temps. La nuit venue, la figure noirâtre du jeune lieutenant est venue me hanter. Elle est revenue plusieurs nuits de suite, telle une vieille amie qui viendrait vous rendre visite. Puis, une nuit, elle n'est pas revenue, comme si elle s'était lassée de moi. C'était mon deuxième vrai cadavre, le premier avait été celui de mon père.

Le lendemain, à 4 heures du matin, nous sommes retournés sur la zone pour relever l'équipe de nuit. Sur place, le régiment de soutien qui s'occupait de toute notre logistique, avait placé des projecteurs le plus haut possible. Les tracto-pelles patientaient, immobiles, à côté des gravats. En fait, personne ne voulait les utiliser de peur d'écraser un survivant. La nuit, l'odeur est devenue plus tenace.

Les gars de la Croix-Rouge libanaise nous ont alors distribué des masques en carton qu'on utilise dans la construction, mais pas de gants. J'avais déjà les mains tout écorchées d'avoir remué les morceaux de béton.

« Chaque cadavre sorti devra être identifié au cas où il aurait perdu sa plaque d'identification. Vous prévenez le groupe de gendarmes qui procéderont au relevé d'empreintes », dit le sergent.

À quelques mètres de nous, les gars, masque sur la figure, étaient déjà à pied d'œuvre. Accroupi au-dessus de ce qui avait été un soldat, l'un d'entre eux, la main du mort sur le tampon encreur, appliquait le plus fidèlement possible les doigts pour relever l'empreinte digitale.

Au bout de quarante-huit heures, quatorze corps avaient été sortis de l'amas de blocs et de tiges métalliques. Une table avait été installée sur laquelle un autre gendarme comptait les plaques d'identification. Il observait les bouts de métal un par un. Certains étaient complètement tordus et noircis.

Pour les Américains près de l'aéroport, c'était pire. Les premiers comptages parlaient de plus de deux cents morts. Le camion avait défoncé le mur d'enceinte et s'était arrêté sous le parking. Là, le chauffeur kamikaze avait actionné son détonateur. Une tonne de TNT avait fait s'effondrer les quatre étages du quartier général américain.

La riposte devait être proportionnelle à l'attaque, c'était ce qu'on nous avait appris en arrivant à Beyrouth. En gros, si tu m'avais tiré dessus, je n'aurais pas eu le droit de t'écrabouiller sous des tirs de 90 mm. Mais avec le *Drakkar*, c'était un séisme, et nos officiers commençaient à s'énerver dans leur coin. On parlait de vengeance et d'aller faire sauter l'ambassade d'Iran ou le QG du Hezbollah dans la banlieue sud.

Les survivants n'en revenaient pas d'être encore là. Ils disaient qu'ils avaient senti l'immeuble décoller avant de plier et de s'affaisser.

L'un d'eux, le sergent-chef Blanc, s'était posté sur le toit avec des jumelles pour voir les décombres du QG américain. En quelques minutes, il s'était retrouvé neuf étages plus bas. Un autre rescapé, le caporal-chef Nialo, s'engagera chez nous quelques années plus tard.

À Paris, la nouvelle de l'explosion du *Drakkar* avait bouleversé tout le monde. Je pensais à ma mère et à ma sœur. On n'avait pas encore eu le temps de prévenir nos familles que nous étions vivants.

La France, choquée, avait envoyé la Sécurité civile. Ces derniers, harnachés, ont glissé des micros dans les interstices de l'immeuble détruit, pour localiser d'éventuels survivants. Des plaintes ont été détectées jusqu'au troisième jour, puis plus rien. Je les regardais agir et ça me paraissait profondément irréel de savoir qu'il y avait des gens qui respiraient enfouis là-dessous. Mourir enterré vivant avait toujours été mon pire cauchemar quand j'étais môme.

« Il paraît que l'odeur est telle dans les cercueils qu'ils ont demandé aux paras de les souder », nous a glissé Courtois tout en remuant un gros bloc de béton.

Sur le site, la nouvelle circulait que le président de la République en personne était arrivé à Beyrouth dans la nuit. Quelques heures plus tard, François Mitterrand, accompagné du général Cann, qui commandait les soldats français de Beyrouth, et de Charles Hernu, le ministre de la Défense, était sur place. Toute une cour les suivait. Je me suis dit que ça allait lui faire bizarre de revenir dans les salons de l'Élysée avec cette odeur de mort accrochée aux chaussures.

Le soir même, une cérémonie a eu lieu à la résidence des Pins. Siège de la résidence de l'ambassadeur, c'était là qu'était logé le Président. Pour la levée de corps, chaque section a désigné des soldats qui représenteraient le régiment, et je m'y suis retrouvé avec quelques autres. De mon paquetage, j'ai sorti ma tenue de défilé. Nous en emportions toujours une, glissée dans le fond du sac. Ça pouvait servir dans le cas où nous gagnerions la guerre d'un seul coup. J'ai regardé le treillis neuf, le plastron de soie bleue et la fourragère. Jamais je n'aurais pensé la porter pour l'enterrement de cinquante-huit copains.

Dans la cour de la résidence, sous la garde d'un para, les cercueils de bois avaient été alignés, recouverts du drapeau tricolore. La lueur de la nuit, aidée des phares de Jeep, avait tendu une atmosphère de recueillement sur tout le périmètre. Tout autour, il y avait foule. Les Américains étaient déjà là, ainsi que les officiels libanais, politiques et militaires. Le sergent nous a désigné notre place face aux cercueils. Tandis que l'odeur nauséeuse se répandait insidieusement hors des caisses, le père Lallemand est monté pour réciter l'homélie. Petit, les cheveux ras, le « padre », comme on l'appelait, était une immense figure dans le monde militaire. Après avoir parlé, le père est allé s'incliner longuement devant chaque cercueil. Ensuite, le général Cann, devant les cinquante-huit corps alignés, a dit au revoir à ses chers parachutistes. La sonnerie aux morts a retenti. C'était la première fois que je l'entendais.

Les jours qui suivirent l'attentat, le haut commandement nous a dispatchés sur la Ligne verte, la ligne de démarcation entre chrétiens et musulmans. Les habitants l'appelaient ainsi car, depuis la guerre, la nature avait repris ses droits et des plantes poussaient dans tous les sens au milieu des ruines. Pour nous, il était hors de question de dormir dans une chambre de peur d'être ensevelis. Aussi, chaque soir, avec notre duvet sous le bras, nous allions sur le toit pour dormir quelques heures. Au moins on respirerait avant de mourir. Et si ça pétait, on était sûrs d'arriver en bas les derniers ! Après *Drakkar*, nous préférions passer la nuit à observer les alentours, les intensificateurs de lumière sur le nez. Ils nous permettaient de voir la nuit en se servant de la lumière des étoiles. Dans les lunettes, la nuit noire se transformait en un paysage verdâtre où les ombres se mouvaient d'une rue à l'autre malgré le couvre-feu. Chaque soir, les tirs se rapprochaient un peu plus de nos têtes et, à chaque fois, on fortifiait un peu plus le poste qu'on nous avait assigné.

Notre nouvelle position était une maison de ville de deux étages. Le sous-sol et le rez-de-chaussée étaient occupés par la famille du propriétaire. Il y avait la mère et ses deux filles âgées de douze et de dix-sept ans. Le père, lui, était mort au début de la guerre dans les premiers bombardements. Nous, on occupait le deuxième étage et le toit. Tous les soirs, c'était 14 Juillet avec les « traçantes » qui filaient toutes rouges dans le ciel noir. C'était comme regarder un gros orage au chaud dans sa maison. Bizarrement, derrière nos sacs de sable, on se sentait à l'abri au milieu de ce chaos.

Les obus passaient au-dessus de nos têtes avec un petit bruit sifflant pour aller s'écraser pas loin dans un grand « boum ! » J'aimais bien ces moments quand notre copine Adrénaline venait nous rendre visite de manière impromptue.

L'attentat du *Drakkar* avait accéléré notre mission, à savoir se renseigner tous azimuts sur les groupes en présence dans la capitale libanaise. Nos services n'étaient pas trop manchots sur le terrain, d'autant plus que la population libanaise parlait français, souvenir d'un lointain protectorat du début du siècle.

Régulièrement, on voyait passer des types habillés à l'européenne, en blouson de cuir et baskets. Derrière nos sacs de sable, je les voyais circuler à pied. Notre lieutenant nous avait prévenus : « C'est les mecs du Service Action qui vont à la cueillette de renseignements. »

C'était la première fois que j'entendais parler d'eux.

Tels des petits chaperons rouges se rendant chez le grand méchant loup, ils circulaient par trois tranquillement dans Beyrouth comme s'ils étaient chez eux. Je les enviais de pouvoir se déplacer aussi à l'aise dans ce merdier. Autour de moi, ça gambergeait dur. Didier Courtois, notre chef de section, disait qu'ils passaient de l'autre côté pour exécuter des contrats sur ceux qui nous emmerdaient. De les voir comme ça, ça me rappelait les films que je regardais en boucle quand j'étais gamin sur les agents infiltrés dans les villes en guerre. J'imaginais les endroits où ils pouvaient aller, les situations auxquelles ils étaient peut-être confrontés. J'aimais trop cette ambiance. Et j'aurais fait n'importe quoi pour devenir l'un d'eux.

À notre niveau, nous continuions notre mission qui était de découvrir tout l'organigramme de la milice Amal. Pour cela, on patrouillait dans Beyrouth, le long de la Ligne verte, tout en discutant avec les miliciens rencontrés dans les quartiers détruits. Un jour on rencontrait les Amal et le lendemain on allait prendre le thé chez les Kataëbs, les milices chrétiennes positionnées sur la Ligne verte. Nous discutions de la pluie et du beau temps, du nombre d'hommes qui circulaient sur la zone, de l'armement. Entre deux tasses de café *masbout*, nous discutions des avantages respectifs de la Kalach sur le famas. Nos interlocuteurs avaient la Marlboro facile et on entretenait tous notre futur cancer en fumant comme des pompiers.

De temps à autre, lors des patrouilles, des gus nous refilaient des joints. J'étais pas trop preneur, mais beaucoup, le soir, se fumaient un petit cône, histoire de relâcher la pression de la journée.

La ligne de front passait en plein milieu de la ville, un peu comme si les Champs-Élysées avaient été transformés en champ de bataille.

Les immeubles éventrés semblaient attendre le coup final. Criblés d'impacts, la plupart avaient été vidés de leurs habitants dès le début des combats. Çà et là, des carcasses de voitures rouillées se faisaient dévorer par les herbes folles.

Vaste zone d'ombre, les miliciens en avaient fait leur terrain de jeux. L'un d'eux, milicien d'Amal, ne manquait jamais de nous saluer au passage de la patrouille. Brun, les cheveux bouclés, petite moustache, nous l'avions surnommé « Stan Smith », du nom des baskets Adidas qu'il portait aux pieds. Très vite, il nous a bombardé de questions.

« Vous habitez Paris ? a-t-il demandé.

– Non, nous, on vient de Carcassonne.

– Moi j'ai un super copain à Paris, il s'appelle Pierre Groscolas. Tu sais *Lady lay, Élise et moi…* »

Pour le cas où je n'aurais pas su, il s'était mis à chanter les tubes tout en se dandinant dans son pantalon immaculé. Je l'ai regardé, tout en blanc avec sa moustache, ses Stan Smith et sa Kalach et je me suis demandé si j'étais bien au bon endroit. « Là, je fais la guerre, mais la semaine prochaine, je pars pour Paris. »

Lui et son pote circulaient sur la Ligne verte, au milieu des décombres comme des gamins à l'aise dans la guerre.

Une fois par semaine, nous avions droit à un coup de téléphone pour la France. Histoire de dire que tout allait bien, que Beyrouth était une fantastique capitale pleine d'imprévus et qu'on ne voulait surtout pas rentrer à la maison. Je rassurais ma mère et ma sœur sur les images qui passaient le soir au 20 Heures en disant que les journalistes étaient d'effroyables menteurs qui ne voyaient que le mal. Au son de sa voix je sentais bien qu'elle ne me croyait pas, mais bon, elle faisait semblant.

L'heure du coup de fil avait sonné. Il était 18 heures et avant même que l'ordre ait été donné, on s'était déjà répartis à quatre dans le TP3. Le téléphone, c'était sacré.

Les attentats contre les patrouilles motorisées en ville s'étaient radicalement multipliés. Assis près du conducteur, le famas sur les genoux, je surveillais la route. Il faisait nuit et une petite brise tiède en provenance du large glissait dans la cabine. Au loin, vers le quartier druze de Caracol, des claquements sporadiques d'armes automatiques résonnaient.

« Il paraît que chez les Hezbollah, dans la banlieue sud, ils ont tiré de joie à la nouvelle de l'attentat du *Drakkar*, dit notre lieutenant.

– On va leur fait passer le goût du *mezze* à ces connards ! »

Arrivé près d'un carrefour, j'ai à peine eu le temps d'apercevoir une bagnole qui nous bloquait. Une explosion d'abord. Puis, sur ma droite, des flashes lumineux sont partis du haut d'un immeuble qui me semblait gigantesque. On nous tirait dessus. Derrière, Trahoré réagit le premier, lâchant un premier chargeur dans la nuit. Par la fenêtre, le famas coincé sous le bras, j'ai tiré sur le bâtiment d'où semblaient provenir les tirs, par rafales courtes comme on me l'avait appris à l'entraînement. Riposter et dégager. Conduit par Charpin, j'ai senti le TP3 s'envoler tandis que le bruit me traversait les oreilles sans discontinuer. Où étaient les assaillants ? Avec quoi tiraient-ils ? Quelqu'un était-il blessé à l'arrière ?

Je n'en savais rien, j'ai juste hurlé à Charpin qu'il roule sans s'arrêter.

J'étais toujours cramponné à mon famas. Les tirs ennemis continuaient et j'ai senti qu'ils venaient de la droite. À l'arrière, Trahoré et Poitier s'étaient mis à genoux, en position, défouraillant tout ce qu'ils pouvaient. Derrière moi, je voyais une pluie de douilles tomber sur le plancher du TP3.

En moins d'une minute, l'habitacle venait de se transformer en hérisson de feu. On tirait par tous les interstices du camion. Devant, Charpin a évité la voiture qui nous bloquait le passage. J'ai rentré le bras et j'ai lancé un appel d'urgence sur la radio, qu'on venait d'être accrochés et qu'ils se préparent à nous réceptionner.

Trois kilomètres plus loin, zigzaguant au milieu des plots en béton, on est arrivés sur le poste où nous attendait le lieutenant. Derrière lui, le groupe de combat était déjà au complet.

« Qu'est-ce qui s'est passé?

– Accrochage au carrefour Ras Al Naba' !

– Des blessés?

– Non, je ne crois pas. »

J'avais passé mon baptême du feu. J'étais vivant et j'étais fier.

On s'est regardés tous un par un. À première vue, personne n'avait été touché. Il ne restait que l'énervement et un petit goût aigre dans la bouche. Alerté par nos appels radio, le lieutenant de compagnie était arrivé en même temps que nous. Il s'appelait Balavoine et c'était le frère du chanteur. Il a jeté un œil vers nous puis a fait le tour du véhicule.

« Qui était à droite?

– C'était moi, j'ai répondu un peu tendu.

– Martinet, tu viens de passer à deux doigts! », a-t-il dit en désignant la plaque métallique sur laquelle on accrochait la pelle et la hache.

Collée juste derrière mon siège, la plaque était constellée d'impacts de balles. La rafale avait dessiné une étrange zébrure qui s'était arrêtée à deux centimètres de ma tête. J'ai levé les yeux au ciel et pensé à mon père. Il devait me protéger de là-haut.

Autour de nous, ça s'agitait et le lieutenant a donné ses ordres. Il faut dire que depuis l'explosion du *Drakkar*, l'envie d'un scalp démangeait tout le monde.

« Premier, deuxième groupe, on y retourne ! Double de munitions par soldat. Casque lourd pour tout le monde, ainsi que gilet pare-éclats. Rique, tu prends deux roquettes en plus pour ton tube. On est partis ! »

Le lieutenant s'était soudain transformé en chef de meute. Dix minutes après qu'on nous ait donné l'ordre de repartir sur les lieux de l'embuscade, nous roulions vers le carrefour. Dans le TP3, j'ai bien vu que tout le monde était très énervé. Pas moi. J'avais déjà eu ma ration. L'adrénaline m'envahissait et ça pulsait très fort dans mon crâne. Je ne sentais plus mon casque lourd, ni mon gilet pare-éclats qui m'encombrait. Mon famas me collait aux mains et je ne pouvais plus le lâcher. Je commençais vraiment à apprécier cette bonne grosse carcasse de plastique et d'acier noir. Armés et prêts à tirer, les soldats du groupe avaient les mâchoires serrées. Tout comme eux, j'avais un goût de sang dans la bouche. Il fallait qu'on bute quelqu'un ce soir.

Le bâtiment était toujours là. Dans la lumière de la nuit, ce que j'avais pris pour une forteresse n'était qu'un pâté d'immeubles genre HLM de six étages. Les quatre TP3 ont pilé au même instant. Le commandant d'unité était là. Lui aussi en voulait.

« C'est ici, mon lieutenant ! »

Le carrefour était silencieux. Par terre, je ramassai des douilles de cuivre qui provenaient de nos famas. Silencieusement, un groupe s'est mis en appui pendant que deux autres avançaient nerveusement vers les entrées du bâtiment.

« Je veux trois lance-roquettes antichars ! Les tireurs d'élites, vous vous trouvez des positions face à l'immeuble. Au moindre mouvement, feu sur les fenêtres ! »

Glissant comme des ombres, les tireurs d'élite se sont disposés devant le bâtiment. Le nez des fusils démangeait tout le monde. Devant l'entrée, on n'a pas demandé s'il y avait quelqu'un. Le groupe s'est engouffré. À la lumière des néons, le premier binôme est monté taper à la porte de chaque appartement.

« Martinet ! Tu me suis ! »

Les actes réflexes reprenaient le dessus et, le famas tendu, j'ai embrayé derrière le chef de section, qui avait sorti son calibre. La crosse du fusil collée à ma joue, je montai marche après marche cet escalier qui n'en finissait pas. Sur les paliers, personne n'avait encore eu la mauvaise idée de sortir. Chez nous, personne ne voulait être poli et des éclats retentissaient à tous les étages.

« Ouvrez, ouvrez, vous avez vu quelqu'un ? »

Sénéchal était le plus énervé de nous tous et il avait arrêté la diplomatie depuis très longtemps. Devant moi, je l'ai vu sortir une grenade à fusil qu'il a emboîtée rapidement sur le canon de son arme puis il s'est mis à répéter : « Je vais leur sortir les boyaux par le cul ! Je vais leur sortir les boyaux par le cul ! »

Son fusil semi-automatique coincé à la saignée du bras, il s'était mis en tir tendu, prêt à décharger au moindre grognement. En le regardant avec son visage luisant comme une tête de mort, je me suis dit que je n'aurais pas voulu me faire éventrer par la grenade de Sénéchal, et que c'était vraiment une sale mort.

Étage après étage, on est entrés dans chaque appartement, Sénéchal toujours en pointe. J'avais pas trop envie qu'il tire, surtout qu'on risquait de prendre des éclats dans la gueule.

« Avez-vous vu d'où ça a tiré? »

Derrière les femmes, les enfants réveillés en sursaut nous regardaient avec de grands yeux. Ils n'avaient rien vu.

« Si, si, on a entendu des bruits de tir mais on ne sait pas d'où…

– On devrait les laisser en tête à tête avec Sénéchal et son fusil semi-automatique ! », j'ai dit au lieutenant, histoire de détendre l'atmosphère.

Après avoir passé l'immeuble au crible, les binômes se sont retrouvés en bas. Certains étaient montés sur le toit pour voir s'il n'y avait pas des douilles qui traînaient. Les mecs avaient dû tirer d'une fenêtre puis ranger le fusil sous le tapis, histoire de garder la main. On a dévalé les marches et on s'est tous retrouvés au pied de l'immeuble. À cent mètres de nous, une Mercedes venait de piler dans un grand bruit de frein. On s'est tous retournés. Alors que la voiture faisait demi-tour, le lieutenant, resté en bas, a crié à Rique:

« Rique! Rique! la Mercedes, la Mercedes! »

Rique a épaulé son lance-roquettes et lui a mis « un coup de tube ». J'ai vu la roquette de 89 mm filer dans la nuit, frôler la Mercedes et finir sa course dans un immeuble avant d'exploser dans un appartement. Nous avons regardé cela, incrédules. J'espérais qu'il n'y avait personne à l'intérieur.

« Peut-être qu'il y avait quelqu'un dans l'appartement, mon lieutenant !

Celui-ci s'est retourné vers moi.

– Et peut-être qu'il n'y avait personne ! »

Ce soir-là, j'ai compris que l'expression « louper une cible » deviendrait plus tard, dans la bouche de nos officiers de presse, un « dommage collatéral ». De toute façon, c'était eux qui avaient commencé. Cette nuit-là, on a fait beaucoup de dommages collatéraux.

RACINES…

On ne se méfie jamais assez des livres. Je me souviens de la bibliothèque de mon grand-père. C'est à cause des livres qui s'y trouvaient que tout a commencé. Dans les rayonnages de bois ciré, il avait accumulé des dizaines et des dizaines de bouquins aux couvertures cornées. Tous traitaient de la guerre, la Seconde d'abord puis l'Indochine et l'Algérie. Mon regard allait d'un ouvrage à l'autre. *Les Centurions*, *Les Prétoriens* de Lartéguy, *Par le sang versé* de Bonnecarrère, *Les Paras de la France libre*. On en trouvait aussi de Jules Roy et de Schoendoerffer.

Tous ces auteurs guerriers, à travers leurs aventures, étaient devenus ma machine à remonter le temps. On allait de Monte Cassino à Diên Biên Phu, en passant par la Route coloniale n° 4, la bataille d'Alger ou le débarquement de Normandie. Je passais des heures assis par terre à feuilleter les pages où il y avait des photos en noir et blanc. À six ans, je rêvais d'être comme eux.

La vie militaire, ma famille la connaissait depuis longtemps. À la maison, c'était un peu de père en fils. D'abord mon grand-père paternel. Il avait fait le débarquement de Provence le 15 août 1944 à Cavalaire. Après ça, il s'était engagé pour deux séjours en Indochine dans « la Coloniale ». Avant de rejoindre les troupes de la France libre et de débarquer avec le général de Lattre de Tassigny, il avait été fait prisonnier par les Allemands en 1940. Il avait sauté du train qui l'emmenait en Allemagne.

Mon père, trop jeune pour l'Indochine, s'était rattrapé avec l'Algérie où il avait rejoint les commandos de l'air, créés pour effectuer des opérations héliportées et aéroportées. Lui et son groupe seront très vite utilisés par l'état-major comme des commandos de chasse traquant le FLN dans le djebel. Sans doute fatigué de courir sac au dos au milieu des cailloux de l'Algérois, il rejoindra les compagnies de méharistes. Patrouillant avec trente Toubous, les guerriers locaux, il finira la guerre à dos de chameau le long de la frontière nigérienne. Puis une fois les accords d'Évian signés, en 1962, à la fin de la guerre, il est rentré à Marseille, où il a été affecté au 4e régiment d'infanterie de marine de Fréjus. Les rapatriés d'Algérie, du Maroc et de Tunisie commençaient à arriver à Marseille. Avec eux, véritable mauvaise conscience de la France, des milliers de harkis, ces soldats algériens qui avaient cru à la parole française, embarquaient aussi pour éviter le massacre. L'administration militaire, au vu du CV de mon père, a décidé qu'il ferait un très bon officier de liaison entre les harkis et les autorités. Répartis un peu partout dans le sud de la France, l'un des campements s'était établi dans un petit village du Var appelé Pignans. C'est là que mon père se trouvera affecté.

Entassés dans de longues maisons, sorte de baraquements préfabriqués, les harkis fraîchement arrivés s'étaient organisés autour d'un responsable pied-noir qui avait quitté Oran avec toute sa famille. Il s'appelait Ramon Zaragoza. Désignés responsables du camp par les autorités, lui et sa femme, une Italienne de souche, organisaient du mieux qu'ils pouvaient la vie des dizaines de familles de harkis. Pendant que Ramon maintenait l'ordre, sa femme faisait l'assistante sociale et l'infirmière du camp. Les relations entre mon père et Ramon étaient bonnes... tellement bonnes que mon père alla, par un jour de printemps 1963, demander leur fille en mariage.

Comme les harkis du camp, toute la famille de ma mère venait d'Oran. C'étaient des purs pieds-noirs, moitié Italiens, moitié Espagnols. Militaire, le grand-père Ramon s'était retrouvé dans les troupes de Vichy face aux Anglais en 1943. Après la guerre, amoureux de la nature et des montagnes de l'Oranais, il était devenu garde forestier. Alors que mes parents se sont établis dans une petite maison sur les hauteurs de Pignans, les grands parents sont restés dans leur camp de baraques préfabriquées. Par la grâce de l'inertie de l'administration française, ce qui devait être temporaire allait devenir permanent. Pendant de longues années, le campement serait mon terrain de jeux favori.

Avec mes petits copains, fils et filles de harkis, nous parcourions les baraques préfabriquées en hurlant ou en jouant à la guerre, avant que mes grands-parents ne viennent m'attraper par le col.

Mon père ne parlait jamais de l'Algérie. Je savais qu'il y avait été grâce aux albums photos que j'avais trouvés en fouillant les armoires. Il y avait surtout une dizaine de boîtes de diapositives Kodak où on le voyait sur son chameau, entouré de ses Toubous en armes. Comme nombre d'anciens, il préférera ranger tout ça dans un coin de sa mémoire, en espérant que ça ne remonte pas trop souvent. Comme tous les gamins, j'adorais fouiller dans les affaires de mon père. Surtout dans la malle militaire rapportée de là-bas. C'est en trouvant une « pucelle » du 3e régiment parachutiste colonial que j'ai su qu'il n'avait pas fait que des photos en Algérie. J'ai tripoté le petit insigne en vermeil entre mes doigts. Il représentait un poignard, une ancre de marine avec un parachute en toile de fond, une devise s'inscrivait en dessous : *Être et durer.*

Un jour, à dix-sept ans, je me suis dit qu'il était temps de passer aux choses sérieuses. Assis dans le salon de la maison, mon père n'a pas tout de suite compris quand je lui ai dit que je voulais faire ma préparation militaire parachutiste. Il m'a juste regardé comme si j'avais sorti une énorme connerie. Mais il ne m'a posé qu'une question : « Auras-tu assez de cran pour sauter d'un avion ? »

Les préparations militaires parachutistes se déroulaient entre Nice, Marseille et Borgo, en Corse. Borgo, c'était déjà mythique. C'était là qu'avait été stationné Saint-Exupéry pendant la guerre. J'ai découvert un univers totalement nouveau pour moi. J'adorais le saut, j'aurais voulu passer des heures là-haut dans les airs. J'aimais tellement ça que je les ai enchaînées et j'ai fait cinq préparations militaire parachutiste. Puis je suis devenu aide-moniteur de saut.

En 1982, j'avais dix-huit ans. Il y en a qui préféraient le Mondial de football, moi, tous les soirs, je regardais mon feuilleton préféré à la télé. Ça s'appelait Beyrouth.

Chaque jour, au journal de 13 heures, je découvrais en direct les aventures de l'armée française dans ce pays qui me paraissait être à l'autre bout du monde.

En juin, majeur depuis quelques mois, je n'avais qu'une envie : aller au feu. Un après-midi, sans avoir rien dit à personne, je suis entré dans le centre de recrutement de l'armée de Terre. J'ai demandé un formulaire pour m'engager.

Je m'étais bien renseigné sur les régiments qui partaient souvent car, pour moi, il était hors de question de rester en France à végéter, et il n'y avait pas trente-six mille choix. À l'époque, seuls trois régiments professionnels partaient régulièrement : le 3e RPIMa, le 8e RPIMa et le 2e REP. Ce dernier était un régiment légionnaire. Mais, influencé par le petit insigne du régiment de mon père, j'ai décidé que mon régiment d'élite à moi serait le 3e régiment parachutiste d'infanterie de marine. Surtout, j'étais sûr de partir si ça bougeait quelque part. Le régiment était basé à Carcassonne, ce qui me ravissait vu que je ne connaissais pas l'endroit. J'ai scruté longuement l'emblème du régiment. Il symbolisait tellement de choses pour moi ! Si j'avais pu me l'épingler tout de suite sur mon blouson, je l'aurais fait.

Quand je suis revenu à la maison avec les formulaires d'engagement que j'avais déjà signés, j'ai bien vu que ma mère faisait un peu la gueule. Je crois que, comme toutes les mères du monde, elle n'avait pas trop envie de voir son fils partir se battre à l'autre bout du monde. L'image du parachutiste était encore celle d'un « dingo » qui sautait avec un morceau de toile dans le dos et un couteau entre les dents.

Mon père, lui, m'a juste dit:

« C'est ton choix. »

Puis il a ajouté comme pour lui-même:

« Ça va être dur. »

« Dur », dans sa bouche, lui qui n'en parlait jamais, ça voulait dire que j'allais vraiment en chier, mais j'étais prêt. Je me sentais l'âme rustique, pour moi les classes avaient commencé depuis quinze ans. Mon père, en poste au 33e RIMa de la Martinique, m'avait fait tirer pour la première fois à dix ans au MAS 36, un fusil de l'armée française. Avant, j'avais essayé, les yeux brillants, le parcours du combattant du camp. Je voulais lui montrer que j'étais aussi fort que les autres. Si fort que je m'étais cassé le bras en tombant. Entre treize et dix-neuf ans, j'avais enchaîné avec la compétition cycliste. Qu'il pleuve, qu'il vente, qu'il neige. La question était toujours la même: « Est-ce que tu t'es entraîné aujourd'hui? »

Avant de rejoindre mon régiment, je devais effectuer mes préparations militaires. Au mois de juillet 1982, j'étais à

Nice en train de finir ma cinquième préparation militaire. J'étais maintenant aide-moniteur et je participais à la formation au sol des jeunes apprentis paras avant qu'ils n'aillent sauter au-dessus de Borgo.

Un matin, le commandant du centre m'a fait appeler. Raide derrière son bureau, il m'attendait. Je me suis mis au garde-à-vous devant lui. Il m'a fait asseoir.

« Ici, je suis chargé d'annoncer les bonnes et les mauvaises nouvelles. Aujourd'hui, j'ai une mauvaise nouvelle... Votre père vient de décéder. »

Je l'ai regardé dans son uniforme bien repassé comme s'il m'avait raconté une grosse connerie.

« C'est une blague ? »

Puis j'ai bien vu qu'il avait aussi le visage de circonstance. On est restés quelques secondes à se regarder tellement je n'y croyais pas. Puis il a repris :

« On va vous accompagner à la gare pour rejoindre votre famille. »

Je suis sorti sonné. Mécaniquement, j'ai gravi les marches qui menaient à ma chambre. J'avais trois tonnes à chaque pied. Là, j'ai rangé mes affaires dans un sac et tel un robot, le regard dans le vide, je suis ressorti. Un soldat m'attendait dans une Jeep et m'a accompagné jusqu'à la gare de Nice. Avant de prendre le train, j'ai appelé ma mère d'une cabine. Au bout du fil, elle se retenait, mais je sentais bien qu'elle était sur le point de craquer : « Qu'est ce qu'on va devenir ? Qu'est-ce qu'on va devenir ? »

En l'entendant, je me suis mis à chialer dans le combiné. J'ai pris le train une heure après.

Il était mort le 25 juillet 1982 sans rien dire à personne. Parfois je me disais qu'il aurait pu nous prévenir un peu avant de partir comme ça.

Quand je suis arrivé, j'ai embrassé ma mère et ma sœur puis je suis allé dans la chambre du fond, à droite. Mes oncles l'avaient allongé sur le lit, bien droit dans son costume noir. En regardant son visage paisible, je me suis dit qu'il ne verrait rien de ce que j'allais devenir. Puis on l'a pris. Il était déjà tout froid et raide. Ma mère lui avait mis son plus beau costume. Avec l'aide de mes trois oncles, je l'ai placé dans le cercueil de bois clair. Pas de larmes, juste une immense rage et un sentiment de profonde injustice.

Le lendemain, c'était le jour de l'enterrement. À quatre, on s'est posé le cercueil sur les épaules et on l'a descendu par le petit chemin. En contrebas, le corbillard nous attendait. Dans la chaleur qui montait, au milieu des bruits de la pinède, j'avais l'impression que le cercueil s'était alourdi pendant la nuit. Il faisait chaud et j'étouffais dans ma chemise blanche. Pignans était un petit village de deux mille habitants et la moitié étaient présents. Au milieu d'une haie de grands cyprès, la famille lui a rendu un dernier hommage avant qu'il descende.

En remontant du cimetière vers la maison, je me suis dit que pour moi, le tableau était désormais effacé. Dans ma chambre, j'ai mis toutes les affaires dont j'avais besoin dans un grand sac kaki et, le 2 août, j'ai pris le train Toulon-Carcassonne pour rejoindre le 3e régiment parachutiste d'infanterie de marine.

LES TRAQUEURS DU DÉSERT

Les deux avions venaient de passer au-dessus de notre section. C'étaient des Jaguar, ils allaient en direction du nord, vers Faya-Largeau.

« J'aimerais pas être en dessous », a lâché Gérard en les regardant filer dans l'azur.

Avec son short kaki, son chèche sur la tête et ses lunettes spécial glacier, il me faisait penser à un des personnages de *La Guerre des étoiles.* Autour de nous, le désert nous encerclait de ses dunes ocre. Je m'étais assis seul pour écouter le lointain.

La réverbération du désert montait en tremblant au ras du sol. Il était tôt et, malgré nos lunettes spéciales, la luminosité nous transperçait déjà les prunelles. Le radio, un jeune engagé de Marseille, releva la tête :

« Ils viennent de les taper… »

Au loin, tous aux aguets, nous entendîmes le « boum! » assourdi des bombes de deux cent cinquante kilos que venaient de lâcher nos Jaguar. Par sections de trente, depuis trois semaines, nous nomadisions dans le désert à la poursuite des hommes du Gouvernement d'union nationale du Tchad, les Gunts, les rebelles tchadiens commandés par Goukouni Oueddeï. Cela faisait deux mois que le régiment avait débarqué au Tchad. L'opération s'appelait « Manta » et mobilisait plusieurs milliers d'hommes de tous les régiments.

À peine sorti des coups tordus de Beyrouth, le 3e avait juste eu le temps de repasser par Carcassonne pour changer de treillis et se rembarquer dans des Transall prêts à décoller pour le Tchad.

« Vous savez pourquoi on y va? » j'avais demandé à Didier, notre chef de section.

Il avait plissé les yeux en hochant négativement la tête.

« J'ai juste entendu dire que les Libyens étaient dans le Nord et que nous étions là pour contenir leur avancée vers la capitale, N'Djamena. Après avoir traversé la frontière tchadienne il y a quelques mois avec armes et bagages, ils sont en train d'essayer de descendre jusqu'à la capitale. C'est pour ça que tout le monde flippe et qu'on est là. »

Je n'étais pas plus avancé. Tout le régiment avait été mis en alerte « Guépard » dès notre retour de Beyrouth. Alerte « Guépard », ça voulait dire que nous étions susceptibles d'intervenir dans les vingt-quatre heures. Comme il y avait plusieurs stades « Guépard », on était passés à douze heures puis six heures. Les rumeurs allaient bon train. D'ailleurs il n'y avait pas qu'elles qui couraient : d'après les « experts » de ma section, on devait être largués face aux Libyens pour les stopper net dans le nord du Tchad, qu'ils avaient déjà commencé à traverser. Plus tard, on nous a parlé d'un parachutage, mais ça avait l'air très risqué. La dernière rumeur en date était qu'on allait effectuer un posé d'assaut, c'est-à-dire qu'on sortirait, casqués et bottés, prêts à se positionner dès l'atterrissage du Transall.

C'est Christian qui a eu le dernier mot. Engagé depuis dix ans, il avait déjà participé aux précédentes opérations qui, dans nos esprits de jeunes cons, semblaient remonter aux temps préhistoriques.

« C'est marrant parce qu'à l'époque, le méchant, c'était Hissène Habré, le président actuel. On a tout fait pour l'attraper. Il nous avait enlevé des otages ! Comme quoi la roue tourne ! Rebelle un jour, président le lendemain ! »

Six heures après la conversation, harnachés de vert, famas dans une main et sac militaire dans l'autre, tous les hommes du régiment s'étaient envolés pour les grands déserts tchadiens.

Selon la terminologie militaire en cours, « les accords avec un pays ami africain [nous obligeaient à aller l'aider] lorsque ses voisins se [montraient] désobligeants avec lui ». En traduction, ça voulait dire que le président actuel du Tchad, Hissène Habré, lui-même donc ancien rebelle, était en train de perdre le pouvoir. En face, le nouveau prétendant, Goukouni Oueddeï, qui n'en avait rien à foutre de nous, avait fait appel à la Libye du colonel Kadhafi pour arriver à ses fins.

À l'époque, Kadhafi était la bête noire du monde occidental. Surtout pour les Français car ses services secrets étaient dans tous les attentats terroristes. Quelques années plus tard, en 1989, ses services feront exploser en vol un DC10 de la compagnie UTA avec cent soixante-neuf personnes à bord.

« Vérification de l'eau ! », dit Didier. Tout le monde s'est activé dans la chaleur autour des véhicules légers de reconnaissance et d'appui.

Toujours prévoyant, Didier avait fait transformer notre véhicule léger de reconnaissance et d'appui en porteur d'eau car trouver du liquide était devenu notre unique obsession. Tels des écureuils, on en faisait provision. Charlie, le plus obsessionnel d'entre nous, n'avait qu'une frayeur, c'était de mourir desséché comme une vieille datte dans le désert, alors il en fourrait partout. Dans les étuis d'obus de 105 mm, dans un fût en plastique de deux cents litres, dans nos gourdes, dans des outres en peau de chèvre.

« Vous les prenez et vous les gardez au sec au fond de vos poches! Si jamais on a plus d'eau, on boira notre pisse! »

Ça avait jeté un froid. Après tout, je me suis dit qu'on serait pas les premiers.

« Chef, j'ai trouvé des traces de Toyota un peu plus loin! Ce sont les ennemis, chef. »

Yaya s'était ramené. C'était notre guide, notre pisteur de Toyota ennemies. Prêté par les Forces armées nationales tchadiennes, les Fants, il était grand, la gueule pleine de dents, et n'avait qu'un défaut à nos yeux: il ne pensait qu'à bouffer. Les sculptures des pneus montraient clairement que les marques se dirigeaient vers l'est. Dans ces cas-là, on faisait une demande d'appui aérien et en moins de dix minutes, les Jaguar balançaient leurs bombes au-dessus de nos têtes. Mais cette fois, on s'est dit qu'on manquait un peu d'action et qu'on allait les traquer nous-mêmes.

Nos cartes ne disaient rien et nous ne les consultions plus. Trop vieilles, elles dataient des années soixante-dix. Quant à nos boussoles Silva, elles nous donnaient des caps improbables que corrigeait Yaya. Sénéchal a fait chauffer les moteurs et les véhicules qui, tels de gros scarabées blindés, se sont enfoncés dans les dunes ocre. Derrière le tableau de bord, je pensais que les Gunts eux aussi se déplaçaient en Toyota à travers le désert. Par bandes de quatre voitures, ils effectuaient des raids sur les Forces armées tchadiennes que nous étions censés aider. Le seul problème, c'est que les deux camps utilisaient les mêmes 4 x 4 ! Ça risquait très vite de devenir le Salon de l'Auto en plein désert.

« J'espère que c'est pas des Fants ! », j'ai dit en essayant de distinguer les silhouettes au loin malgré les cahots du VLRA.
– Surtout qu'ils sont tous de la même couleur et qu'ici personne ne porte d'uniforme », a grimacé notre adjudant.

J'ai alors commencé à comprendre toute la complexité des guerres africaines.
« Ça change de Beyrouth ! », s'est exclamé Trahoré.

Là-dessus on était tous d'accord. Nous n'étions plus les chassés. Fini les immeubles pourris bourrés de snipers.

Dans le désert, nous étions redevenus les traqueurs. Pour des raisons politiques, nous n'avions pas le droit de monter au-delà du quinzième parallèle. Toujours fonçant sur notre hypothétique proie, j'ai eu une pensée pour mon père. Il devait se tenir les côtes de rire dans son cercueil à me voir suer comme un bœuf sous le soleil. Je l'imaginais sur son chameau à la frontière nigérienne, vingt ans auparavant. J'aurais bien aimé qu'il soit encore là, afin que je lui raconte, qu'il soit un peu fier de me voir crapahuter. Je pensais souvent à lui depuis que j'étais rentré au 3e. J'avais vingt ans et il me manquait.

Triangle pointe en avant, les VLRA fonçaient dans le désert. Didier, notre chef de section, donnait des ordres et, à ses mâchoires serrées, je voyais bien qu'il était en train de se prendre pour Lawrence d'Arabie. Moi-même, je me croyais dans une chevauchée fantastique. En face, je voyais des points noirs s'agiter dans tous les sens et se ruer sur l'armement.

« Famas prêt à tirer ! a crié Didier.

– Merde, c'est des Fants, a dit Yaya.

– On s'en fout, on va tous les tuer quand même », a rigolé Philippe.

Autour du puits, une dizaine de Fants tendaient leurs FAL* dans notre direction. Yaya a calmé tout le monde en criant en dialecte tout en s'agitant dans le sable. Comme nous, ils faisaient la pause-flotte. J'en avais marre de courir après des fantômes. Ça commençait à énerver tout le monde.

* Fusil d'Assaut Léger.

Renseignements et destruction. C'était le mot d'ordre donné à nos unités qui circulaient dans le désert. Nous nous déplacions comme les troupeaux, de puits en puits. La nuit, nous bivouaquions sous les étoiles en creusant des trous autour du véhicule. On appelait ça un bivouac tactique. Après avoir trouvé de l'eau et une gazelle, comme on n'avait pas le droit de faire un vrai feu visible, Sénéchal et Poitier tendaient des toiles autour d'un trou dans lequel on faisait un feu de fortune, moins repérable. Largement suffisant pour faire griller la gazelle.

« On retourne sur Ati », a lancé Didier à la section.

Rien ne pouvait nous faire plus plaisir que cette nouvelle. Trois semaines à ce rythme nous avaient épuisés. Surtout la chaleur. La journée, c'était l'antichambre de l'enfer. Cinquante-cinq degrés à l'ombre, ça commençait à nous taper sur le système.

Notre base s'appelait Ati. C'était un gros village posé entre N'Djamena et Abéché dans le centre du pays. Là-bas, les sections avaient réquisitionné des bâtiments administratifs pour nous loger. Le poste avait été installé avant nous par une compagnie de la Légion étrangère. Nous avons aussi restructuré les compagnies des Forces armées nationales tchadiennes qui avaient été pratiquement décimées par les combats de l'année précédente. Leur refaire de l'instruction de base, reformer des sections avec des chefs qui les commanderaient quand on serait partis.

Au bout de quelques semaines, tout le monde commençait à péter les plombs. Outre le climat, il y avait la bouffe. Les nutritionnistes de l'armée n'avaient pas dû bien comprendre où nous nous trouvions, puisqu'ils n'avaient rien trouvé de mieux que de nous ravitailler en choucroute et en cassoulet. Déjeuner, choucroute, dîner, cassoulet. On alternait chaque jour pour avoir l'impression de la nouveauté.

Entre deux opérations dans le désert, avec Gérard et Sénéchal, nous avions décidé de nous faire un énorme cadeau. C'était Gérard, fou de turf, qui avait eu l'idée.

« On va créer le premier PMU du Tchad. Tous les dimanches, on organise des courses et on gagne un maximum de pognon grâce aux paris ! »

On l'a regardé comme s'il était devenu fou puis on a jeté un œil autour de nous.

« Et tu vas les faire parier comment les gens du bled ? En manioc ? En bananes ? », j'ai demandé.

Gérard, nullement décontenancé par cet argument économique imparable, a répliqué :

« Ils nous paieront en gazelle, en viande, en bouffe, quoi !

– Je vois très bien le tableau ! a dit Didier, les soldats d'un régiment d'élite de l'armée française, mal nourris par la mère patrie, demandent du secours aux populations tchadiennes. »

L'idée restait alléchante. Juste pour rigoler un bon coup tous les dimanches. Le jour suivant, sous le commandement de Gérard, tout notre groupe s'est mis en quête de la plus belle conquête de l'homme. À peine la nouvelle a-t-elle filtré que des dizaines de maquignons du coin ont fondu sur la base, chevaux en laisse jusqu'au poste de garde. Les chevaux présentés étaient courts, maigres, et très nerveux.

Tout à notre PMU, les groupes d'instruction commençaient à flemmarder, et pour rien au monde nous n'aurions voulu rater le spectacle de Gérard en train de négocier nos futures montures. Il se prenait pour un grand expert en quadrupèdes et les Tchadiens lui avaient amené tout et n'importe quoi. J'aurais dû me méfier quand je les ai vus revenir avec un cheval au bout du bras.

« Tiens, j'en ai acheté une pour nous deux », a-t-il dit.

Au bout du licol en cuir, il y avait une sorte de squelette à poil ras et aux dents jaunes, tirant la langue. Je me suis dit que le soleil commençait à lui faire fondre le cerveau. C'était une carne mais il s'est défendu en me disant qu'il ne l'avait payé que cinq cents francs CFA.

Gérard avait pensé à tout. La piste d'atterrissage servirait de champ de course pour nos ébats au galop. Mais en plus des chevaux, il avait décidé qu'il nous fallait impressionner les villageois du coin. Et pour cela, il fallait revêtir nos tenues d'apparat. Là, le grand n'importe quoi a commencé. Didier a choisi de se déguiser en Lawrence d'Arabie. Charlie, avec un string et des plumes, s'est transformé en grand chef sioux. Philippe a opté pour le classique avec une tenue de chevalier et un casque en carton.

Le premier dimanche, le top départ a été donné et en quelques minutes les Tchadiens, hilares, se sont pliés en quatre autour de la piste. Je me suis dit en les voyant se rouler par terre que je pourrais toujours me reconvertir en clown en rentrant. Les tiercés déguisés ont eu un tel succès que toutes les sections ont commencé à envoyer leur « jockey ».

À dix derrière la ligne, chaque dimanche, le tiercé était devenu une attraction courue. On venait de loin voir les Français faire les cons sur leurs chevaux.

Trois années plus tard, l'opération « Manta » s'est transformée en opération « Épervier » et tout le régiment, qui était revenu sur Carcassonne, est reparti vers les immensités désertiques tchadiennes. Les Libyens, toujours sur place, n'avaient pas voulu se retirer du nord du Tchad, malgré les missions de bons offices organisées par la France. D'abord conseillers pour les Gunts, les Libyens s'étaient transformés en partie prenante très active sur le terrain. Depuis trois ans, les soldats de Kadhafi, qui avaient traversé la frontière depuis belle lurette, tentaient de grignoter du territoire, et s'enfonçaient au cœur du territoire tchadien. Les combats se déroulaient maintenant dans le Nord, plus particulièrement vers Faya-Largeau et Ouadi-Doum. Nous étions donc de retour.

« Martinet, tu prends Trahoré et Sénéchal. Vous partez en accompagnement chercher les blessés de Ouadi-Doum. Il parait que ça a cartonné sur place.

– On en fait quoi ?

– Vous les ramenez ! »

C'était la première fois qu'on allait aussi haut dans le Nord. D'après les pilotes qui en revenaient, les combats s'étaient faits à l'ancienne. L'un d'eux nous avait raconté : « Je les ai survolés. Tu voyais les Tchadiens, armes à la hanche, qui montaient au front, comme des troupes napoléoniennes. Jamais vu ça ! »

Pendant le vol, par les hublots, j'ai aperçu les immenses étendues de sable clair sillonnées par les 4 x 4. En arrivant sur le tarmac de l'aéroport, j'ai vite compris ce que le pilote avait voulu dire. Ouverts de partout, les rescapés de la bataille étaient assis en rangs. Estafilades, blessures par balle, certains en avaient plusieurs sur le corps, ce qui faisait, mélangé aux pansements blancs, des taches rouges et blanches un peu partout. Personne ne se plaignait et j'avais rarement vu des gars aussi durs à la douleur. Pendant que le Transall les embarquait, certains ont remarqué les gros Berliet garés dans un coin. Les pare-chocs étaient noirs de sang séché. Ça avait pas dû être beau. Debout, les rescapés des combats, le chèche sur la tête, ne rigolaient pas trop sur leur Toyota. Longilignes, tout secs, le fusil sur les genoux, ils attendaient que l'on embarque leurs copains.

Dans le Transall, la carlingue a été rapidement remplie à ras bord de blessés et, avec la chaleur, ça a très vite commencé à sentir la viande pourrie.

« Il paraît que le 11e choc est là. Vraisemblablement, ils auraient participé aux combats. En théorie, ils n'ont rien fait. En théorie ! est venu nous dire Sénéchal.

– À mon avis, ils ont bien dû tirer quelques cartouches, histoire de retirer le sable des canons.

– Ah ouais, j'ai oublié, faut nettoyer des piaules quand vous arriverez à N'Djamena.

– Pourquoi ?
– Pose pas de questions et fais-le ! »

Avec une ration individuelle par jour, nous avions faim. Aussi de temps à autre, nous partions en hélicoptère Puma SA330 chasser la gazelle. Allongé sur le plancher de l'hélicoptère, au famas ou au FRF1, dans un grand bruit de pales, on observait le désert. Dès qu'un troupeau était repéré, le pilote se mettait en stand-by au-dessus. L'œil dans la lunette, je pensais très fort à notre dîner en tirant. Quelques gazelles plus tard, on se posait à l'endroit même pour embarquer toute cette viande fraîche.

Lorsque l'armée de l'Air prendrait le commandement de l'opération « Épervier », grâce au ravitaillement quotidien, on ne boirait plus l'eau des puits mais de l'eau en bouteille, pareil pour la bouffe.

En arrivant à N'Djamena, on a réquisitionné des gus et on s'est attelés à la tâche. Les chambres que nous devions préparer se trouvaient au camp Dubut. C'était un campement militaire de longue date de l'armée française.

Puis je les ai vus arriver. Deux commandos d'une trentaine d'hommes avec les cheveux mi-longs, aucune trace de la tenue réglementaire ni d'arme apparente. Juste leurs gueules ridées qui indiquaient qu'ils étaient restés longtemps sous le soleil. Je savais qu'ils rentraient de là-haut et je les enviais. Eux, au moins, allaient au combat. C'était la deuxième fois que je croisais les hommes du Service Action et je pensais que, décidément, si je voulais de l'action, c'était avec eux qu'il fallait être.

FRÉDÉRIQUE

Comme chaque militaire au cours de sa carrière, je devais faire des stages, suivre des formations qui permettaient de coller des tampons partout sur mon dossier et de monter en grade sur le tableau d'avancement. Pour ça, il me fallait passer par l'École nationale des sous-officiers d'active. Dans la classe, il y avait de tout. Des administratifs et des sous-officiers de toutes les armes. Je devais être le seul parachutiste.

Je l'avais remarquée dans son coin, très sérieuse, en train d'écrire appliquée sur son cahier. Elle s'appelait Frédérique et j'ai su tout de suite qu'elle était faite pour moi. Petite brune, son regard vif m'avait dévisagé en trente secondes l'air de dire : « Tu fais pas le poids… » Fille d'un colonel saint-cyrien, ancien artilleur qui avait fait la guerre d'Algérie, elle avait choisi la voie des armes comme son père.

À l'époque, elle travaillait au cabinet du ministre de la Défense, Jean-Pierre Chevènement. Calme, réfléchie, ordonnée, rangée, elle était mon absolu contraire, ce qui me laissait espérer que j'avais une chance.

« Je suis là pour travailler, pas pour faire la fête », a-t-elle dit en réponse à mes avances.

Ce n'était pas mon cas. C'est pas que j'étais feignant, mais je marinais dans ce jus depuis sept ans. J'avais déjà derrière moi deux opérations extérieures au Tchad, une au Liban, deux en Centrafrique et une en Nouvelle-Calédonie. La plupart des élèves, eux, arrivaient des bureaux et découvraient la chose militaire. Au bout de quelques jours et après qu'elle m'ait posé un lapin, je l'ai emmenée dîner dehors. On a continué la conversation tard dans la nuit.

À cette époque, je menais une drôle de vie, décousue et noctambule, je ne savais pas trop où j'habitais. Ma rencontre avec Frédérique a tout changé. Elle a effacé tous les doutes et toutes les questions que je me posais. Frédérique, c'était mon équilibre.

Quelques mois et un divorce plus tard, je suis muté à Djibouti pour un an, de l'autre côté de la corne africaine, la guerre du Golfe était en train de couver. Tous les jours, j'avais Frédérique au téléphone. Nous échangions nos informations sur la guerre qui était en train de se mettre en place. Coincé dans mon désert, je lui ai proposé par téléphone de nous marier. J'ai senti qu'elle attendait que je me déclare. Frédérique a pris l'avion et nous nous sommes mariés au consulat de France le 27 décembre 1990, vingt jours avant le lancement de l'attaque terrestre sur l'Irak.

BIENVENUE AU SERVICE ACTION

La vie au 3e RPIMa me plaisait bien mais je commençais à en avoir fait le tour. Les tournantes* s'enchaînaient, c'est-à-dire que le régiment partait entre quatre et cinq mois là où la France avait des intérêts en jeu. Je voyais du pays et ça me plaisait bien de voyager en kaki.

À chaque tournante ou presque, je croisais les hommes du Service Action. Discrets, toujours en parallèle de l'histoire officielle, jamais cités dans les journaux, ils agissaient en marge. Après Beyrouth et le Tchad, je les avais de nouveau vus en Nouvelle-Calédonie. Le régiment avait été appelé pour faire du maintien de l'ordre en brousse. Les Kanak de l'île s'étaient regroupés dans un mouvement appelé le

* Opérations extérieures.

Front de libération national kanak socialiste (le FLNKS). C'était un mouvement indépendantiste. La situation avait vite tourné à l'affrontement avec les gendarmes sur place lorsqu'un groupe de Kanak armés avait enlevé une dizaine de gendarmes et les avait séquestrés dans une grotte d'un coin de l'île nommée Ouvéa. Arrivés sur place, les hommes du 11e choc, après s'être prépositionnés, avaient donné l'assaut avec le GIGN.

Je me sentais assez marginal dans un régiment conventionnel. Mes chefs ne se gênaient pas pour me le faire remarquer et, à force de croiser les gars du Service Action, je me suis décidé à y entrer. Après notre mariage, Frédérique me confiera que sa sœur y travaillait comme administrative au sein du camp de Cercottes. Un an après, Frédérique y entrera elle aussi comme secrétaire du chef du « Centre ». Pour moi, ça devenait une histoire de famille. Sauf que je ne savais absolument pas comment m'y prendre. En fait, la démarche était *off*. Plus on avait de qualifications, mieux c'était.

Des qualifs, j'en avais un paquet. Pourtant, j'avais peur de ne pas en avoir assez. Toujours cette peur de manquer, de ne pas réussir. J'étais instructeur commando, directeur de mise en œuvre d'explosifs, moniteur d'escalade, moniteur de combat corps à corps, j'avais un brevet élémentaire de plongée, mon permis bateau, j'étais moniteur de piste de risque et d'audace. S'ajoutait à cela le parachutisme où j'étais moniteur avec mes trois mille sauts. J'avais aussi une spécialisation en tant qu'instructeur PAC, c'est-à-dire instructeur dans la progression accompagnée en chute à partir de quatre mille mètres. Parallèlement, j'étais compétiteur dans des équipes de vol relatif, nationales et internationales. J'avais, pour m'amuser, suivi un stage de pilotage en conduite rapide sur circuit, à Lohéac en Bretagne. Pour ce qui est des armes, je n'étais pas mauvais puisque je pratiquais le tir sportif en club depuis des années.

Je regardais mon CV long comme une carte de restaurant chinois, et je me suis dit qu'il était temps d'envoyer tout ça à l'officier recruteur du CIRP à Noisy. Le CIRP était le Centre d'instruction des réserves parachutistes. En fait, derrière ce nom passe-partout, se cachait l'état-major du Service Action.

D'abord il fallait demander à être muté hors de son régiment. Cet ordre de mutation n'arrivait qu'une fois par an. Dans mon régiment, ils avaient déjà été plusieurs dizaines à demander le fameux feuillet 314-1-18. C'était la feuille que chaque volontaire devait remplir pour changer d'affectation. Ceux de mon régiment qui l'avaient remplie demandaient à 99 % le Service Action. Beaucoup avaient été refusés sans même faire les tests, d'autres avaient fait les tests et avaient été recalés. Ils ne savaient pas pourquoi. Tous mythifiaient leurs échecs du genre : « Ma femme n'est pas de nationalité française… »

Un sergent de mon régiment s'était fait recaler à cause d'une enquête interne. Des chèques sans provision à répétitions et tout était revenu, marqués en rouge par la Banque de France. Il valait mieux ne pas avoir de casier judiciaire et être parachutiste. En fait, beaucoup n'avaient pas le profil, mais personne n'avait le courage de se l'avouer.

Un adjudant m'avait expliqué la procédure : tu remplis ta demande pour servir au CIRP, tu l'envoies sans oublier aucun papier. Si ton dossier les intéresse, ils font une enquête préalable et te convoquent pour les tests, qui durent trois jours.

Quelques mois après avoir envoyé mon dossier, j'ai reçu une lettre de convocation. Les entretiens se déroulaient à Noisy-le-Sec, dans l'ancien fort militaire. La DGSE y avait installé une partie de ses bureaux. Là se trouvait le 44e régiment d'infanterie, qui était le régiment de soutien de la DGSE. Le Service Action, quant à lui, avait hérité d'une partie des bâtiments où étaient installés la sécurité et l'état-major.

Les tests se déroulaient pendant deux jours et demi, dans des Algéco blancs devant le fort. Une fois arrivés sur place, un jeune officier nous a dirigés vers l'un d'entre eux afin de commencer la batterie de tests psychotechniques. Ensuite, j'ai rencontré l'officier recruteur. La cinquantaine, c'était vraisemblablement un colonel, il m'a d'abord interrogé sur mes motivations. Je lui ai dit que j'avais fait le tour de mon régiment et de ses possibilités. Que, pour moi, la suite logique était de rejoindre un régiment non conventionnel, une unité spécialisée dans l'action clandestine, et qu'il n'y en avait qu'une en France. Après m'avoir écouté, il m'a envoyé dans un autre Algéco blanc. J'ai enchaîné une série de tests psychologiques. Telle une baleine échouée sur son siège, le psychologue m'a très poliment écouté derrière ses lunettes. Il a noté trois trucs sur son carnet et m'a tendu une main molle en me remerciant d'être passé. Puis je suis rentré dans mon régiment. Le soir, j'ai eu Frédérique au téléphone qui m'a dit d'être patient.

Par son biais, j'avais pu croiser des agents du Centre qui venaient dîner à la maison. Collègues de travail de Frédérique, ils me parlaient sans le faire, genre « tu ne fais pas encore partie du cercle secret ». La seule chose que je retenais de ces conversations elliptiques était que le nouveau patron du Centre, le chef de corps, acceptait des couples. Son prédécesseur les avait refusés sans raison valable pendant des années.

C'était au cours d'un « repas de famille » que j'avais pu approcher d'un peu plus près le Centre. Une fois par an, le commandement de Cercottes invitait tout le personnel. Ces derniers avaient le droit exceptionnel de venir avec leur épouse ou mari. La plupart des épouses savaient que leurs hommes travaillaient dans un régiment un peu spécial, mais personne ne rentrait dans les détails, surtout pas sur les missions.

J'ai appris à être patient. Sans nouvelles depuis les tests, je m'étais fait une raison : je ne devais pas les intéresser. Ce ne sera qu'au bout d'un an et demi que j'aurai un entretien avec le chef de corps de Cercottes. Saint-cyrien, il n'avait pas fait l'École supérieure de guerre. Tout ce qui l'intéressait c'était l'action. Pendant cette petite causerie, il m'expliquera que je correspondais au profil que le Centre recherchait, qu'il ne voulait pas de carriéristes, juste des hommes qui ne vivent que pour les opérations clandestines.

Puis un jour, le chef de corps de mon régiment m'a appelé pour me prévenir qu'un ordre de mutation était arrivé. Dans son bureau, j'ai regardé le papier qu'il me tendait. Sur la feuille de l'administration, il y avait une date et un ordre expliquant que le sergent-chef Martinet Pierre « est affecté au Centre parachutiste d'entraînement spécialisé à Cercottes à compter du 1er août ».

J'ai prévenu Frédérique qui s'amusait de mon état fébrile vu qu'elle était déjà au courant. Comme elle était à un poste clef, l'ordre était déjà sur son bureau.

« J'attendais de savoir combien de temps tu allais mettre pour me téléphoner », m'a-t-elle lâché sournoisement.

J'ai eu envie de l'embrasser car je me suis rendu compte qu'elle m'avait soutenu comme un coach pendant l'entraînement de son poulain. Elle devait avoir des antennes car, à travers l'écouteur, elle précéda mes questionnements.

« Ne rêve pas ! Si tu n'avais pas le quart de tes qualifications, tu n'aurais pas été admis, que tu sois mon mari ou pas. »

Je réaliserai plus tard que la cooptation est tout de même un bon moyen de recrutement. Comme dans une société secrète, chacun amenait quelqu'un qu'il connaissait et qu'il jugeait digne d'appartenir à l'organisation. On restait en famille, ce qui nous rendait responsables de la personne que l'on présentait.

L'été précédent mon arrivée à Cercottes avait été studieuse. J'avais dévalisé le stock de *Que sais-je ?* de ma libraire. Frédérique m'avait prévenu que les tests de culture générale étaient sans pitié aussi j'avais bachoté tout l'été. Serein, je ne l'étais pas malgré ce que je lui faisais croire.

L'ANTRE DES LOUPS

Le jour dit, j'arrivai tôt. Le rendez-vous se situait en pleine forêt domaniale d'Orléans, non loin d'un petit village du nom de Cercottes. C'est là que le Centre avait posé ses bagages dans les années cinquante.

Chacun avait garé sa voiture sur le parking du Centre et patientait. Une dizaine de personnes attendaient comme moi. Tous savaient pourquoi ils étaient là, mais tout le monde préférait s'éviter du regard en fumant une clope. Je remarquai deux filles dans le lot des postulants, dont une plutôt jolie avec un corps bien dessiné sous sa jupe courte. Un gars s'est avancé. Brun, l'air décontracté et en tenue civile, il s'est avancé vers nous avec un sourire. Après avoir inspecté la liste des noms, il s'est présenté.

« Bonjour, je m'appelle *Denis.* Vous me suivez? »

Le camp dans lequel nous sommes entrés était une annexe. J'apprendrai plus tard qu'on l'appelait le camp Est. Au bout de cent mètres sans voir personne, *Denis* nous a plantés devant un bâtiment préfabriqué blanc.

« C'est là que vous vivrez pendant une semaine. Les filles d'un côté, les garçons de l'autre. »

J'ai regardé autour de moi. Des préfas blancs, il devait bien y en avoir une dizaine, espacés à quelques mètres, tout autour de nous. Dans le fond, j'ai distingué d'immenses antennes de dix mètres de haut plantées dans le sol qui parsemaient le camp.

« Qu'est-ce qu'on fait? »

Autour de moi, je sentais poindre des interrogations. Devant les portes de nos habitations de fortune, on attendait le bon vouloir des instructeurs. En fait, je savais par des anciens que le principe du cycle long était basé sur la surprise permanente. Ne rien dire aux participants afin de les prendre systématiquement par surprise. Même au courant, je sentais que ça allait être dur à supporter.

Celui qui disait s'appeler *Denis* était revenu.

« Vous posez vos paquetages dans vos chambres et vous me suivez. Effrayez pas les moutons!

– Ils servent à quoi? », j'ai demandé, en m'attendant à une explication extrêmement technique du genre: « Nos moutons sont spécialement entraînés pour les infiltrations. »

Il m'a regardé et a simplement répondu:

« C'est notre viande sur pattes. Ils servent pour les méchouis. »

J'ai pas osé demander à quoi servait la volière que je venais de voir. Je nous ai comptés. Nous étions dix à avoir été sélectionnés. L'heure suivante, les paquetages à peine posés, notre petit groupe d'élus s'est retrouvé dans une grande salle de classe avec tables, chaises et tableau blanc au mur. Un homme nous y attendait.

« Je m'appelle *Raymond*, je suis le chef de la cellule Instruction. C'est moi qui vais vous suivre pendant cette semaine. Si vous êtes là, c'est que le Service a estimé que vous étiez fiables et que vous pouviez nous apporter quelque chose. »

Raymond, les cheveux en bataille, ressemblait à tout sauf à un militaire. Nous le rebaptiserons très vite « Mystéro ». Il ne finissait jamais ses phrases et nous laissait imaginer qu'il avait fait des centaines de missions.

À cet instant, je pensais que j'avais enfin rejoint mon rêve. Mais rien n'était gagné. Je pouvais me faire sortir n'importe quand. Il y avait cette fameuse phrase : « Nous vous remettons à la disposition de votre ancienne unité » qui planait au-dessus de nos têtes. Et cette phrase, je ne voulais pas l'entendre.

Le deuxième jour, après deux heures de cours dans la même salle, *Raymond* est venu nous prévenir que nous allions recevoir la visite du patron du Centre.

Grand, les cheveux bruns, il était habillé en civil, costard cravate, type chef d'entreprise. Je me suis dit que le Service cultivait l'élégance. Après quinze ans passés chez les paras, j'avais un peu perdu de vue les nouvelles tendances de la mode masculine. Dans les régiments où j'étais passé, c'était plutôt ambiance tatouages, Reebok et T-shirts.

Après nous avoir souhaité la bienvenue, il s'est présenté.

« Je m'appelle *Franck* et je commande le CPES. Si vous êtes là, c'est que vous avez été choisis parmi plusieurs centaines de candidats. Vous allez subir une série de tests d'évaluation dans différents domaines pour qu'on vous connaisse un peu plus. »

Assis comme de bons élèves, nous buvions ses paroles. Avec sa tête de DRH, je me serais cru à un entretien d'embauche.

« Vous n'êtes plus dans la "Régulière". Ici, plus de moutons. Fini les rangers cirés sous la semelle et les corvées de chiottes. Ici, on vous demandera de prendre des initiatives. On vous fera confiance. Une seule chose compte pour nous : votre honnêteté intellectuelle. Et c'est pour cela que nous sommes là, pour vous démilitariser progressivement. D'ailleurs ici, plus de langage militaire : on ne parle pas de permission mais de vacances... »

Moi je me disais que le chemin était déjà bien entamé. Ce discours me parlait et j'avais décidément frappé à la bonne porte.

Puis ce fut la distribution des pseudos. Je m'étais renseigné un peu à l'avance et je savais que nos pseudos avaient été choisis préalablement par le Centre.

« Adjudant-chef Tranh, tu t'appelleras *Dido.* Sergent Binont, tu t'appelleras *Caroline.* Lieutenant Gulbedar, toi ce sera *Stéphane* ! »

Tout le monde y est passé. J'avais un peu peur d'hériter d'un truc style *Marcel* ou *Maurice.* Un pseudo, c'est pour toute ta carrière. Certains n'avaient pas eu de chance. Le Service abritait un *Casimir* et un *Saturnin*, et pourquoi pas une *Aglaé* et une *Sidonie* ! Je me suis dit qu'il y en avait qui avaient trop regardé de dessins animés à leurs heures perdues.

« Sergent-chef Pierre Martinet, toi ce sera... »

En une minute, je me suis appelé *Florent*. Ça me plaisait bien. *Florent*, c'était florentin, les coups en douce et tutti quanti.

La tradition des pseudos était née pendant la dernière guerre. Les résistants français y avaient eu recours afin d'éviter les trahisons et les infiltrations de leurs différents réseaux clandestins par la Gestapo.

On ne faisait que perpétuer une tradition et des méthodes qui avaient fait leurs preuves. Pour des règles de cloisonnement, personne ne devait savoir qui était qui. Si bien que dans le Service, hormis les très proches, personne ne se connaissait sous son vrai nom. Des gars rencontrés pendant des stages dans l'armée régulière me demanderont plus tard : « Tiens, t'es à Cercottes, alors tu dois connaître machin ! »

Et moi de répondre invariablement que non. Au bout du troisième nom, je voyais que mon interlocuteur commençait à me prendre pour un charlot. Comme nous étions entre gens bien élevés, je pouvais juste lire dans ses yeux : « Encore un mytho qui se la joue agent secret... »

C'était un peu lourd à la longue et puis on s'habituait. *Raymond* nous disait toujours : « Ayez une tête de slip et personne ne vous remarquera. » Passer pour un abruti, c'était le début de la clandestinité.

La DGSE était un service jeune. À peine une cinquantaine d'années. Très loin des traditions d'un régiment, qui avaient parfois près de deux siècles. D'abord Bureau central de renseignement et d'action, dès la fin de la guerre, le jeune service est rebaptisé SDECE ou service de documentation extérieur et de contre-espionnage.

À la fin de l'année 1946, tout est à faire. Il est décidé d'adjoindre au service naissant, un service uniquement destiné à l'action. La France n'avait pas d'unité de forces spéciales, et ne savait même pas à quoi cela ressemblait. Seule une poignée d'hommes le savaient. Venant de Londres, ils étaient passés entre les mains du *Special Operations Executive*, des missions *Jedburghs* ou des réseaux Buckmaster*. Tous des groupes qui ont organisé la Résistance et la guerre de l'ombre contre l'occupant. Très marquée par la *British touch* héritée de l'exil gaulliste, la jeune officine allait en copier les meilleurs aspects.

Pleins de ténacité, c'était sous l'impulsion de ces hommes que, le 1er septembre 1946, un décret annonça la création du « bataillon de choc aéroporté » au *Journal officiel*. Un mois plus tard, le « choc » déménagea à Mont-Louis où il prit possession du fort surplombant les montagnes des Pyrénées. Le « 11 » proviendrait selon la légende du numéro de téléphone du central militaire de Mont-Louis.

* Réseaux britanniques aidant la Résistance lors de la Seconde Guerre mondiale.

Bras armé du SDECE, le jeune Service Action, avec l'aide du 11e choc, fit ses armes en Indochine avec la création des Groupements commandos mixtes aéroportés qui aidèrent les minorités montagnardes à combattre le Viêt-minh. Quand la guerre d'Algérie commença, le Service Action fut sur tous les fronts, contre les achemineurs d'armes du FLN. L'Indochine, l'Algérie, toute la période de la décolonisation avait été une période faste mais hautement dangereuse pour le SA car très politique.

Après divers remaniements lourds, l'affaire du *Rainbow Warrior* en 1985 attirera une lumière crue sur le Service Action. La punition tomba sur l'école des nageurs de combat d'Aspretto qui fut fermée puis réouverte à Quelern en Bretagne. Punition très climatique. Fini le soleil de Corse, bonjour la grisaille et le crachin de Bretagne !

En février 1986, le 11e choc fut reconstitué puis de nouveau dissous pour laisser place à une structure tripartite comprenant Cercottes, Quelern, et Perpignan.

Directement relié à la direction des opérations, le SA se trouvait désormais réparti en trois centres. Il y avait donc d'abord Quelern, où étaient basés les nageurs de combat, puis Perpignan où s'entraînaient les Forces Spéciales et enfin Cercottes où séjournaient les agents clandestins. À tout ce petit monde, il fallait ajouter un état-major ainsi qu'une composante aérienne, le groupement aérien mixte 56 *Vaucluse*. Chacun de ces centres était considéré sur le papier comme un régiment, soit mille deux cent personnes. Cercottes échappait à cette règle. En ajoutant nos administratifs, on était à peine cent cinquante.

J'ai vidé le contenu de mon sac sur le lit. Quelques affaires civiles, deux treillis, un béret et une paire de rangers, j'avais emmené le strict minimum. Nous partagions nos chambres et j'ai fait connaissance avec mon colocataire de chambrée. Grand, le teint mat, il s'était fait pousser une petite barbiche qui lui donnait un air de prophète échappé d'un lieu saint.

« Mon pseudo c'est *Stéphane,* mais tu peux m'appeler Azad. »

Originaire de Pondichéry, il était lieutenant et venait d'un régiment de transmission. Au bout de quelques jours, au vu des innombrables conneries qu'il commettait, tout le monde avait oublié son pseudo et l'avait rebaptisé à l'unanimité « Azad le pilote d'éléphant ».

C'était notre premier jour et *Raymond* nous faisait face dans son costume cravate.

« Toute la semaine, nous allons vous évaluer à travers une série de tests. »

Une sonnerie de portable a retenti. Là, je l'ai vu rouler des yeux consterné en direction d'Azad. Celui-ci était en train de continuer sa conversation au téléphone. En trois enjambées, *Raymond* lui a arraché le portable, tout en demandant à tout le monde de poser les téléphones sur le coin de la table. Il nous les a tous confisqués pendant deux mois, je me suis dit que ça commençait mal. On a tous regardé Azad en se demandant s'il n'y avait pas eu erreur sur la personne.

Les tests supplémentaires étaient spécifiques au Centre. Il y avait de la culture générale, de l'histoire et de la géographie. Il fallait par exemple replacer les noms des pays sur une carte d'Afrique. Les tests de mémoire et d'observation étaient un peu nouveaux pour nous tous. Dans son bureau, assis sur sa chaise, *Raymond* avait disposé plein de choses sur la table. Il y avait un téléphone portable, trois livres, un trousseau de clefs, une montre, un paquet de Kleenex et d'autres trucs.

Raymond nous parlait de la pluie et du beau temps pendant une minute puis nous faisait ressortir. Une minute après, il nous rappelait. Tandis que la table était vide, il nous regardait, tel un sphinx.

« Est-ce que tu pourrais me replacer le tout. Je te laisse... trente secondes ! »

Les objets attendaient que ma mémoire fonctionne pour être remis à leur place.

Les jours suivants se déroulèrent entre la salle de cours et le terrain de sport. Les tests étaient multiples et parfois carrément étonnants. Un jour, ils nous firent sortir afin d'aller dessiner un paysage. Pendant cinq minutes, on devait observer le paysage devant nous puis nous retourner et le dessiner aussi sec. Ça, je savais pourquoi. Au régiment, dans les sections de reconnaissance, c'est ce qu'on apprenait en premier : savoir dessiner les objectifs à attaquer si on avait pas d'appareil photo.

Au premier abord, les exercices semblaient super simples mais étaient en fait d'une efficacité redoutable. Chaque jour, je sentais mes neurones se décoller et tous mes circuits se mobiliser un peu plus. La mémoire visuelle était la plus sollicitée. Chaque objet, visage, nom, tout devait être mémorisé.

J'ai eu peur lorsque j'ai vu arriver le test d'anglais. Mon niveau était assez médiocre. C'est là où j'aurais dû avoir la moins bonne note. Comme j'étais le seul sur les dix candidats à ne pas être bachelier, je m'étais fait un point d'honneur à cartonner.

Au bout de deux jours, les tests physiques ont commencé :

« Vous remettez vos treillis. Sacs de cinq kilos pour les filles, onze kilos pour les messieurs ! », dit *Raymond*.

C'étaient les tests que passaient tous les parachutistes une fois par an. D'abord un mille cinq cents mètres, puis un huit kilomètres en moins d'une heure. À la sortie du camp qui donnait dans la forêt, *Raymond* nous a appelés un par un afin de nous confier un mot.

« *Florent*, j'ai un message pour toi. »

Il me tendit un papier plié en quatre. Dessus il y avait une phrase : *Rendez-vous le 30 novembre à 13 h 52 à Budapest, au carrefour de la rue Vaci et du boulevard Robert-Karoly. Vous transmettrez cette phrase à votre contact : « Le tramway dans cette ville n'est pas en très bon état. » Départ de Paris le 29 novembre par le vol AF numéro 2894 et retour le 1er décembre par le vol AF numéro 2895.*

Je lui rendis le papier. On devait faire les mille cinq cents mètres en moins de neuf minutes. L'effort allait être court et violent. L'entraînement passé au 3e RPIMa était en train de me sauver la mise. Je m'en sortais un peu mieux que les autres. Mais tous les entraînements du monde ne pouvaient empêcher qu'au bout de quatre kilomètres mon sac pesait le double de son poids et que mon dos commençait à devenir un véritable barbecue.

Au point d'arrivée, *Raymond* nous attendait. Il avait pris un VTT pour être là avant nous. À cause des circonstances, il avait accentué sa tête d'homme mystère. Comme j'étais le premier arrivé, il m'a appelé, avec un petit air sournois, en me tendant nonchalamment du papier et un crayon :

« Tu te souviens du message que je t'ai donné tout à l'heure ? »

Je crachais mes poumons et il me demandait de lui réciter le message ! « Tu pourrais me le réécrire mot pour mot, s'il te plaît ? »

Je le lui ai retranscrit.

Frédérique m'apprendra plus tard que nous n'avions été que deux à avoir eu vingt à ce test.

INSTALLATION À CERCOTTES

Le camp Est était devenu au fil des jours une confortable prison. L'une des pièces du préfa avait été transformée en salle à manger et, chaque jour, un jeune soldat nous apportait la bouffe en voiture. Les menus variaient peu. On arrosait le tout d'un petit cubi de rosé que l'on négociait au planton qui s'occupait de nous. C'était l'été et il faisait chaud. Parfois on sortait les tables et il ne nous manquait plus que le chant des cigales pour nous croire dans un camp de vacances.

Hormis le fait que personne ne nous adressait la parole et qu'on nous la jouait « mystère, silence et compagnie », j'apprenais à connaître un peu mieux les autres apprentis espions.

J'avais découvert leur grade lors de la remise des pseudos. Nous étions cinq officiers et cinq sous-offs. *Caroline* et *Léa* étaient les deux seules filles de notre groupe. Elles avaient toutes les deux le grade de sergent-chef. Avec ses taches de rousseur et ses cheveux noirs coupés à la garçonne, *Caroline* était la plus sexy. Sergent, elle avait été prof de *fitness* à l'École interarmées des sports à Fontainebleau. Régiment composé de sportifs de haut niveaux, il représentait l'armée lors des cérémonies sportives. C'est là qu'étaient formés tous les moniteurs de sport de l'armée française. C'était pas des guerriers mais ce n'était pas non plus ce qu'on leur demandait. *Léa,* elle, venait de l'état-major de la 11e division parachutiste. Elle parlait fort, jurait, buvait et fumait comme un mec. Ses années passées en kaki avaient englouti à jamais sa féminité. Lieutenant, *Rémi* arrivait direct du 1er régiment parachutiste d'infanterie de marine. *Romuald* était lieutenant du 3e RPIMa et était instructeur jungle. *Serge* était le seul légionnaire et le seul capitaine. Ancien du 2e régiment étranger parachutiste, il en avait eu marre de défiler en chantant « Tiens, voilà du boudin » tous les 14 Juillet. Quant à *Wilfried,* il était chef dans les équipes de recherche du 13e régiment de dragons parachutistes.

À côté des deux filles, il y avait *Dido.* D'origine vietnamienne, il était le moins bavard. Depuis trois ans dans l'administratif à Cercottes, il avait décidé de passer le cycle long pour devenir opérationnel. En bout de table, l'inénarrable Azad trônait. À côté de lui, il y avait *Alexandre* qui venait d'un groupement de chasseurs. Il ne disait rien et semblait ouvrir des yeux ronds depuis son arrivée à Cercottes.

Avec sa houppe de cheveux sur la tête, qui lui donnait un air de Pierrot triste, le contact était passé immédiatement avec *Rémi*.

Au bout de trois jours, je ne savais déjà plus leurs vrais noms et prénoms. Chacun essayait de se rappeler le pseudo de l'autre le mieux qu'il pouvait et la situation aurait été comique si on n'avait pas été à Cercottes.

LA CITADELLE

Un peu à l'écart de la route principale, le camp était entouré d'une forêt. Vaste, avec des routes le parcourant dans tous les sens et sa double rangée de grillage, le Centre semblait sortir tout droit de la série anglaise *Le Prisonnier*. Mi-camp militaire, mi-village, tout le monde se saluait par son pseudo avant d'aller vaquer à ses occupations, à savoir se préparer à combattre de la meilleure manière possible les ennemis de la République.

Réparties en baraquements, les cellules étaient autonomes. Il y avait d'abord *Sphinx* pour tout ce qui touchait aux opérations aériennes clandestines. À côté, se trouvait *Hercule*, pour les explosifs et le tir, puis *Lyra* qui était la cellule des clandestins opérationnels. Pour la photo, la vidéo et l'informatique, l'ensemble était regroupé dans un long bâtiment baptisé *Delta*.

Un peu à l'écart des cellules se répartissaient la piste de conduite rapide, le pas de tir 180 degrés, le mess, l'infirmerie, l'armurerie clandestine et la place de prise d'armes.

Le camp de Cercottes avait longtemps abrité le régiment du Service Action. Sur l'un des bâtiments, j'avais remarqué une trace de ces temps glorieux, une énorme panthère noire peinte sur la façade avec *Onzième Choc* en dessous. Les politiques s'étaient toujours comportés avec le Service comme avec des parias. Les hommes de l'Action étaient le côté noir de la force et personne n'avait trop envie de savoir à quoi ils ressemblaient. On savait qu'ils existaient. C'était tout et c'était déjà trop.

Si on avait pu les cacher encore plus, on l'aurait fait. Le dernier ministre de la Défense qui était passé au Centre s'appelait François Léotard et ça remontait à des siècles. J'ai appris récemment que Michèle Alliot-Marie venait de leur rendre visite. Elle a sans doute eu droit au show spécial VIP.

Un matin, *Raymond* nous a tous réunis dans la salle d'honneur pour nous annoncer que notre groupe de dix allait fusionner avec des nageurs de combat en provenance de Quelern et des Forces Spéciales de Perpignan.

« Ils vont suivre avec vous une partie du cycle long. »

On s'est tous retournés pour les voir arriver. Les nageurs avaient le look surfeurs et semblaient sortir tout droit de la série *Alerte à Malibu* avec leurs chemises à fleurs et leurs cheveux décolorés. Les Spéciaux de Perpignan, eux, avaient des bonnes gueules de « tueurs » sportifs. Ils se sont approchés de nous avec le sourire pour finir d'écouter les consignes.

Raymond a conclu : « Allez vous changer. Rendez-vous dans un quart d'heure en costume dans la salle. »

Un costard ne peut pas tout changer. Les durs de Perpignan, boudinés dans leur costume, semblaient sur le point d'exploser les coutures. Quant aux nageurs, certains avaient l'air d'avoir dormi avec leurs fringues tellement elles étaient fripées. Chez nous, c'était plus sobre. On sentait qu'on avait affaire à des habitués du costume et de la cravate. Azad était de tous le plus élégant dans son costume de lin noir. Pour ma part j'avais sorti le costard et les Church's.

La salle d'honneur dans laquelle nous sommes arrivés était un véritable musée rempli de souvenirs. Sa cheminée et ses fauteuils club en cuir donnaient au tout une ambiance de film de guerre anglais. Au sol, il y avait des tapis rapportés de pays exotiques, tandis que des armes de la Seconde Guerre mondiale trônaient à côté de couteaux dentelés provenant de conflits plus récents.

Les portraits de tous les chefs de corps qui avaient commandé le régiment étaient affichés sur un coin de boiserie tandis que des photos et reliques de ces cinquante dernières années s'étalaient un peu partout sur les murs. Tout un pan de la salle était tapissé de photos d'agents morts en mission.

Ça m'impressionnait de voir toute cette mémoire. L'Indochine avec les premiers GCMA (Groupement de commandos mixtes aéroportés) qui partaient derrière les lignes ennemies pour effectuer des sabotages.

Dido, à mon grand étonnement, connaissait tout par cœur.

« Ça, c'était en Indochine, avec les maquisards Méos. Pour contrer la menace communiste, le Service, à l'époque, avait armé les minorités. Les agents français leur achetaient leurs récoltes d'opium avec des barres d'argent pour qu'ils restent nos alliés et continuent à combattre les Viets.

– Comment tu sais tout ça?

– Ma famille vient de là-bas. Un de mes grands-pères a fait la guerre avec les Français. »

L'Algérie tenait une place à part. C'est là que le Service allait parfaire son « art ». Pas moins de cent cinquante personnes seront ainsi « neutralisées » par les soins du Service Action.

Alors que je patientais en écoutant *Dido*, tout le groupe s'est levé comme un seul homme lorsque le patron est entré. Ça me faisait marrer de voir tout ce beau monde en costard au garde-à-vous.

« Messieurs, vous allez passer un an avec nous. Si vous êtes là, c'est que l'on vous a choisis sur dossier. Pour nous, vous êtes aptes à suivre le cycle long. »

Au bout de quelques minutes, le ton s'est mis à changer : « Aussi, on va vous tordre, vous ruiner. Si vous ne tenez pas, vous serez remis à la disposition de vos unités. La seule chose que je peux vous dire, c'est que le cycle long, ça rend humble… »

Dans le brouhaha de chaises, on s'est remis au garde-à-vous. Tout le monde avait la tête un peu essorée. On avait remarqué deux types dans un coin de la salle. Les deux mastars au look « garde du corps » se tenaient à l'écart. Après le départ du chef, nos deux affreux sont montés sur l'estrade. En les écoutant, on a compris qu'ils étaient là pour nous malmener dans la joie et la bonne humeur et qu'en plus on leur dirait merci.

Le discours se voulait de bienvenue mais contrastait férocement avec leur physique. L'un s'appelait *Luc* et l'autre *Rodolphe.* Tous les deux étaient issus des Forces Spéciales, basées à Perpignan.

« À partir de maintenant, pendant la période que vous passerez avec nous, vous n'aurez plus de pseudo mais des numéros ! » Moi, j'avais hérité du numéro dix.

On s'est tous regardés et j'ai vu dans les yeux d'Azad une certaine inquiétude. Pour lui, c'était la série *Le Prisonnier* qui continuait. Dans la salle, personne n'a posé de question. On ne savait rien sur le programme sinon qu'on allait passer un temps certain avec les deux monstres. *Rodolphe,* qui semblait le plus vieux, a conclu :

« Jeans, chemises, vestes Gore-Tex pour tout le monde. N'oubliez pas vos *Meindl**. »

Ils ont échangé entre eux un petit sourire vicieux puis ont de nouveau insisté lourdement sur les chaussures.

« Tout le monde prêt pour 20 h 30 devant les baraquements avec paquetage et petit sac civil. »

En sortant, Azad m'a demandé ce que j'en pensais. Je lui ai répondu qu'à mon avis ça sentait très fort le saut de nuit.

* Chaussures de marche.

« Hein, mais j'ai sauté que six fois ! Je sais plus comment on fait. »

Dans mon groupe, la plupart n'avaient que les six sauts réglementaires obtenus lors du brevet.

« C'est vrai, ce serait dur que tu t'écrases en pleine nuit alors qu'on vient à peine de commencer le cycle… »

Pendant deux heures, *Rodolphe* avait fait un rafraîchissement exprès sur le saut de nuit dans la salle de cours pour ceux qui étaient trop à la ramasse. Dès 20 heures, nous nous sommes tous mis en marche, housse à parachute à la main, gaine sur le dos, sac d'allégement dans l'autre main. Un bus nous attendait pour nous emmener vers une base aérienne en pleine Beauce. La nuit était claire et tiède. Arrivé sur le tarmac, j'ai pu distinguer la silhouette d'un Transall isolé. La tranche arrière de l'avion, abaissée, laissait filtrer de la lumière. Arrêté au cul de l'avion, le bus nous a descendus en silence dans la nuit.

À l'intérieur du gros porteur, c'était le bordel. Il y avait une voiture civile au milieu de nous, un gros 4 x 4 Toyota. Je me suis assis à côté de *Caroline*. Tout anxieuse, elle n'arrêtait pas de poser des questions sur tout. Comme une bonne partie de l'équipe embarquée, elle n'avait aussi que six sauts à son actif.

Au bout d'une heure de vol, dans la pénombre, les largueurs sont passés pour nous demander de nous équiper. Pour un ancien des régiments paras, la situation était inhabituelle. D'abord parce que généralement on grimpait dans la carlingue avec le parachute sur le dos, ce qui permettait de vérifier tout le monde au sol et d'éviter les accidents. Ensuite parce qu'on était à des kilomètres des règlements du saut militaire. Je découvrais un nouveau monde, fait d'adaptabilité et d'efficacité. Et ça me plaisait.

Pour d'autres, c'était pas pareil. Sur son siège, Azad a commencé à s'embrouiller avec le harnais de son parachute et il a fallu qu'il se rééquipe deux fois tout en gardant son équilibre. Comme nous étions en vol tactique, l'avion suivait le relief à basse altitude, ce qui rendait l'intérieur de l'avion totalement instable.

Avec mes trois mille sauts, j'étais dans mon élément. J'avais passé des centaines d'heures dans des carlingues, parachute au dos. *Caroline* ne parlait plus. J'aurai pu entendre sa glotte monter et descendre. Pour la rassurer, je l'ai aidée à enfiler son dorsal, puis sa gaine et enfin son ventral. À la lumière du plafonnier, une fois équipée, je trouvais qu'elle ressemblait à une Tortue Ninja prête à l'attaque.

Puis elle m'a dit: « Tu ne me trouves pas un peu grosse! Parce que dehors j'ai pas trop envie de ressembler à une boule volante! »

Je trouvais la conversation un peu surréaliste. On était là, à l'entraînement, prêts pour un saut de nuit et elle me parlait de ses rondeurs!

« Debout, relevez les sièges, accrochez! Serrez vers l'avant! »

L'ordre était tombé. La lumière rouge venait de s'allumer. On n'était plus qu'à cinq minutes de la cible. Les largueurs vérifièrent nos câbles puis ouvrirent les deux portes latérales. Les lumières s'éteignirent complètement tandis qu'un vent chaud s'engouffrait dans la carlingue. À cause du bruit des deux turbopropulseurs, les largueurs s'étaient mis à communiquer par gestes. *Caroline* était la première à sauter. Avec sa gaine coincée entre les jambes, elle venait de se mettre en position. En la voyant, les fesses relevées prêtes à passer la portière, j'ai ressenti un sérieux coup de chaud.

« Dix secondes ! »

Caroline s'est retournée vers moi, m'a tiré la langue deux fois, a fait un geste obscène avec ses doigts avant de disparaître, engloutie par la nuit. Je n'avais plus le temps de réfléchir. C'était vert et j'ai basculé dans le noir. L'air chaud m'a accueilli. La voile a claqué au-dessus de moi. Le saut était de trois cents mètres avec une ouverture automatique. Pendant les quelques minutes où je me balançais, j'ai distingué autour de moi quelques coupoles qui tournaient lentement puis j'ai reconnu la zone de saut de Rivesaltes avec, au loin, les lumières de Perpignan et son aéroport. Sous la lune, je pouvais apercevoir la mer pleine de reflets d'argent. Dans ces moments, je me disais que pour rien au monde je n'aurais voulu changer de vie, que j'aimais trop ces ambiances nocturnes. D'un coup sec, j'ai délesté ma gaine qui s'est mise à pendre entre mes jambes à sept mètres au-dessous de moi. Puis je l'ai sentie toucher le sol. Cela voulait dire que l'atterrissage était pour bientôt. Je me suis préparé. Talons, fesses, épaules. Le sol est arrivé. Très vite et très dur.

Après avoir brassé sommairement mon parachute et l'avoir déposé dans la housse, j'ai vu arriver Azad, le casque de saut de travers. Mon pilote d'éléphant claudiquait, le parachute en vrac sur la tête.

Soudain une voix a retenti dans l'obscurité :

« Allez, magnez-vous, on va pas y passer la nuit. » Une silhouette est sortie de l'ombre, puis deux, puis trois. Il y en avait une tripotée que je pouvais distinguer en file indienne. En treillis noir et cagoule, c'étaient des « jalons », des instructeurs qui étaient là pour nous canaliser vers un semi-remorque en attente. Azad, toujours claudiquant, s'est mis à jurer pendant que j'escaladais les marches en fer du camion. Au fond, il y avait déjà des formes roulées dans un coin. À la position qu'avait prise Azad, j'ai vite compris que son coccyx n'avait pas résisté au saut de nuit.

« Je peux pas m'asseoir…

– Mets-toi à genoux sur ton sac », lui ai-je répondu.

Des vannes un peu molles ont commencé à fuser sur la position en levrette qu'était en train de prendre notre pilote d'éléphant, mais tout le monde était trop fatigué pour continuer. Le semi-remorque s'est rempli peu à peu puis a commencé à rouler. *Caroline* est venue se mettre contre moi à cause des tournants.

« Toi qui sais tout, on va où ? »

Vraisemblablement, on était à Rivesaltes. J'avais reconnu la zone car j'avais sauté des dizaines de fois dans le coin avec le 3e RPIMa.

« Je ne vois que Perpignan », j'ai répondu.

Recouvert d'une bâche jaune, le semi-remorque laissait passer la lumière de la lune. À travers, en ombres chinoises, j'ai distingué les formes des palmiers de l'avenue Kennedy de Perpignan. Puis un virage un peu brusque a arraché un gémissement à Azad, toujours les fesses en l'air, tandis qu'un des stagiaires des Forces Spéciales venait de se mettre en éveil comme un chien de chasse.

« On va vers la citadelle », a-t-il lâché.

J'ai acquiescé dans l'ombre. La citadelle était le seul endroit où l'on pouvait emmener vingt-huit gus comme nous. Posée sur les hauteurs de la ville, c'était un ancien fort militaire. Puis le trente-huit tonnes a commencé à tourner dans tous les sens tandis que, dans son coin, Azad couinait comme un petit chien. Le nez au vent, le mec des Forces Spéciales s'est mis à nous commenter en direct notre ascension :

« Là, il est en train de monter la côte, là il vient de passer la première barrière de sécurité… »

Soudain le semi a stoppé net, moteur à l'arrêt. Les portes se sont ouvertes et, surprise, on s'est trouvés face à une fenêtre. Ils avaient posé une planche en bois qui servait de passerelle. Chacun est sorti en courbant la tête afin de sauter dans le noir. La pièce était nue, faiblement éclairée par un plafonnier. J'ai vite vu qu'il n'y avait personne d'autre que nous. Les vitres étaient toutes recouvertes de papier kraft et les fenêtres n'avaient plus de poignée.

« Ils nous ont enfermés, j'y crois pas », a lâché l'un des gars de Perpignan.

Ça sentait le renfermé et l'aménagement était spartiate. Étalés dans les coins, des lits Picot pour tout le monde attendaient, sauf pour les filles qui avaient une pièce à part.

Dans le couloir, *Rodolphe* et *Luc* patientaient avec un garde armé. Azad, pour se venger de toutes ses frayeurs, les avait rebaptisés dans l'avion « Luc le Hulk » et « Musclor ».

Un instructeur nous a briefés rapidement : « Les règles de vie du bâtiment sont les mêmes pour tout le monde. Vous ne pouvez pas sortir. Vous aurez un garde armé de jour comme de nuit qui restera en liaison avec nous. Maintenant il est temps de mettre la viande dans le torchon. »

Et il nous a souhaité bonne nuit.

Je me suis demandé un bref instant si on avait fait une connerie ou si ça faisait partie de l'entraînement. La notion du temps m'avait échappé. Lorsque j'ai regardé ma montre, il était déjà 3 heures du matin. Au milieu des chaussettes, des sacs et des chaussures, on s'est tous affalés.

Le lendemain matin, les cours ont commencé. Après nous avoir distribué des cahiers et des stylos, Musclor a commencé. Il nous a fait subir une véritable intraveineuse d'écriture, sans pause. C'était leur jeu du matin au soir. Au bout de trois jours, j'en avais des crampes aux doigts. Nous apprîmes tout sur la guérilla et sur l'art de créer un mouvement insurrectionnel dans un pays. D'abord, il nous expliqua que la subversion disposait de deux armes essentielles, l'action psychologique et le terrorisme.

Vous êtes un commando infiltré dans un pays ennemi. Votre mission est de déstabiliser un pouvoir en place. Envoyés par le Service, vous vous mettez au service de la force d'opposition, qui a créé une guérilla depuis peu... Puis sans discontinuer, on s'est enfilé du combat tactique avec les premières actions… *Le premier objectif à atteindre sera de plonger la région dans une atmosphère de guerre révolutionnaire… L'exécution d'un nombre important d'attentats en des points du territoire spécialement choisis suffira à frapper de terreur la population… Le but est de plonger la région dans une atmosphère de guerre subversive où les petits cadres, tous les individus en mesure de faciliter l'exercice du pouvoir en place dans une région, seront éliminés ou neutralisés… Le harcèlement systématique des postes isolés et le sabotage des ouvrages d'art…*

Les cours se succédaient jusqu'à 20 heures, puis, après une pause, on reprenait jusqu'à 22 heures. Les repas pris en commun nous ont permis de voir qui était qui. Les nageurs semblaient à leur aise. Comme des autistes, ils se coupaient du monde, faisaient leur boulot sans rien demander et revenaient dans leur bulle. Les « Perpignanais », eux, étaient plus physiques. Habitués aux coups et aux passages en force, ils pouvaient se heurter très vite aux autres.

Azad, déambulant parmi nous avec sa couverture pour s'asseoir en cours, traînait son coccyx comme une croix. Il allait mieux puisqu'il s'était remis à sortir des vannes. Personne ne rigolait mais ça ne l'empêchait pas de continuer.

Au bout du troisième jour, la fameuse fenêtre par laquelle nous étions entrés s'est rouverte. Un par un, nous sommes passés par l'ouverture. Dehors, deux C25 attendaient, moteur tournant. Comme l'habitacle était capitonné avec du carton, il nous était impossible de voir la tête du conducteur.

On était empilés les uns sur les autres, mais je me suis tout de même trouvé une petite place au fond. À quatorze par terre, on était en surcharge et je pouvais entendre l'essieu qui grinçait, pas vraiment content.

Au bout de deux heures, la camionnette s'est enfin arrêtée. Les portes ouvertes, j'ai découvert ce qui nous attendait. Autour de nous, le paysage ressemblait aux Corbières, aride, caillouteux et sans un arbre à l'horizon. Nous étions tous un peu groggy et nous ressemblions à des prisonniers qui partaient en balade. J'en avais presque oublié l'odeur de l'air pur.

L'instructeur nous rejoignit.

« Ce sont des anciennes carrières aménagées en pas de tir. On peut faire autant de bruit que l'on veut... même au lance-roquettes. »

Au loin, j'ai aperçu des cibles vertes réglementaires de l'armée française. Elles étaient neuves et n'attendaient plus que nous. Musclor nous a indiqué du bras les tables sur tréteaux qui avaient été disposées côte à côte à quelques mètres.

« Messieurs, vous êtes sur le stand de tir en plein air du Service. Voici le matériel que vous retrouverez au cours de vos missions », a-t-il lâché en préambule.

Sur les tables, j'ai retrouvé mes vieilles « amies » : G3 allemand, Kalachnikov russe, HK allemand, FAL belge et le M16 américain. Les différences étaient notables entre les fusils d'assaut. Même en passant des années dans un régiment, il était rare de pouvoir essayer les fusils étrangers. Souvent un militaire n'avait tiré qu'avec son famas et rien d'autre. *Grégory* était l'instructeur tir que Musclor nous avait adjoint. Petit, trapu, ses gestes étaient secs et précis et contrastaient avec ses yeux qui avaient l'air de se marrer de tout. Prestement, il se saisit du FAL et le manipula devant nos yeux.

« Ceci est un FAL. Il vous paraît immense et c'est ce qui explique sa précision. Excellent dans la savane africaine, et pour tout ce qui touche au combat longue distance, il devient nettement moins efficace en combat urbain. Son seul inconvénient, c'est son poids. »

On se le passa de main en main tandis que *Grégory* s'était déjà emparé du G3 pour le manipuler. Le G3 était une bonne arme, plus courte, on pouvait l'utiliser en combat rapproché. De plus, pour les fanas, il existait aussi en version *sniper* avec un bipied. Puis il passa aux deux stars des champs de bataille. Celles que tout le monde avait eues déjà au moins une fois entre les mains.

« Les deux armes que vous rencontrerez le plus souvent restent à ce jour indétrônées. C'est la Kalachnikov et le M16. Je ne vous fais pas les présentations… »

Grégory en avait apporté de toutes sortes. Il y en avait des chinoises, des tchèques, des yougoslaves, des roumaines, mais aussi des plus rares comme une version de la Kalach pour les tankistes russes qui était beaucoup utilisée par les gardes du corps de l'ancien bloc soviétique, ou une autre avec un lance-grenades vissé sous le canon. Les Soviétiques avaient créé un objet culte qui avait inondé la planète.

Après avoir manipulé tous les flingues, *Grégory* nous expliqua que chaque mission avait son arme appropriée.

« On ne prend pas le même type d'arme pour une libération d'otage que pour une bataille de rue. Imaginez-vous en train de libérer des otages à coup de fusil à pompe ! Quand vous voyez dans les films les flics en train de débouler dans une pièce, défouraillant la pompe à la main, dans la réalité, il ne resterait plus grand monde après. »

Ça, je savais. Le fusil à pompe ne servait qu'à arroser une zone plus ou moins large. Efficace pour des tirs en éventail, il restait très utile pour « nettoyer » en combat urbain ou en localité. Mais l'arme préférée des services spéciaux, quelle que soit leur nationalité, restait le HK ou Heckler & Koch. Allemande à l'origine, la firme avait été rachetée par les British qui en avaient équipé toutes leurs forces spéciales.

Sur les tables, l'armurerie avait étalé toute la gamme. Il y en avait trois : le HK crosse en bois, avec crosse repliable et le modèle avec silencieux.

« Ce que vous avez là devant vous, c'est le nec plus ultra des armes de mission spéciale. »

Grégory, l'espace de quelques minutes, s'était transformé en bonimenteur de foire. Je m'attendais à ce qu'il nous sorte un papier pour qu'on signe et qu'on reparte avec les flingues exposés.

Celui que j'avais en main était un modèle MP5 sans silencieux. J'actionnais la culasse afin d'en vérifier le fonctionnement. L'arme était petite et compacte, et tenait bien dans la main. Seul inconvénient, elle était trop courte pour la mettre à l'épaule. *Grégory* venait de remarquer mon enthousiasme.

« Numéro dix, tu nous montres comment tu tires? »

Je n'avais jamais tiré au HK MP5. Après avoir armé, j'ai appuyé sur la queue de détente et me suis mis à tirer sauvagement. Sauf que la rafale m'a déporté le bras vers la gauche.

Grégory, devant mon piètre résultat, s'expliqua en nous faisant une démonstration.

« Le HK est une arme qui, de par sa cadence de tir élevée, a un rythme d'éjection très rapide, d'où la déportation sur la gauche. Aussi, l'arme étant petite comme vous avez pu le remarquer, il est difficile de la tenir. Pour éviter ce problème de déportation, vous faites comme dans les films, vous tirez en basculant l'arme sur le côté, comme cela… »

Il la cala en glissant son poignet gauche sous le canon et tira. « Le Service a ses méthodes de tir bien à lui, que vous allez découvrir aujourd'hui. »

En fait, il les adaptait selon les armes utilisées et les situations. L'une des méthodes portait le nom, incompréhensible pour les néophytes que nous étions, de « crosse-menton-cible ». *Grégory* prit une Kalach et fit une démonstration.

« Avec une arme d'épaule, le visage face à la cible, le menton devient l'axe de tir. Il vous suffit de monter l'arme en venant faire cogner la crosse sous le menton. Cette méthode permet de tirer sans viser en étant sûr d'être toujours en cible. Vous pouvez vous servir », a-t-il conclu.

Un instant, je me suis cru à la foire du Trône. Personne ne se le fit répéter et chacun choisit une arme. J'ai pris le M16. C'était une vieille connaissance que j'avais déjà utilisée à Beyrouth. Pendant près d'une heure, en ligne, les casques antibruit sur les oreilles, notre petit groupe a tiré jusqu'à ce que les canons deviennent brûlants. Il y avait de la cordite qui stagnait tout autour de nous et je n'avais jamais autant tiré de ma vie. Dans l'armée régulière, on nous obligeait à ramasser les douilles et à les compter. Ici, c'était le contraire. Nous tirions à volonté.

Au milieu des culasses qui claquaient à vide, Azad s'est mis à hurler. En remontant ses doigts vers le canon, il venait de se les brûler.

« Achète des gants ! », lui ai-je conseillé en montrant ma main gauche gantée de cuir, tandis que j'engageais un autre chargeur.

Juste à côté d'Azad, *Caroline* s'exerçait comme elle pouvait. La vérité est qu'elle tirait comme une patate. Surtout, par complexe d'infériorité, vu qu'elle était petite, elle avait choisi le FAL. Démesurément long par rapport à sa taille, le fusil d'assaut semblait gigantesque entre ses petites mains. Au premier tir en rafale, elle partit en arrière, déséquilibrée par le recul et se retrouva le cul par terre.

La fumée nous piquait les yeux. Les tueurs de Perpignan, plus posés, tiraient avec souplesse, au coup par coup ou par petites rafales de trois, tranquillement. Le boucan était devenu infernal. Ça n'avait pas l'air de gêner les instructeurs qui, impassibles, nous observaient derrière leurs lunettes. Avec leur jean et leur chemise de randonnée, Meindl aux pieds et Oakley sur le nez, je les trouvais très cool.

Au bout de trois heures, la récréation était finie. On a déposé les armes et on est remontés dans les C25 comme des travailleurs clandestins en partance pour une équipée nocturne.

Dans le C25, comme on avait transpiré, ça sentait encore plus fort qu'à l'aller. *Caroline*, sans rien dire à personne, avait enlevé ses Meindl. Une odeur de rat crevé se répandit dans la caisse. Je lui dis de remettre fissa ses chaussures avant qu'on la jette par la porte arrière.

De retour en cours, le rythme ne s'était pas relâché. J'avais l'impression que Musclor et Luc le Hulk avaient décidé de nous faire apprendre tout ce qu'il était possible de connaître sur l'art de la guérilla. À raison de douze à quinze heures de cours par jour, on frôlait l'indigestion. La nuit, je rêvais de coups de main, de « sonnettes » d'embuscade et d'infiltration en territoire ennemi. Je ne savais pas où on allait mais je sentais juste que les instructeurs nous préparaient quelque chose aux petits oignons.

Au bout du troisième cahier noirci, l'instructeur nous a fait lever et sortir. Un par un, en file indienne, Musclor nous a guidés dans les tréfonds de la citadelle jusque dans une salle isolée de la lumière où il nous fit entrer.

« Vous allez tirer au HK avec intensificateur de lumière sur les yeux. Comme vous le remarquez, les HK sont dotés d'une visée laser et d'un réducteur de son. »

Puis il désigna le premier d'entre nous. C'était un des nageurs de combat. Seules les Forces Spéciales de Perpignan avaient déjà utilisé cette arme.

« Tu te poses pas de question, tu poses ton point rouge

et tu tires. Il est impossible de rater sa cible sauf à moins d'être bigleux, et dans ce cas vous vous seriez trompé de porte », lui dit Musclor en mettant dans ses mains le petit pistolet-mitrailleur.

Quand on est remontés, le médecin militaire était là. Il commença à nous expliquer comment prendre soin de nos petits corps en toutes circonstances surtout en climat tropical. Le cours portait principalement sur les problèmes que nous risquions de rencontrer lors du déroulement de nos missions futures.

Il s'appelait *Romuald* et comme nous, il avait suivi le cycle long et participé à plusieurs missions. Comme il le faisait avec d'autres médecins, le Centre utilisait ses compétences pour accompagner les agents. Quand il nous a expliqué les conséquences du coup de chaleur, j'ai compris qu'on allait user les Meindl sur le bitume. Je bénissais un peu plus chaque jour mon passage chez les paras. Je reconnaissais que les tournantes de six mois en Afrique et au Moyen-Orient avaient été une bonne école.

Il nous parla ensuite de nos ennemis, l'humidité, l'eau et la crasse. « L'humidité vous pourrit la peau, l'eau vous transmet toutes sortes de maladies et la saleté. »

Plus tard, alors que nous étions assis par table de deux dans la grande pièce, j'ai jeté un coup d'œil à ma montre. Il était 7 heures du soir. Dehors il devait faire encore jour.

« Ils vont nous emmener où maintenant ? », demanda *Léa*.

Les filles tenaient plutôt bien le coup. Leur chance, c'est qu'elles n'étaient que deux et n'avaient pas à supporter la promiscuité. Personne ne connaissait la suite des réjouissances. Et à la limite on s'en foutait. Pour ma part, tout ce que je voulais, c'était sortir. Si mes calculs étaient bons, cela faisait presque une semaine que nous étions tous enfermés dans le blockhaus. Autour de moi, certains commençaient sérieusement à trembler. L'enfermement, la lumière artificielle et la promiscuité pesaient sur nos nerfs. Certains semblaient même avoir oublié pourquoi ils étaient ici.

Nous vivions les uns sur les autres, sans lumière du jour, comme des souris de laboratoire. La distribution des corvées donnait lieu à des engueulades et c'était voulu par les instructeurs. Principe du rat en cage, il fallait tester la résistance psychologique des candidats à l'isolement en petit groupe. Ça marchait. Azad s'était engueulé avec un nageur parce qu'il ronflait. Certains se renfermaient sur eux-mêmes, d'autres se plaignaient, d'autres encore se révélaient être des leaders. En fait il y avait ceux qui subissaient la situation et ceux qui l'affrontaient. Mes quinze années passées en régiment m'avaient blindé contre les prises de tête à propos des corvées de chiottes, la serpillière dans le couloir ou le lavage de gamelle. L'isolement était en train de nous façonner en profondeur, de nous sculpter la cervelle définitivement.

Au bout de ce que je croyais donc être le septième jour, on nous a sortis de la citadelle pour reprendre les C25. Comme la dernière fois, nous sommes allés sur le stand de tir. Le maniement des explosifs était un programme à part entière. Pour les missions, le Service avait sa propre cellule de démolisseurs qui partaient dans le monde entier. *Gédéon* en faisait partie. Installé sur un petit siège, une boîte en plastique bleu à ses pieds, il nous attendait pour partager ses secrets avec les pauvres néophytes que nous étions dans le domaine. Très grand, il avait gardé une allure d'étudiant attardé derrière ses lunettes cerclées d'acier.

« Au vu de vos CV, je pense que tout le monde dans le groupe sait manipuler un morceau d'explosif et un détonateur. Ce que je vais vous apprendre aujourd'hui, c'est l'explosif de fortune, la chaleur et la lumière du pauvre, le truc que vous devrez mettre en pratique en cas ultime et avec ce que vous trouverez. On va voir d'abord la mine antipersonnel faite maison. »

Gédéon plongea ses longs doigts dans sa caisse en plastique et en sortit une assiette creuse, de celles qu'on utilise pour boire la soupe. Très fier de son effet, il nous la passa sous le nez comme un magicien avant son tour puis il prit un pain de plastic de type C4 qu'il déchiqueta avec son couteau avant d'en tartiner tout le fond de l'assiette*.

« Prenez le maximum de clous, continua *Gédéon* tout en farfouillant dans ses poches, tout ce que vous pouvez trouver comme projectiles métalliques. Plus c'est rouillé, mieux c'est! »

Je demandai pourquoi.

« Parce que si elle ne meurt pas à l'impact, votre cible est sûre de mourir du tétanos! »

* NDE : La description qui suit n'a pour autre but que de dépeindre l'ambiance de l'entraînement qu'a reçu l'auteur lors de sa formation. Les éléments permettant la réalisation de tels engins explosifs ont volontairement été modifiés et certains ont été omis.

Ça tombait sous le sens.

« Plus il y aura de blessés, moins il y en aura devant vous », a-t-il conclu.

Le mélange clous-plastic bien réparti au fond de l'assiette avec ses doigts, *Gédéon* sortit un sachet de plâtre à séchage rapide.

« Après, vous recouvrez le tout d'une fine couche de plâtre. »

Puis il se déplaça avec l'assiette et la disposa de manière verticale vers la direction voulue. Pendant ce temps, *Caroline* avait placé trois cibles à cinq mètres de l'assiette.

« Ça, c'est une troupe en progression sur une piste », dit-elle en enfonçant les piquets des cibles dans le sol.

Tout le monde, après s'être reculé bien vite, alla se coller derrière la première butte. L'assiette attendait toute seule. *Gédéon* enfonça d'un geste précis les deux fils dans les trous. Il y eut un grand « boum ! » comme un coup de tonnerre. Je relevai la tête le premier. À travers la fumée, je pouvais distinguer les cibles qui faisaient sérieusement la gueule.

« La charge creuse est destinée à percer toutes sortes de blindages. » Tout en parlant, *Gédéon* avait saisi une bouteille de champagne vide, prêt à nous montrer ses nouveaux talents de cuisinier.

« Vous remplissez la bouteille d'eau aux trois quarts avant de l'enterrer dans la terre jusqu'au niveau de l'eau. »

En deux coups de pelle, la bouteille se retrouva en terre. Puis *Gédéon* l'entoura d'une cordelette imbibée d'essence.

« N'oubliez pas de serrer bien au niveau de la limite à couper. » Il alluma. Au bout d'une minute, un « crac ! » annonça la coupure.

« Vous gardez le haut de la bouteille, la partie où il y a le goulot, et vous le remplissez avec du plastic », dit *Gédéon* en joignant le geste à la parole.

C'était la forme effilée du goulot qui allait canaliser l'explosion. Puis il ajouta trois tiges en bois qu'il scotcha autour du morceau de bouteille.

« Votre charge doit être élevée d'au moins dix centimètres. Ni trop haut ni trop bas. Il faut laisser au dard de la charge creuse la possibilité de se former. Tout repose sur le principe d'une fonte de métal immédiate. »

La charge, en explosant, devait agir telle une pointe de feu, fondant le métal comme du vieux chocolat. Puis il prit une plaque de fonte un peu rouillée d'environ un mètre cinquante de long sur autant de large. La tôle ressemblait à un gros morceau de blindage de tank découpé au chalumeau.

« Le blindage est de trois centimètres d'épaisseur », dit-il en la déposant par terre avant de lui coller la bouteille « Cuvée spéciale Gédéon » dessus.

Gédéon actionna le détonateur. La fulgurance de l'explosion nous surprit tous comme un éclair à l'envers. Quasiment aucune projection aux alentours. Toute la force de l'explosif s'était comme concentrée sur le bout de métal qui présentait un beau trou fondu au milieu comme si un doigt de feu l'avait transpercé.

Dans la même journée, nous avons manipulé les trois types d'explosifs les plus courants, à savoir le plastic, le TNT et de la vieille dynamite.

Nous n'avons pas eu droit aux interminables règles de sécurité du genre « les détonateurs peuvent vous exploser dans les mains » ou d'autres trucs. Ici, ils nous considéraient comme responsables et c'était plaisant pour notre ego !

Puis *Gédéon* nous montra comment couper un tronc d'arbre en l'enroulant avec du cordeau détonant avant que nous passions deux par deux.

« Numéros dix et treize en binôme ! Vous courez jusqu'au tronc d'arbre et vous revenez. Vous êtes chronométrés ! »

Arrivé devant le tronc, je passai rapidement le cordeau orange autour, tandis que *Rémi* s'activait en se préparant à coller le détonateur et l'extrémité de la mèche lente. *Rémi* n'aimait pas les explosifs et ça se voyait. Il me salopa la mise à feu, laissant le bout d'aluminium pendouiller lamentablement. On n'avait plus le temps. Pour faire bonne figure, je mis double dose de cordon explosif autour du pauvre tronc d'arbre puis je mis le feu à la mèche lente.

Constituée d'un bout de coton, elle nous laissait environ une minute pour carrer nos carcasses derrière le talus. À défaut de coton, on pouvait aussi la remplacer par une cigarette coincée dans un paquet d'allumettes. Personnellement je préférais les détonateurs électriques. Seul inconvénient : il fallait du fil électrique pour que ça marche. Nous avons sauté à pieds joints par-dessus les têtes des autres, qui s'étaient serrés autour de *Gédéon*.

« Planquez vos fesses ! »

L'explosion ponctua sa phrase tandis que, simultanément, j'entendis des bruits bizarres comme après une attaque au mortier. C'était les échardes de bois qui volaient au ras de la butte de terre dans des sifflements de moustiques. Autour du tronc d'arbre, la terre était noire et ça sentait le bois brûlé. Sauf qu'il n'y avait plus de tronc.

« Dites-moi, les deux, vous avez mis combien de tours autour du tronc? », demanda *Gédéon* le regard goguenard tout en continuant à le chercher des yeux.

On s'est regardés avec *Rémi*. L'explosion avait été tellement puissante qu'elle avait satellisé le morceau d'arbre dans les airs, le réduisant en sciure de bois. Tout le monde y passa. Sur des bûches de différentes grosseurs, des bidons d'acier. Tout ce qui était sciable à l'explosif. Puis *Gédéon* nous montra quelques piégeages à utiliser en grande forêt.

« Imaginez-vous demain en jungle. Vous vous retrouvez au cœur d'une guérilla dans un pays lointain. Pour sécuriser votre camp ou pour arrêter une colonne ennemie, rien de tel que le piège à l'explosif! »

Gédéon s'était saisi d'un obus désamorcé de 60 mm et le dévissa devant nos yeux tout en le farcissant avec du cordeau détonant.

« Vous prenez un obus de mortier. Du 60 mm ou du 82 mm feront très bien l'affaire. Pour bien le fourrer, vous faites des nœuds, le plus que vous pouvez, comme si vous vouliez faire un gros scoubidou. Quand la patrouille passe à côté, vous le faites péter. Comme l'obus est en hauteur, il explosera en parapluie. C'est simple et d'une totale efficacité. »

Caroline a demandé si ça avait été testé récemment.

« À Sarajevo, le 5 février 1994, lorsque l'obus est tombé sur le marché de la ville, il a d'abord touché une barre métallique qui était à deux mètres du sol. L'obus a explosé en l'air. Résultat : soixante-neuf morts et deux cents blessés. Oui, je vous le confirme, c'est efficace. J'y étais. »

Mon admiration était totale. Pour moi, *Gédéon* était comme Zeus s'apprêtant à lancer ses éclairs. En bon pédagogue, il nous communiquait le plaisir de tout faire péter avec doigté et dans la bonne humeur. Il n'y avait qu'une règle à respecter : ne jamais s'énerver car ce serait la dernière fois, les explosifs ne pardonnant rien.

Nous sommes revenus à la citadelle comme nous en étions partis. À quatorze par C25. Hulk et Musclor nous attendaient. Il était 7 heures et le soir commençait à tomber.

« Faites vos sacs, on déménage. »

Une fois arrivés, ils nous ont demandé de nous déshabiller un par un dans une salle afin de vérifier que nous n'avions rien gardé sur nous. Argent, papiers, clefs, tout devait être donné aux instructeurs. Après la fouille au corps, ils ont ouvert les sacs un par un, puis nous ont relâchés.

Nous avons repris le semi-remorque qui nous a ramenés sur la zone de saut où nous nous étions posés une semaine auparavant. Comme à leur habitude, les instructeurs n'en dirent pas plus. Sur la zone, un Cougar attendait placidement, les pales au repos. La nuit était tombée depuis longtemps.

De nouveau tassés dans l'hélico, personne n'avait envie de dormir ; nous étions trop excités par ce nouveau déplacement. Installé près du hublot, j'ai fait le guide pour tout le monde. Nous survolions Saint-Laurent-de-la-Salanque, puis Narbonne, Lézignan, enfin Carcassonne dont la cité était encore éclairée. Après j'ai senti que l'hélico bifurquait vers un coin que je connaissais par cœur pour l'avoir parcouru dans une autre vie, à pied, en voiture et à vélo. En survolant les lumières de ces villes que je connaissais bien, un tas d'images me revenaient. Brigitte, mon premier amour, mon mariage, le début d'une vie qui me paraissait si loin déjà, à des années-lumière. Malgré le bruit de l'hélico, j'étais ailleurs, dans mon premier engagement, dans ma première vie de militaire.

L'hélico se posa dans une clairière. Nous sommes descendus par petits paquets. L'air était plus frais car on était en altitude. Le quartier de lune répandait autour de nous une lueur fantomatique.

Frédérique m'avait prévenu que le stage guérilla que nous commencions allait durer un mois. Il était le plus long et le plus difficile, le but étant de pousser les élèves jusqu'à leurs limites tant physiques que psychologiques. Cela faisait déjà plus d'une semaine que je n'avais pas eu ma femme au téléphone et ça commençait à me manquer sérieusement. Calé contre mon sac, j'ai allumé une clope en attendant la deuxième rotation tout en prenant quelques minutes de sommeil d'avance.

La deuxième rotation arrivée, nous nous sommes mis en marche en file indienne. Après trois heures de tâtonnements à buter contre des racines, éclairées par la seule lumière de la lune, Azad, qui n'arrivait toujours pas à se taire, s'est mis à gueuler qu'il avait envie de dormir et qu'il avait faim.

« Vous êtes en période d'infiltration alors tu la boucles! », lui a intimé Musclor.

Le camp n'était plus loin, je le sentais. J'avais hâte car depuis deux bonnes heures je traînais un passager clandestin. En véritable boulet, *Caroline* s'était accrochée à mon sac et je commençais à le sentir.

Nous nous sommes immobilisés dans le noir. Mes yeux s'étaient habitués à l'obscurité. Hulk est revenu vers nous et a dit :

« OK. On a quelques heures avant le lever du soleil. Vous avez des couvertures, de l'eau, vous vous couchez où vous pouvez. Réveil dans trois heures! »

Posé par terre, sur l'herbe, j'ai ouvert un sachet repas. Il y avait du thon, des salades de maïs en boîte, des en-cas Knorr et un sachet déshydraté. Je me sentais d'humeur gastronomique et je me suis ouvert un Bolino spaghetti bolognaise. J'ai jeté un coup d'œil dans le sac. On avait de quoi faire trois repas et j'avais une gourde de deux litres d'eau.

« T'en veux? j'ai demandé à *Caroline* qui était en train de bouder, accroupie comme une enfant sauvage dans son coin.

– C'est mon anniversaire aujourd'hui. On est le 10 septembre.

– Bah, fallait le dire! Allez, royal au bar! »

J'ai regardé autour de moi dans la pénombre, histoire

de voir s'il n'y avait pas une fleur à lui offrir. Mais c'était plutôt sec. « Allez viens, je te paye un coup d'Évian », je lui ai dit en débouchant ma gourde.

Tout le monde a tombé les chaussures et pris sa place parmi les corps étalés, écroulés les uns à côté des autres. Je me suis creusé un coin, chacun se blottissait contre son voisin. Un vent froid s'était levé et *Caroline* est venue se lover contre moi, roulée en boule comme un petit animal. À ma montre, il était 3 heures du matin. Emmitouflé dans mon duvet, *Caroline* contre moi, je me suis collé mon walkman avec U2 sur les oreilles et me suis endormi.

Le lendemain, le réveil a été humide. Avec mes années passées au régiment, je croyais connaître la guérilla. Je me rendis vite compte qu'il n'en était rien. Ce que d'autres appelaient le combat non traditionnel restait vraiment le domaine des opérations spéciales.

« Je me présente : je m'appelle *Matthieu* et je suis votre instructeur guérilla. Tout ce que vous avez vu cette dernière semaine en théorie, nous allons le mettre en pratique ensemble. »

Matthieu avait une trentaine d'années, un visage émacié par l'effort, une barbe naissante et une mèche qui lui tombait perpétuellement dans les yeux. J'appris plus tard qu'il venait du 1er régiment de hussards parachutistes où il avait passé neuf ans comme chef des chuteurs opérationnels. Après, il avait rejoint le Service Action dans les Forces Spéciales.

« Vous allez être répartis en sept équipes à la disposition d'un instructeur », a-t-il dit.

Il n'avait pas fini sa phrase que nous les vîmes sortir de la clairière. Marchant nonchalamment, ils étaient sept chefs d'équipe, pas rasés, en veste de treillis et en jean, leur fusil d'assaut leur battant les jambes. Ils s'approchèrent, nous saluèrent à peine et allèrent se servir un café. Puis *Matthieu* s'est retourné vers nous et a soulevé une couverture. En dessous, un amas de Kalachnikov attendait.

« Vous piochez dedans. À droite vous avez les chargeurs et les cartouches sont dans la caisse là-bas. »

La Kalach était à crosse repliable, légère et toute huilée. D'un seul coup, on s'est tous activés comme des abeilles puis *Matthieu* a repris.

« Ici, tout le monde est approvisionné. Une cartouche dans la chambre, c'est la règle, de jour comme de nuit. »

Puis il nous a fait un cours sur la Kalach et pourquoi c'était la meilleure arme du monde.

« Arme du pauvre par excellence, c'est l'arme de toutes les guérillas. Même plongée dans la boue, elle peut encore tirer. Ne la sous-estimez jamais. Avec son calibre de 7,62 mm, elle arrête net un buffle dans sa course. »

Puis il la démonta devant nous. Avec ses trois pièces métalliques grossièrement usinées, le mécanisme était d'une simplicité déconcertante. Tellement déconcertante que même Azad réussit à la démonter et à la remonter.

Un deuxième instructeur vint rejoindre *Matthieu.* Il s'appelait *Germain.* Sosie de Lino Ventura, ses mains étaient énormes et une large cicatrice lui barrait la figure. J'apprendrai plus tard que c'était le souvenir d'une descente en rappel un peu trop rapide. Dans le Service depuis 1986, il avait participé à la libération des otages de la grotte d'Ouvéa, en Nouvelle-Calédonie, en 1988.

Chaque équipe était constituée de quatre stagiaires. Je me suis retrouvé avec *Rémi* et deux Perpignanais, *Marcus* et *Julien.*

Le soleil venait de se lever et me révéla notre base secrète dans son ensemble. Créé de toutes pièces par le Service, le camp de guérilla était perdu quelque part. Sur des centaines de mètres, il y avait des huttes de branchages recouvertes de ponchos camouflage, une cuisine rudimentaire et une salle de cours aménagée en pleine forêt. Des feuillées avaient été creusées un peu à l'arrière. Azad s'était déjà fait foudroyer du regard par *Germain* alors qu'il essayait de préparer un feu.

« Interdiction de faire du feu. Vous êtes clandestins, bordel, tu veux te faire repérer ou quoi ! »

En contrebas du campement, se trouvait une source mais j'avais décidé très vite qu'il n'était pas nécessaire de se laver tous les jours pour faire un bon guerrier clandestin.

Une fois la tasse de café froid avalée, l'instructeur nous désigna un endroit dans la forêt, à l'ombre de deux grands chênes : « Vous pouvez vous installer ici. »

S'installer, à ma sauce, voulait dire que je posais mon tapis de sol par terre, tendais une suspente à parachute entre deux arbres et posais par-dessus la bâche verte qui me servait d'abri. En cinq minutes, je m'étais installé une superbe chambre cinq étoiles avec vue sur la vallée. Il faisait déjà très chaud. « Accrochez bien votre bâche, il va y avoir des orages les nuits prochaines », conseilla *Matthieu*.

J'ai inspecté mon matériel avant de le recouvrir. Outre le duvet que j'avais étalé, j'avais pris trois paires de chaussettes pour la marche en montagne, trois T-shirts, une polaire, la plus petite serviette de toilette que j'avais trouvée, complétant mon confort quotidien. Pour le reste, j'avais une trousse de première urgence, une boussole, de la corde de type suspente à parachute, un couteau suisse, et une gamelle équipée d'un mini réchaud à gaz. Comme nous opérions hors contexte militaire, toutes les affaires étaient de marques civiles. Une fois que j'eus fini, la Kalach toujours en bandoulière, je me suis porté volontaire pour la suite.

Germain nous attendait près de la popote et nous donna les règles pour que notre séjour se passe bien.

« Dans un camp de guérilla, tout le monde a une tâche. Il y a ceux qui vont chercher à manger, il y a ceux qui s'occupent de l'eau, il y a ceux qui montent la garde, il y a ceux qui vont en cours et il y a ceux qui dorment. Et ça tourne ! Ce que vous mangerez vous le mériterez », conclut *Germain*. On ne se le fit pas dire deux fois pour se porter volontaire. Véritables estomacs sur pattes, la bouffe était devenue notre préoccupation principale. On mangeait pas grand-chose et je me calmais en me disant que c'était encore une expérience et que ça faisait partie du stage.

La nourriture était à deux heures de marche, cachée dans des *boîtes aux lettres mortes* (BLM). Cela voulait dire que si on voulait manger, il allait falloir les trouver. Les boîtes aux lettres mortes étaient des trous désignés à l'avance où un agent pouvait glisser des messages ou des objets. En ville comme en forêt, les BLM étaient des anfractuosités naturelles. *Matthieu* m'a remis un croquis d'itinéraire pour y accéder, avec un signal d'approvisionnement. À dix, nous sommes partis, de gros sacs vides sur le dos. *Rémi* marchait en tête, vaillant comme un scout. L'idée de manger nous donnait de nouvelles forces. Obligatoirement près d'une route, les BLM devaient être faciles d'accès pour les véhicules de partisans censés nous ravitailler. Non loin de la première BLM, *Rémi* est allé vérifier le signal d'approvisionnement. C'était un autocollant *Stop le nucléaire* collé sur un panneau de signalisation. Cela voulait dire que les caches étaient pleines.

Il y en avait trois. De gros sacs poubelle noirs de cent litres, remplis à ras bord, qu'une main anonyme avait déposés dans des petites grottes de pierre à flanc de colline non loin de la route. Après avoir transvasé les plastiques dans nos sacs, on a fait une boucle en déposant le signal de relève pour montrer qu'on était bien passés à la cache.

Au bout d'une journée, la sélection s'était faite entre ceux qui venaient de régiments paras et qui avaient l'habitude de vivre dehors et les autres. Azad traînait la patte en se plaignant. On commençait à le regarder comme celui qu'on allait être obligés de sacrifier par une nuit sans lune, loin des regards.

Les jours suivants, j'ai compris que nous allions enfin mettre en pratique tout ce que nous avions appris lorsque nous étions restés enfermés dans la citadelle. Les cours continuaient, parfois en français, parfois en anglais. J'apprendrai plus tard que bon nombre de nos instructeurs utilisaient le cycle long pour réviser avec nous avant leurs missions à l'étranger.

Ça m'éclatait de savoir que des randonneurs du week-end passaient près du camp de guérilla sans se douter que des apprentis espions y étaient en formation. C'était le côté homme de l'ombre dans son propre pays qui me fascinait le plus, le côté monde parallèle. Le stage guérilla était sanctionné par une mission à effectuer en temps réel. Par groupe de quatorze, on recevait un objectif à atteindre en un temps limité.

Bruno avait été désigné comme chef de notre groupe. Filiforme, les cheveux blonds mi-longs, il avait encore une bouille enfantine. Ce qu'il n'était plus pourtant. Jeune saint-cyrien, après avoir fini l'école, il avait rejoint le 5e régiment interarmes d'outre-mer et était parti à Djibouti pour deux ans. Lieutenant à vingt-sept ans, il avait postulé pour le Service Action pendant son séjour, qui l'avait recruté immédiatement.

Après avoir été briefé par Hulk sur la mission à réaliser, *Bruno* nous a réunis et, un genou à terre, a ouvert l'enveloppe de papier kraft. Dedans, il y avait un dossier d'objectif détaillé avec photos et cartes.

« C'est notre prochaine mission. Nous avons six jours pour la réaliser. L'objectif à pénétrer est une centrale électrique EDF située à une centaine de kilomètres d'ici. »

Je faisais équipe avec *Rémi* et à la lecture tout le monde a pris un air sérieux. J'ai demandé :

« Faut l'infiltrer ?

– Non, faut la faire sauter ! Elle commande toute l'électricité de la région. »

Je regardai les feuilles polycopiées. La centrale se trouvait dans un petit village, non loin de Montauban.

« Ah oui, j'ai une mauvaise nouvelle. Il faut apprendre par cœur le dossier d'objectif. »

Nous apprîmes ce jour-là, que la règle numéro 1 d'une mission est de connaître par cœur ses ordres pour les quarante-huit premières heures. Plus les jours passaient, plus je comprenais qu'un agent clandestin, c'était d'abord de la mémoire. Autour de *Bruno*, chacun dans son coin, nous nous sommes mis à réciter comme des petits perroquets tout le dossier d'objectif. Puis *Bruno* nous a fait répéter un par un la mission. Cela s'appelait « n'avoir aucun élément compromettant sur soi ». Après, le dossier est parti en fumée comme dans *Mission Impossible* sous la flamme du briquet de *Bruno*.

« Donc, demain avant que le soleil se lève, on s'infiltre dans le pays, a dit *Bruno*.

– C'est quoi notre couverture ?

– Je sais pas. Hulk a dit que ce serait une surprise ! »

Le lendemain, emmitouflé dans mon sac de couchage, j'ai regardé ma montre. Il était 4 heures du matin et il faisait encore frais. Une fois debout, j'ai retrouvé les autres dans la clairière. Posés par terre, quatorze VTT nous attendaient, prêts à l'emploi. Luc le Hulk nous a désigné les vélos d'un geste large. « C'est votre moyen de pénétration dans le pays. Anonyme, efficace, silencieux. »

On s'est tous regardés. Ça allait être chaud. Puis Hulk s'est approché de nous et a commencé sa distribution de pochettes-surprises.

« Ce n'est à ouvrir qu'en cas d'absolue nécessité », a-t-il insisté.

J'ai d'abord cru que c'était un préservatif, puis j'ai regardé le petit carré transparent scellé sous vide.

« Elle contient un franc et une carte bleu, blanc, rouge avec les mots magiques en cas de gros emmerdements », a continué Hulk.

J'ai lu les mots à travers le plastique. Il était écrit : *Cette personne participe à un exercice dans l'intérêt de la défense nationale.*

Puis chacun s'est saisi de son VTT. En nous regardant avec nos chaussures de montagne, nos shorts et nos lunettes acérées, je me suis dit que l'on faisait une chouette équipe de randonneurs. J'ai commencé à pédaler pendant que Luc le Hulk et Musclor nous souhaitaient bonne chance : « N'oubliez pas, on vous regarde… » C'était le truc le plus étrange de l'exercice. Savoir que tout ce qu'on faisait était épié par des yeux anonymes et qu'il fallait faire gaffe à ce qu'on entreprenait.

Derrière moi, j'entendais que ça grinçait, cahotait et soufflait. Mes dix ans de compétitions de vélo se sont mis à revenir peu à peu, à chaque coup de pédale. Ils n'empêchaient pas le sac à dos de me scier les épaules.

Notre groupe avait un nom de couverture. Il s'appelait « Rando 24 Périgord ». Pour le pékin moyen, nous faisions partie d'une association de randonneurs circulant à VTT dans toute la France dès que leurs loisirs le leur permettaient.

Lors d'un coup de main, la règle est de se rapprocher de l'objectif à distance raisonnable afin de lancer plusieurs reconnaissances sur l'objectif à faire sauter. Une reco permettait de tout savoir sur ce qui nous attendait quand on allait arriver.

Au bout d'une journée, nous sommes arrivés à la base de départ qui nous permettrait de lancer nos reconnaissances. C'était un camping dans un petit village situé près d'une rivière. Pendant que les uns montaient les tentes, *Bruno* a désigné les binômes pour la reco sur objectif. Il fallait aller vite car l'exercice était chronométré. En règle générale, en pays hostile, les recos s'effectuaient en couple, moins suspect pour des yeux extérieurs. *Léa* et *Caroline* ont été désignées d'office avec *Rémi* et moi. La centrale électrique était un « poste source » alimentant une partie de la région. C'était ça qu'il fallait faire sauter.

Après cinq jours, les recos étaient terminées et l'élaboration du plan finie. La veille de l'action, nous avions rendez-vous avec un *partisan*. On appelait ça une *demande de moyens*. Tout en s'équipant, *Bruno* me choisit pour l'accompagner. Le rendez-vous devait avoir lieu non loin du village. Notre partisan arriva à l'heure dite.

Avec sa casquette de base-ball, sa barbe de trois jours et son petit sac à dos, il ressemblait à n'importe quel touriste en vacances dans le coin. Les instructeurs du Centre s'étaient tous donné la consigne pour ne pas en décrocher une en notre présence. Sans un mot, après avoir donné les phrases de reconnaissance, il nous a remis un paquet. *Bruno* l'a ouvert devant lui. C'était du plastic. Dans le même paquet, le partisan avait placé une poignée de détonateurs, de la mèche lente et des minuteurs, puis, après un vague salut de la tête, il a tourné les talons, nous laissant seuls avec nos explosifs.

Le soir suivant, nous nous sommes mis en marche. L'équipe action était constituée de *Bruno*, d'*Alexis*, un type de Perpignan, et de moi-même. *Bruno* m'avait désigné pour rester en protection pendant qu'*Alexis* et lui s'introduiraient dans le poste pour aller poser l'explosif avec le minuteur. Je les ai vus se glisser puis disparaître sans bruit dans la nuit à travers le grillage. Pour que l'exercice soit réussi, il fallait que les trois kilos d'explosifs soient parfaitement répartis sur les parties sensibles du poste.

Après la pose des explosifs, il nous a fallu dégager vite fait le terrain pour rejoindre le point de recueil où le reste de l'équipe nous attendait avec les sacs et les VTT. À pied, de nuit, à petites foulées, nous avons parcouru les dix kilomètres en deux heures afin de rejoindre le reste de l'équipe qui nous attendait en rendez-vous près d'une rivière. Certains étaient déjà en train de somnoler. Le jeu de piste continuait mais pour retrouver le partisan qui devait nous exfiltrer de la zone. Il nous fallait attendre le petit matin. Il était hors de question d'utiliser les VTT, comme me l'a fait remarquer *Bruno*.

« Tu vois, quatorze mecs sur leur VTT, pédalant au clair de lune, ça pourrait faire bizarre. »

À 6 heures, le partisan nous attendait sous l'horloge de la gare du village. J'aimais bien ces moments, quand je voyais le soleil se lever devant moi. Tout semblait possible. Baskets aux pieds, dans son jean et son blouson de toile, le partisan avait l'air plus réveillé que nous. *Bruno,* qui l'avait vu en premier, s'est dirigé vers lui, le VTT à la main afin d'effectuer le rituel d'identification et d'authentification. Outre les signaux de sécurité habituels, type casquette, sac à dos, journal sous le bras, il fallait lui donner en plus une phrase code du genre : *Il n'y a pas de bus qui partent ce matin en direction de Montauban ?* À laquelle il devait répondre : *Non, mais vous pouvez y aller en taxi !* L'identification effectuée, en file indienne, l'équipe est sortie de son trou. Nous nous sommes présentés. On appelait ça le *rendez-vous avec une personne inconnue* ou RVPI. Les signes de reconnaissance vérifiés, le partisan a remis une enveloppe à chacun d'entre nous. Dedans, il y avait un billet de train.

Plus ça allait et plus je comprenais que tout ce que nous mettions en pratique était un exercice tactique grandeur nature d'infiltration en pays hostile. D'abord l'infiltration, puis la prise de contact avec les partisans locaux, puis la préparation sur objectif et enfin l'exfiltration une fois l'action accomplie.

Notre nouveau partisan fut plus loquace.

« C'est ton billet. Tu dois y être pour 14 heures, dans l'après-midi. »

J'ai regardé le billet. Lunel *via* Toulouse avec un changement et une attente d'une heure. Puis il m'a décrit mon nouveau rendez-vous.

« Celui que tu dois rencontrer aura un petit sac à dos et *Le Figaro* sous le bras. OK ? »

Sur un Post-it était inscrite la phrase de reconnaissance: *Je voudrais savoir les horaires de bus pour aller à Nîmes* et la réponse attendue: *Le dernier est parti il y a dix minutes. Il va falloir prendre un taxi.*

« Tu la détruis après. Vu ? »

J'ai acquiescé rapidement et je me suis engouffré dans la gare déserte. Un peu plus loin, avachi sur les bancs espacés, j'ai aperçu tout le groupe. Personne n'était très frais et, avec nos gueules pas rasées, on ressemblait à des passagers clandestins. À force d'avoir dormi par terre, l'œil était vitreux et on sentait le trappeur après une saison d'hiver. Surtout on n'avait rien à manger, pas d'argent et nos estomacs tournaient au minimum syndical. Je leur ai fait un clin d'œil mais j'ai compris en voyant *Bruno* que l'on ne pouvait plus se parler. Plus de contact. Fini la colo de vacances. *Rémi* devait aller à Montpellier, pour Azad, c'était Aigues-Mortes. Toute seule sur son banc, *Caroline* semblait désespérée. Elle avait bien assuré sur la reco. Sa mémoire visuelle était phénoménale. En une minute, elle avait récité point par point tous les détails de la centrale à *Bruno.*

Le TER arrivé, tout notre groupe s'est réparti dans la rame. On faisait tache au milieu des voyageurs tout propres du matin, rasés et sentant bon. Des regards lourds de questions se posaient sur nous. Ils allaient tous sur Montauban et Toulouse. À la gare, *Bruno* nous fit un petit signe de tête. Chacun d'entre nous avait sa correspondance à attendre. Nous avions tous la même obsession : manger, et depuis près de deux jours, nous avions épuisé notre réserve de bouffe.

L'air réjoui, Azad avait été à la soupe populaire pour engloutir un bol de soupe. Plutôt beau gosse, *Robert*, le nageur, s'était mis à faire la manche lorsqu'il avait vu que pour aller pisser, il lui fallait mettre un franc. Au bout d'une heure il avait récolté quatre francs, ce qui lui avait permis d'aller boire un expresso et d'aller faire pipi.

Se retrouver sans ressources comme un SDF m'avait soudain fait peur. En moins d'une minute, il fallait franchir le pas et tendre la main pour quémander. À cet instant, je me rendis compte que quand on avait faim, la fierté n'existait plus. Lorsque dans le train une jeune fille m'avait proposé un Palmito, je n'avais pas hésité à lui dévaliser son paquet entier.

Là encore, la situation avait révélé notre personnalité profonde. Il y avait eu ceux qui avaient volé et ceux qui avaient mendié, bref chacun avait son système D. L'important : survivre.

On a tous pris notre direction. Je me suis retrouvé de nouveau tout seul. Frédérique me manquait vraiment. Je n'avais qu'une envie, c'était de l'appeler, de lui raconter tout ce que je vivais. Qu'est-ce qu'elle pouvait bien faire ? Cela faisait presque un mois que je ne l'avais pas eue au téléphone. De toute façon, même si j'avais voulu, j'avais pas une thune. Tout en attaquant la route, je me posais dix mille questions. Qu'est-ce qui allait se passer une fois arrivé au point de rendez-vous ? Est-ce que j'allais pouvoir calmer ma faim ? Tout en triturant la petite pochette plastique, je me demandais si on était suivis. Qui nous observait et combien étaient-ils ? Frédérique m'avait expliqué que le Service employait des filles pendant les cycles longs avec une mission bien particulière. Connaissant l'identité des stagiaires, elles les suivaient à la trace, puis se rapprochaient d'eux avec une mission : les faire parler. Ça pouvait se passer n'importe où. Une fille qui t'abordait pour te demander une cigarette ou qui engageait la conversation, en faisant copain-copine avec toi. Juste histoire de savoir s'il y avait pas un trouduc parmi nous qui lâcherait d'un air mystérieux : « Je suis habillé en clodo mais en fait je travaille pour les services secrets… » C'était déjà arrivé et les candidats s'étaient fait virer dans l'heure.

Un agent clandestin est toujours seul. Cette règle, je l'apprenais un peu plus à chaque heure qui passait. Il n'y avait plus la cohésion du groupe comme dans un régiment régulier. Mais ça ne me dérangeait pas trop. J'aimais bien être seul. On était responsable de personne d'autre et je me suffisais amplement.

Lunel était une petite ville. En arrivant, je me suis collé à l'ombre d'un platane. Il faisait une chaleur de gueux. Je me suis mis à l'écart pour faire ce qu'on appelle *l'environnement*, c'est-à-dire voir si tout est normal, s'il n'y a aucun danger. Puis j'ai ouvert ma dernière boîte de thon et je l'ai mangé lentement, comme un oiseau, en comptant les bouchées.

J'avais avalé la dernière bouchée depuis longtemps quand un type s'est approché. Les cheveux mi-longs, bronzé, il avait une bonne tête de civil. Après les phrases d'identification, il m'a remis une enveloppe : *Rendez-vous demain à 20 heures.*

J'ai ouvert l'enveloppe qui contenait une photocopie de carte au cinquante millième avec un point d'arrivée et un point de départ. En calculant, je me suis aperçu qu'il y avait au moins encore cinquante bornes à parcourir et que le rendez-vous était le lendemain. Mon regard a glissé du sac à dos au soleil, puis j'ai pensé à mon ventre, puis à mes pieds qui en avaient marre, puis à mes poches qui étaient vides et la déprime m'a envahi d'un coup. La solitude de l'agent en mission commençait à me peser. Je me suis dit d'arrêter de penser, que ça ne servait à rien et qu'il fallait avancer.

Mais même si je le voulais, mon corps commençait à sentir l'accumulation de fatigue et le manque de bouffe. J'ai remis mon sac sur le dos, réajusté mon bandana sur le crâne et décidé de marcher deux heures puis de m'arrêter dix minutes. Au bout de quinze kilomètres, j'ai commencé à parler à mes pieds. En les observant, j'avais l'impression qu'ils marchaient tout seuls. À l'intérieur des Meindl, je sentais bien qu'ils étaient devenus gros et rouges et que des crampes me tendaient les mollets douloureusement. Je me suis dit : « Tiens, tu commences à te déshydrater. »

En face de moi, la route serpentait et, avec le soleil qui tapait, le bitume était devenu brûlant. Tout en grignotant un épi de maïs en marchant, je me suis décidé à quitter la route. Il était 20 heures et il faisait encore jour. Ayant aperçu au loin une petite forêt, je me suis dit que ce serait nickel pour la nuit. À l'intérieur, sous la futaie, il faisait frais. Au milieu des chênes, j'ai étendu mon duvet et, le poignard à la main, je me suis endormi.

Debout à l'aube, mes rêves de steaks saignants et de bières fraîches n'avaient en rien rempli mon estomac. J'ai observé l'horizon de champs qui s'étalait sous mes yeux. À perte de vue, il n'y avait que ça. Mes jambes, tendues comme des cordes de piano, avançaient péniblement.

À la sortie d'un village, un Polonais ancien routard qui avait parcouru toute l'Europe à pied me conseilla d'aller visiter d'autres pays. Je lui dis que j'avais pris une année pour marcher. Je l'écoutais me raconter ses voyages. Grâce à lui j'ai arrêté de penser à mes pieds et me suis évadé un peu. Après dix kilomètres ensemble, il m'a laissé à un carrefour.

Au bout de dix heures, je l'ai aperçu. C'était un croisement de quatre chemins en plein milieu de nulle part. Tout autour il n'y avait que du maïs qui ondulait sous la brise tiède. J'ai scruté de nouveau la photocopie de la carte. Non, c'était bien là. Le soleil commençait à taper fort lorsque j'ai entendu quelqu'un crier mon nom. Après un tour d'horizon rapide, j'ai compris que la voix sortait des épis. J'ai écarté les plants de maïs du bord de la route et j'ai découvert *Dido,* vautré comme un pacha, au milieu des plants, du maïs plein la bouche.

« Amène-toi, y a personne d'autre ! On est les premiers. »

Je lui ai demandé s'il lui restait quelque chose à becqueter. Devant sa réponse négative j'ai arraché moi aussi un épi que j'ai commencé à mâcher stoïquement.

Au bout d'une heure, l'équipe s'est mise à arriver par petits groupes, les uns trottinant, les autres claudiquant, tous le visage à l'envers, et rien à manger dans les sacs. L'hélicoptère, prévenu par radio, vint nous récupérer au milieu des champs. Après un rapide débriefing à Perpignan, nous sommes retournés à Cercottes en Cougar. Les nageurs devaient rejoindre Quelern. On se salua tous en souhaitant se retrouver bientôt dans une opération commune. À huit dans l'hélicoptère du retour, je savourais à l'avance le week-end.

On nous a déposés à notre point de départ, le camp Est. Arrivé sur le tarmac, comme c'était la Saint-Michel, fête de tous les paras, je suis parti me changer. Sur le chemin, je croisai Frédérique qui ne me reconnut pas sur le coup. « Qu'est-ce qu'ils t'ont fait ! », s'est-elle exclamée. Je devais vraiment pas être beau. J'avais perdu sept kilos en quarante-cinq jours.

ASTÉRIX

Notre vie a commencé à s'organiser autour du Service. Les week-ends, nous partions Frédérique et moi sauter en parachute au centre école de parachutisme de Saint-Denis-de-l'Hôtel. Avec plus de cinq cents sauts, Frédérique avait atteint le niveau brevet C en phase de progression et m'accompagnait sur mes compétitions de saut.

Comme tous les services secrets du monde, le Service Action avait commencé à incorporer de plus en plus de filles pour les missions. Alors qu'au début, elles n'étaient pas nombreuses, elles sont rapidement devenues indispensables.

Lors de mon arrivée, le Service « n'utilisait » que trois filles comme agents opérationnels. Un an après, avec *Caroline* et *Léa,* elles seront cinq à travailler à plein temps.

Pendant le stage, elles ne bénéficiaient d'aucun aménagement particulier. Très vite, je me suis rendu compte qu'elles se transformaient en petites gladiatrices.

Le samedi, entre deux stages, j'aimais faire les courses avec Frédérique. L'espace d'un week-end, j'avais l'impression d'être comme tout le monde. Normal, quoi ! Je laissais les armes au vestiaire et on se rendait tous les deux dans un Carrefour remplir le frigo pour la semaine. Je voyais les gens défiler avec leur caddie et je me disais : « C'est drôle. Ils ont leur vie, j'ai la mienne. On se croise sans que personne ne puisse soupçonner ce que je fais. » Ce côté parallèle, affranchi, me plaisait bien. Mais comme je n'étais jamais à une connerie près, il fallait que je me teste encore et encore.

Voler reste un bon moyen pour tester ses nerfs et sa capacité à tenir une situation tendue. Finalement, c'était ce qu'on nous demandait de faire toute la journée. Les courses du samedi matin devinrent rapidement un apprentissage continu, le Carrefour mon nouveau terrain de chasse et la caisse une frontière à passer.

Sans rien dire à Frédérique, je piquais des bandes dessinées, que je glissais entre les deux packs d'eau, à l'arrière du caddie. Dans ma tête, je m'étais préparé mon *prétexte* car pas de vol sans prétexte préalablement étayé. Pendant des mois, Frédérique ne se rendit compte de rien. Je sortais des ampoules, des livres, des lames de rasoir. J'aimais bien ces petites montées d'adrénaline, elles me maintenaient les neurones en activité. Quant à Frédérique, elle voyait bien qu'il y avait un paquet de trucs qu'elle n'avait pas acheté mais n'y prêtait pas plus attention que cela. Jusqu'au jour où elle me surprit en train de glisser entre les packs d'eau et le caddie, trois albums d'*Astérix*. C'étaient les derniers, ceux qui me permettraient de compléter ma collection. Ses yeux se sont arrondis comme si elle venait de découvrir une grosse bouse à côté d'elle. Sa bouche s'est pincée puis tordue vers la gauche pour parler sans que personne nous entende : « Rapporte ça tout de suite ! »

C'était drôle de la voir figée dans son manteau, les yeux comme des billes essayant de jouer au ventriloque. Pour une fille de colonel, ça la foutait mal d'être prise avec un agent du Service Action en train de voler des bandes dessinées. La caisse passée, l'air très calme, j'ai continué à pousser le caddie lentement vers la sortie.

« T'es malade ou quoi ! Tu te prends pour qui ? »

Frédérique, mi-offusquée, mi-amusée, s'était mise à m'engueuler sur le parking du supermarché, devant le coffre ouvert de la voiture.

« Mais Fred, c'était juste pour m'entraîner !

Elle s'est arrêtée net. Produit de son éducation, la peur du gendarme était trop forte pour elle.

– Tu es fou. Je ne veux plus faire les courses avec toi. »

L'incident était clos, sauf que lorsque j'irais faire les courses avec elle, elle inspecterait méthodiquement le caddie avant de passer la « frontière ».

STAGE HIBOUX

Après deux pauvres jours de repos, le stage *Hiboux* a commencé. J'allais très vite comprendre pourquoi on l'avait surnommé comme ça.

Les opérations aériennes clandestines, ou OAC, étaient la spécialité de la cellule *Sphinx*. Le patron s'appelait *Achille*. Entre Robert Redford et Brad Pitt, grand blond avec une belle gueule, il donnait l'impression d'être né avec des ailes dans le dos. Comme beaucoup d'instructeurs du Centre, il ne vivait que pour son « art » qui était de faire décoller et atterrir n'importe quel objet volant identifié.

L'existence des OAC remontait à la Seconde Guerre mondiale. Elle était imprégnée de cette mémoire-là, où chaque nuit des petits avions survolaient le territoire français occupé afin de déposer clandestinement des agents venant de Londres ou de larguer des armes pour la Résistance. Quand j'étais gamin, j'étais fasciné par ces histoires de débarquements nocturnes, surtout quand, à la télé, on voyait des agents français sauter au-dessus de l'Hexagone pour aller porter des messages super secrets, la capsule de cyanure coincée dans la dent, au cas où ils auraient été pris.

Les mains jointes comme un prêtre, *Achille* nous récita l'homélie des opérations aériennes clandestines : « Si ceux qui viennent d'un régiment para pensent qu'ils ont été préparés à ce que l'on va faire, ils se trompent. Ici vous êtes à La Mecque des opérations clandestines. Vous avez fait de la médecine générale, ici vous allez découvrir la chirurgie. »

Sur les murs de la salle de classe s'étalait sur photos toute la gamme des machines volantes utilisées par le Service en opération. Ça faisait penser à des photos de vacances type « moi et mon Twin Otter dans le désert, moi et mon Transall en pleine jungle ou moi et mon hélicoptère Cougar en haut de l'Himalaya ».

Achille nous expliqua qu'il allait falloir apprendre à travailler avec tous les types d'engins aériens existants. Frédérique m'avait prévenu que ce serait le stage le plus technique et le plus éprouvant du cycle long.

Le *b, a ba* d'une OAC, c'était d'abord de trouver des zones de dépose clandestine. Les critères de sélection d'une zone étaient drastiques si l'on voulait que l'avion atterrisse en un seul morceau.

Ça allait de l'état du sol – mou, dur, raviné – à la longueur du terrain choisi. Est-ce que les roues de l'avion n'exploseraient pas en touchant la piste improvisée? Le plus important pour une mission clandestine c'était que le terrain choisi soit le plus loin possible des habitations.

« Chez nous, ce qu'on aime bien, c'est les grands champs, biens labourés, commença à nous expliquer *Achille*. Vous aurez deux types d'opérations aériennes clandestines à effectuer. Les premières, les OAC1, englobent tout ce qui est largage, humain ou matos. Les secondes, les OAC2, concernent les posés clandestins d'avions. L'hélicoptère est traité à part. Il y a deux cas, soit l'hélico peut se poser, soit il ne peut pas et on utilise le treuil. »

Puis *Achille* nous présenta le matériel utilisé. Le Service utilisait principalement deux avions pour ses missions : le Transall et le Twin Otter. Nous avons appris à les connaître un peu mieux.

Le premier était un gros porteur que l'armée française utilisait dans toutes ses opérations extérieures. Transport de troupes, ravitaillement humanitaire, le Transall avait parcouru le monde entier pour la plus grande gloire du pays. Avec ses quarante-neuf tonnes, il avait servi à ravitailler Sarajevo pendant le siège mais aussi à « transalliser » un président africain récalcitrant... J'avais été un passager assidu de ce gros bout de métal volant pendant ma période RPIMa. Le Twin Otter, lui, servait fréquemment pour les petits parachutages. Petit, léger, on pouvait monter jusqu'à quinze dedans avec armes, sacs et parachutes. Les OAC s'en servaient sur de courtes distances. Maniable, il pouvait se poser sur des terrains courts alors que le Transall nécessitait huit cents mètres de piste.

Un pôle aérien avait été créé spécialement pour les opérations secrètes. Le GAM 56 *Vaucluse* était constitué de véritables anges de la nuit. Pilotes, les hommes du Groupement aérien mobile étaient le bras armé volant de la cellule Action.

Achille nous exhiba ce qui deviendrait indispensable pour nos opérations aériennes.

« Je ne vous présente pas la boussole ! Ça, c'est un clignomètre. Ça vous sert à calculer la pente d'un terrain avant un posé. »

Dans sa main, l'engin ressemblait à un gros boîtier rond en aluminium. Dans son autre main, il tenait un anémomètre. C'était une sorte de minitourniquet : le vent qui s'engouffrait dans les trois petits godets en plastique permettait d'en calculer la force.

« Vous partirez en reconnaissance le jour afin de trouver les zones de dépose clandestine et, la nuit, vous les jouerez en réel. Des questions ? »

Autour de moi, j'ai vite senti que tout le monde n'avait pas bien compris et la question que tout le monde se posait ne tarda pas à sortir par la bouche d'Azad.

« Et quand est-ce qu'on dort ?

Achille afficha son sourire numéro 4 spécial stagiaire.

– Aux OAC, il vaut mieux que vous le sachiez tout de suite, on ne dort pas. »

Le stage spécial *Hiboux* venait de commencer.

Malgré ce que disait l'instructeur, mon passé d'ancien du « 3 » me servait au quotidien. Nous n'étions pas tant que ça à être restés longtemps chez les paras. J'appris quand même plein de nouveaux trucs comme calculer la force du vent avec un mouchoir. Pour cela, il suffisait de tendre un mouchoir qui faisait office de manche à air et de calculer l'inclinaison du bout de tissu. En fonction de celle-ci, nous pouvions savoir à combien soufflait le vent.

« Vous irez dans des gîtes ruraux préalablement *reconnus.* »

Les régions choisies pour l'entraînement se situaient plutôt dans le Centre, zone des grandes régions agricoles françaises. Là s'étendaient à perte de vue des champs de blé, de maïs, de colza ou de betteraves. Ces régions permettaient des atterrissages été comme hiver. *Achille* nous apprit par la même occasion que nous allions mettre nos pas dans ceux de nos grands ancêtres clandestins volants puisque le centre de la France était l'endroit où il y avait eu le plus grand nombre de parachutages pendant la dernière guerre.

Avec les cours d'agriculture accélérés, *Achille* nous expliqua les différences entre les cultures, celles qu'il fallait choisir et celles à éviter. Le champ de luzerne, c'était parfait. Bien mieux que le champ de betteraves.

« N'oubliez pas que l'on doit pouvoir larguer un informaticien, un ingénieur, bref quelqu'un qui n'a peut-être jamais sauté en parachute de sa vie. Donc le sol ne doit pas être trop dur. »

De manière générale, il fallait pouvoir balancer les parachutés le plus bas possible soit entre cent cinquante et deux cents mètres.

Mais ce qui s'appliquait aux parachutages humains ne s'appliquait pas aux posés clandestins. Dans le cadre d'un atterrissage nocturne d'un Transall et de ses quarante-neuf tonnes, le champ choisi devait avoir un sol aussi plat et dur que possible. Une terre trop meuble et l'avion risquait de s'enfoncer. Pire, s'il avait plu, il s'embourberait inexorablement sans pouvoir redécoller. Je n'osais imaginer la tournure de la mission avec un avion enlisé dans un champ. D'où la nécessité absolue des reconnaissances sur le terrain. Le moindre doute entraînait une annulation immédiate.

Achille nous parla aussi du matériel que nous allions utiliser et des codes à envoyer. La Maglite avait remplacé les torches de signalisation à l'ancienne. Je me rappelais du film de Jean-Pierre Melville sur la Résistance : *L'Armée des ombres*. À l'époque, les OAC se faisaient avec des gros brûlots, mélange de sable et d'essence pour marquer la zone de largage.

Achille nous a répartis par équipe de quatre avec une région à prospecter. En plus des zones de posés clandestins, il nous fallait trouver à proximité des zones d'hélitreuillage. Un hélitreuillage devait pouvoir s'effectuer à l'intérieur d'une forêt. L'hélicoptère reste en statique au-dessus pendant que le mécano de soute effectue l'opération.

Avec des exercices toutes les nuits, le rythme était tel que, très vite, tout le monde se mit au Guronsan. Nous en avalions tube sur tube pour tenir. Mais dès que je pouvais voler quelques minutes à l'emploi du temps, je m'affalais dans un coin et fermais les yeux. La durée du stage était d'un mois avec deux semaines de théorie et deux semaines de terrain.

Avant de partir sur le terrain, *Achille* nous a mis en garde.

« Les gus du GAM sont des tueurs. Intensificateurs de lumière sur le nez, par n'importe quel temps, ils pilotent de nuit et se posent dans un mouchoir de poche. Ils sont ponctuels. Aussi, ne les faites pas attendre ! »

On a donc réglé nos montres sur le 3699, numéro sacré de l'horloge parlante sur lequel tous les agents se règlent.

La première semaine, on va sur une région. On trouve un gîte, on a reçu un 4 x 4 par équipe, il faut d'abord effectuer sur la carte une recherche grossière puis s'y rendre dans la journée : on est partis en prospect. Le terrain doit être loin de toute habitation, village, ligne à haute tension, le plus isolé possible.

Un *suiveur* est attribué à chaque zone. Le nôtre s'appelle *Yann*. Très vite surnommé entre nous, « l'Homme des bois », il est là pour *certifier* la zone à jouer. Avec ses rouflaquettes qui lui mangent le bas du visage et ses cheveux longs, il ressemble à un ermite sorti de sa grotte. Ancien du 1er RCP, il est au Service depuis dix ans. Il ne vit que pour ça. J'apprendrai qu'il avait effectué plusieurs missions de recherche et de sauvetage en ex-Yougoslavie pendant la guerre.

Les gîtes étaient déjà réservés, quant à nos prétextes, nous étions censés reconnaître la zone pour des compétitions de VTT.

Assis autour de la carte, on a commencé à prospecter les zones. Après les avoir répertoriées sur la carte, on a attendu l'approbation de Paris. Chacun d'entre nous se devait de passer chef d'équipe. Mon tour venu, nous avons commencé à écumer les champs environnants.

Blé, colza, maïs, j'aurais pu donner des cours sur les mille et une façons de faucher son champ. *Caroline* commençait à avoir une indigestion de vert. Une bonne piste, j'en avais trouvé une. C'était un champ de luzerne. Le terrain reconnu, il nous fallait attendre le soir pour effectuer une *crépusculaire,* une reconnaissance à la nuit tombée, afin de préparer le terrain avant l'arrivée des Frelon du GAM.

Avec l'Homme des bois, on s'est assis près d'un tas de foin pour fumer une clope. Autour de nous, le soleil était en train de tomber. On était en octobre et il commençait à faire frisquet. « Tu imagines tous les largages effectués dans la région, il y a cinquante ans. À l'époque, ça devait vraiment être rustique. » Tout le monde rêvait dans son coin, épuisé par le rythme frénétique des exercices. Oui, j'imaginais les débarquements de nuit pendant la guerre, avec les Allemands au cul. Ces mecs avaient donné l'exemple et heureusement qu'il y en avait eu. J'ai arrêté de rêver quand j'ai entendu mon estomac taper sur la paroi. Tout le monde voulait s'engloutir une assiette de spécialités du coin. Je me suis dit qu'il était temps de réaliser ce rêve collectif. Après le repas, le champ n'avait pas bougé. Je l'ai arpenté en comptant mes enjambées en double pas, sachant que chaque enjambée comptait pour un mètre. Arrivé à huit cents mètres, je me suis arrêté. Pendant ce temps, *Rémi,* dans sa tenue de gentleman-farmer, s'était mis à sillonner le champ avec la voiture pour vérifier sa pénétrabilité en mettant de grands coups de frein. Une fois le terrain délimité, l'Homme des bois a validé ma zone d'action, puis rapidement j'ai tapé en code les coordonnées du champ à la « Direction » à Paris. C'étaient eux qui donnaient leur aval et prévenaient le GAM pour le largage de nuit.

Après avoir délimité le périmètre utile, *Caroline*, *Dido*, *Rémi* et moi avons balisé la zone en plantant des Maglite sur leurs piquets de camping. D'un coup de nez, j'ai senti le vent. Une piste devait toujours être face au vent. Dans la nuit noire, j'entendais crisser le pantalon en Gore-Tex de *Caroline* puis j'ai regardé de nouveau ma montre. Il était 23 h 45.

« Allume les lampes, c'est l'heure ! »

Le faisceau des Maglite était réglé de telle sorte qu'on ne pouvait pas les voir du sol. Seuls les équipages pouvaient les repérer.

Puis tel un gros bourdon, j'ai entendu le Transall en approche. Pendant que l'avion était en train d'arriver, j'ai envoyé en code lumière la lettre de reconnaissance décidée à l'avance. L'avion, quand il le reçoit, sait que la zone est saine et qu'il peut se poser. Si j'avais envoyé une lumière rouge, l'avion aurait su qu'il y avait une merde et serait remonté immédiatement. Le bourdonnement a empli l'espace d'un seul coup et une masse sombre est sortie de la nuit comme si une main avait ouvert un rideau brusquement. Le posé en cours était impeccable. Le Transall s'est mis à rouler sur quatre cents mètres, en suivant les pinceaux de lumière des Maglite. Après un demi-tour, la tranche arrière s'est ouverte et des ombres se sont faufilées jusqu'à nous. Une fois posé, le Transall ne restait que quelques minutes au sol avant de remettre les gaz et redécoller.

Tandis que *Rémi*, *Caroline* et *Dido* étaient déjà retournés à la voiture, des visiteurs qu'on n'attendait pas ont déboulé sur le terrain. Le Transall était déjà haut dans la nuit. D'abord je vis des phares en train de cahoter. J'espérais qu'il n'y avait plus personne sur la zone.

Pour un agent, se faire prendre en plein exercice est toujours humiliant. Surtout si c'est par des flics. Ça remontait jusqu'à la hiérarchie et votre image en prenait un coup. La voiture s'était arrêtée en plein milieu du champ. Derrière mon sac, je pouvais distinguer deux hommes. L'un d'eux légèrement chauve, équipé de grosses bottes et d'un anorak. Ils ne ressemblaient pas à des flics. Je me suis dit que ça ne pouvait être que le propriétaire et qu'il serait encore moins content lorsqu'il découvrirait que sa luzerne avait été réduite en bouillie sur quatre cents mètres. Des bribes de conversation, portées par le vent, m'arrivèrent jusqu'aux oreilles.

« Putain de trafiquants… ils recommencent… vais prévenir… police… ça peut plus durer… »

Puis je me suis mis un instant à sa place en me disant que ça devait faire drôle de découvrir des traces de gros porteur toutes fraîches dans son champ à une heure du matin.

Après un dernier regard, je les ai vus s'éloigner en secouant la tête et en agitant les mains, énervés. Maintenant c'était sûr, leur champ de luzerne servait de piste d'atterrissage clandestine aux trafiquants de drogue.

La zone était définitivement grillée. Demain, la police risquait de venir sur place afin de constater les traces de roues sur le champ. Intérieurement, j'étais content de moi. Personne ne s'était fait attraper. Chaque nuit qui passait, nous apprenions une nouvelle cartographie de la France, une cartographie des endroits où l'on pouvait faire atterrir des gros porteurs, hélitreuiller des gens, bref une cartographie parallèle que seuls les initiés connaissaient. En marchant vers le point d'hélitreuillage, je me suis dit que pendant que mes deux fermiers iraient se coucher, le groupe et moi irions entamer notre débriefing et préparer une autre opération aérienne clandestine, dans un autre champ du coin.

Un peu comme le héros mafieux des *Affranchis*, je me sentais une ombre, évoluant dans un monde nouveau où les règles qu'on m'avait apprises ne s'appliquaient plus. Un monde silencieux et clandestin.

J'ai regardé ma montre. Il était 00 h 30 et la nuit était loin d'être finie. Dans l'après-midi, j'avais repéré avec *Caroline* un petit bois de chênes à quelques kilomètres du champ. Une fois à l'intérieur du bois, nous avions trouvé une sorte de puits de lumière, une trouée large d'environ dix mètres, assez pour faire descendre une personne sans rameuter tout le voisinage.

Au point de rendez-vous, j'ai retrouvé l'équipe au complet.

« Dis-moi, tu l'as échappé belle, m'a dit *Yann* en souriant dans la pénombre, demain c'est sûr que tu auras la gendarmerie sur place afin d'inspecter le champ. »

Puis il s'est retourné vers quelqu'un que je n'avais pas encore vu.

« Tiens, il y avait une surprise dans l'avion de la part de Noisy. »

Une forme est sortie de la voiture.

« Bonjour, mon amour. Je m'ennuyais devant ma télé… »

J'ai reconnu le petit visage de Frédérique emmitouflé dans sa parka. Avec ses Meindl et sa capuche serrée, elle ressemblait à un lutin. J'ai rigolé en l'enlaçant. Nous sommes restés quelques heures dans les 4 x 4.

L'hélitreuillage devait avoir lieu à 4 heures du matin.

C'est comme ça que, ce soir-là, j'ai exfiltré Frédérique. En la voyant remonter, mon cœur s'est serré et j'ai souri en pensant à la chance que j'avais. Nous n'étions décidément pas un couple comme les autres.

À MAINS NUES

Le stage OAC venait de se finir et sur vingt-huit, j'avais terminé deuxième. Le week-end, nous sommes tous revenus à Orléans. Dans la foulée de ce stage, le lundi suivant, nous nous sommes retrouvés en groupe restreint afin de débuter le stage tir-karaté.

Après les stages guérilla et OAC, ça nous semblait une partie de rigolade. Ça nous permettrait surtout d'évacuer. En complément des cours de tir l'après-midi, les matinées étaient consacrées à tout ce qui touchait aux techniques de corps à corps.

Instructeur sport de combat au Centre national d'entraînement commando de Mont-Louis, *Février* avait pour seule ambition de rester dans son dojo pour y former les stagiaires.

Tous les matins pendant deux heures, *Février* nous apprenait comment tuer à mains nues.

« Un agent doit pouvoir se défendre avec n'importe quoi. Tout ce que vous avez autour de vous peut tuer, un stylo comme une tasse de café. Il suffit juste d'anticiper son utilisation. »

Les techniques de *Février* étaient un mélange savamment dosé de self-défense, de kick-boxing, de karaté avec une pointe de corps à corps militaire et une grosse dose de judo. Le tout adapté pour les agents qui pourraient se retrouver seuls dans la rue.

On a révisé d'abord tous les points vitaux. Nez, glotte, sternum, plexus et testicules, puis *Février* nous a montré tous les coups de vice à pratiquer sur ces endroits pour bien sécher son adversaire.

« Évitez de le tuer tout de suite. C'est toujours ennuyeux car un adversaire mort ne donne plus de renseignements ! »

Puis il appela *Serge* pour servir de mannequin d'entraînement. « D'abord la glotte. Vous lui écrasez d'un coup sec, soit avec le tranchant de la main, soit avec un coup de poing. Si vous tapez très fort, ça lui broie les cartilages et il ne peut plus respirer. Ensuite, le nez. Un coup sec avec la paume de la main de bas en haut. Tout le corps doit appuyer votre coup comme si vous vouliez lui rentrer le cartilage du nez dans le cerveau. Pour le plexus, c'est aussi simple ! Vous tapez très fort comme un piston sur son plexus. L'onde de choc lui coupera net la respiration. Ça fait très mal et ça vous casse en deux votre adversaire. Ensuite, pour vous les filles, il y a le traditionnel coup de pied dans les couilles. »

Sous ses airs d'introverti chronique, *Février* cachait un vrai vicieux du coup de poing, un pervers de l'éclatage de nez. En jean et sweat sur le tatami, par deux, nous avons mis en pratique ses leçons. Dans le groupe, tous avaient pratiqué au moins un sport de combat, un peu de judo par-ci, du karaté par-là, plus des choses réellement exotiques type krav maga, le sport de combat de l'armée israélienne.

« Des parades défense sur des coups portés, comment parer un coup de couteau. Soit vous faites le Droopy moyen et vous évitez la bagarre, soit vous leur rentrez dedans. »

Le travail pied-poing entretenait notre agressivité. *Caroline* tapait fort et elle aimait ça. Au cours des séances, je me retrouvais souvent face à elle. Et là, c'était la java qui commençait. Rapide et nerveuse, elle n'avait peur de rien et me décochait de bonnes droites. J'avoue que je me disais que si elle était aussi fougueuse au lit, ça devait promettre…

À chaque fois, *Février* nous montrait la version soft et la version hard d'une prise. Je m'essayais sur *Rémi* sans pousser trop fort la technique du comment-tuer-quelqu'un-avec-un-lacet. Devant mes tâtonnements d'apprenti tueur, *Février* me prit le lacet des mains et nous fit une démonstration.

« Vous approchez de la personne par derrière, d'un coup rapide vous lui basculez la corde par-dessus la tête. » Il insista bien : « Il faut que le lacet vienne fouetter le haut de la poitrine et simultanément vous croisez les deux morceaux d'un coup sec. »

Puis il me tendit le lacet :

« *Florent,* tu essayes sur *Rémi* ! »

La drisse de parachute enroulée autour des poignets, je me suis approché derrière lui. De dos, la grosse nuque de *Rémi* s'offrait à moi, d'un coup rapide je lui ai entouré le cou et ai serré en le basculant d'un coup violent par terre. Ses yeux partis en arrière, j'ai vu sa bouche qui cherchait de l'air désespérément tandis que son corps s'agitait plein de soubresauts comme un épileptique.

« Là il est en train de faire le poulet. Donc soit vous continuez et c'est la mort, soit vous arrêtez et il va continuer à trembler pendant quelques secondes. Il faut que vous sentiez votre adversaire partir. »

Par terre, *Rémi*, les yeux clos, la bouche ouverte, continuait à s'agiter comme un canard décapité sous nos regards épatés et rigolards.

Pour péter les cervicales d'une sentinelle, *Février* nous montra sa version personnelle du coup du lapin.

« Toujours par derrière, vous venez coincer sa tête contre votre épaule tout en exerçant une pression violente sur sa gorge avec votre avant-bras. Simultanément vous jetez votre corps en arrière. Sa tête se retrouvant à angle droit, ses cervicales seront cassées net. »

D'une voix douce et sans émotion, *Février* passa en revue les mille et une techniques de la mort silencieuse. Le timbre de sa voix, sans aspérité, allait avec son physique. *Février* ne ressemblait à rien. Et encore moins à un tueur. Pourtant il en savait plus que quiconque sur l'art de faire passer quelqu'un de vie à trépas.

Février nous expliqua ensuite le travail avec outil : la matraque qui peut être remplacée par un parapluie puis le bâton. *Février* nous montra aussi comment désarmer un mec qui te braque au pistolet.

« Dans la rue, vos agresseurs seront rarement seuls mais plus vraisemblablement deux. »

Ce qu'on adorait tous c'était de regarder les filles entre elles. *Caroline* et *Léa* avaient toutes les deux pratiqué la « savate ». En fin de cours, l'une face à l'autre, elles se foutaient sur la gueule en gants de cuir. Sauf que c'était moins drôle quand on se trouvait face à *Caroline.* Elle savait se battre et elle tapait vraiment fort.

GLOCK ET BERETTA

« Dans l'armée, lorsque l'on tire, on vous demande en gueulant de ramasser vos étuis sur le pas de tir et de les compter. Pas ici. Vous pouvez tirer autant que vous le voulez. Le but est qu'avoir un flingue dans la main devienne une seconde nature ! »

L'instructeur, les jambes bien calées sur son pas de tir et la voix forte, s'appelait *Léon*. Très maigre, il ne quittait jamais sa gitane. Ses oreilles décollées l'avaient fait surnommer « Dumbo » par nombre d'agents, et il en riait lui-même.

« Avec mes oreilles, j'ai pas besoin de casque antibruit, de toute façon, il n'y en a pas à ma taille ! »

Léon n'était pas qu'une paire d'oreilles géantes, il était surtout un virtuose du calibre, le véritable maître d'armes de Cercottes.

Le 11,43 mm à la ceinture, à force de vivre dans son armurerie, *Léon* faisait quasiment partie des murs. Rien qu'avec sa sueur, on aurait pu fabriquer de l'explosif tellement son corps était saturé de la poudre qu'il respirait toute la journée.

Accrochées au mur, toutes les armes du monde se côtoyaient, achetées chaque année par le Service. Du 44, du 357 Magnum, du 9 mm Parabellum, etc. *Léon* avait disposé sur la table une multitude de calibres que je ne connaissais pas. J'appris à les reconnaître avant de les manier. Il y avait le Beretta 92F qui était le calibre d'instruction du Service. Il acceptait bien la munition militaire, avec une grosse capacité de quinze cartouches. Pour tout le monde, il était fiable mais je ne l'aimais pas. Trop grosse crosse pour moi, sa prise en main était moyenne. Même si l'entraînement se déroulait avec le Beretta 92F, je préférais tirer au Glock 17 à cause de sa légèreté et de sa capacité de chargement. Très facile d'utilisation et précis, tout était inclus dans l'arme et il y avait peu de risque d'accrochage dans la veste.

Pour le fun, *Léon*, de temps à autre, nous mettait à disposition des Desert Eagle, l'arme de *Nikita*. Énorme, le calibre était noir mat et nickelé sur le dessus.

C'était un calibre totalement inutile pour l'action car impossible à transporter sous une veste. *Léon*, jamais à court, en avait une version calibrée 50 AE. La munition était aussi épaisse qu'un pouce et faisait ressembler le 9 mm à une aiguille. Équivalent en termes de munitions à une mitrailleuse 12,7 mm, le pistolet était comme un mini obusier qu'il fallait tenir à deux mains.

Léon était un musicien du calibre et il avait sa propre partition. Elle s'appelait « ploum-ploum... ploum! »

« Quand vous tirez, n'oubliez jamais: deux balles dans le buffet... ploum-ploum, et on finit par une balle dans la tête... ploum! »

Des « ploum-ploum... ploum! », nous allions en faire des milliers! À cinq mètres, à sept mètres, du matin au soir je vais apprendre à placer les trois balles fatales.

« Votre arme doit être le prolongement de votre bras, comme si on venait de vous la greffer. »

Léon avait raison. Nos mains se transformaient. Tel un *Alien,* le calibre, à chaque entraînement, venait se lover de plus en plus naturellement au creux de ma paume.

« Il faut que l'arme monte toute seule en cible », n'arrêtait pas de répéter Dumbo.

Ce mouvement, j'allais le répéter chaque jour des milliers de fois, jusqu'à ce que mon bras monte automatiquement.

Léon était facétieux. Son grand jeu était de se mettre légèrement décalé en trois quarts arrière derrière nous et de tirer un chargeur complet dans nos oreilles.

Pour nous habituer au poids des calibres, *Léon* n'avait qu'une méthode: nous obliger à en porter un toute la journée. J'avais toujours sur moi mon Glock et le Beretta de service. J'avais tellement pris l'habitude de les porter qu'il m'arrivait de les oublier. Je me suis même retrouvé, à une pause déjeuner, dans les rayons d'un supermarché, enfouraillé comme un porte-avions. Je me suis dit qu'en cas de fouille il allait falloir expliquer pourquoi j'achetais mes surgelés un Beretta sous le bras...

LE CIRCUIT DE VOITURES

En plus des techniques de tir apprises ces trois dernières semaines, il nous fallait apprendre à tirer depuis une moto et une voiture. Pour nous tous, c'était réellement un nouvel exercice. Ni de loin ni de près, nous n'avions été confrontés à ça.

Dans le camp Est, le Centre avait créé un circuit de conduite rapide pour la formation des agents à la « cascade ». Long de quelques kilomètres, il était formé d'une ligne droite pour les freinages d'urgence qui se terminait par un pas de tir ainsi que d'un parcours en courbe pour la conduite sur sol mouillé, et d'une autre piste en « U » et en « S » pour tout ce qui était virage.

Tout le long, des carcasses de voitures avaient été disposées en épis et, à l'intérieur comme à l'extérieur, des cibles en carton posées çà et là donnaient un côté Foire du Trône.

Tout était transformable selon le bon vouloir des instructeurs. Notre nouvel instructeur s'appelait *Romain* et c'était une brute. Une vraie. J'avais rarement rencontré une telle bûche. Avec son mètre quatre-vingt, il déplaçait ses quatre-vingt-dix kilos avec une souplesse bien à lui. Ses cheveux étaient de jais et sa mâchoire s'ouvrait toute seule pour aboyer des ordres. À peine arrivé, sans un mot, il nous a désigné du doigt une dizaine de motos stationnées sous un hangar, en bord de piste. Il y avait de tout. De la 900 Cagiva en passant par la 1 000 Guzzi ainsi que des XT500 Yamaha qui devenaient chaque jour un peu plus des pièces de collection. Je devais passer en premier, et *Rémi* allait jouer le rôle du chauffeur-tueur. Assis derrière lui, je pris la pose du tueur colombien prêt à assurer son premier contrat. En fait, je me sentais parfaitement mal à l'aise vu que je n'avais jamais tiré en roulant.

Rémi avait enclenché la vitesse. J'effectuais les gestes comme à l'entraînement. Je sortis le Glock lentement du holster et visai d'une main la première cible que je ratai lamentablement sans avoir le temps de tirer la deuxième.

Dans les films, les mecs défouraillent d'une seule main, voire un flingue dans chaque main. *Romain* me fit redescendre sur terre vite fait.

« Arrête de rêver ! On n'est plus au cinéma. À deux mains, tu le tiens le calibre, tu m'entends, à deux mains ! L'exercice, c'est une cible à droite, une cible à gauche en passant l'arme au-dessus de la tête du pilote. »

La Cagiva revint à son point de départ. Derrière *Rémi* qui roulait, je me préparai en armant le Glock. Arrivé à la hauteur de la première silhouette de carton, le calibre bien calé dans les deux mains, je m'y repris à deux fois consciencieusement. Le dernier passage fut le bon et je mis dans la cible. Les filles n'ayant pas le permis, nous nous sommes retrouvés conducteurs avec *Rémi*. À cause de leurs mains plus petites, *Léa* et *Caroline* utilisaient soit du Smith & Wesson court, soit un Cougar de Beretta ou encore un Walter PPK en 9 mm.

« On va voir le tir à partir d'une voiture parce qu'un jour, vous serez peut-être amenés à escorter des VIP étrangers », nous a expliqué ensuite *Romain*.

Aussitôt dit, aussitôt fait. À quatre dans la Renault 25, nous nous sommes entassés avec les calibres. *Rémi*, au volant, a démarré lentement. Le but n'était pas de défourailler comme une bande de Tchétchènes bourrés. Si le véhicule était attaqué, il nous fallait pouvoir répliquer le plus efficacement possible tout en protégeant le VIP.

Tout le long du parcours, les principales marques françaises étaient représentées et certaines carcasses tenaient uniquement par un miracle de la gravité universelle. Certaines voitures utilisées comme cibles avaient été renforcées avec des pare-buffles ainsi que des grillages afin d'éviter de percer les radiateurs. « Vous pouvez y aller, on a des accords avec les constructeurs automobiles », nous avait dit *Romain*.

L'une d'entre elles, une vieille Peugeot, avait été si criblée que la bourre des sièges sortait de partout. Miraculeusement, les pneus avaient été épargnés.

LE PARCOURS DE TIR

Parcours de découverte, le parcours de tir sanctionnait tout ce que nous avions vu pendant les trois dernières semaines avec *Léon*. Droit dans sa chemise de trappeur rouge et noire, un gant d'entraînement à la main, *Romain* nous attendait près des arbres, derrière le circuit de conduite rapide. Là, un peu à l'écart des principaux bâtiments du Centre, s'étendait sur des kilomètres une petite forêt de noyers, de chênes et de bouleaux. C'était là que se déroulaient les exercices de tir réel en plein air.

« Je serai derrière vous, devant vous, sur le côté. Pendant une heure, je vais être votre pire ennemi », souffla *Romain* dans nos oreilles.

L'arme à l'étui, cartouche dans le canon, prêt à tirer, *Romain*, tel l'ogre des contes, devait d'abord nous emmener faire une promenade. Randonneurs au milieu de la forêt, nous nous sommes mis en marche, l'ombre du gros *Romain* à nos côtés. La seule chose dont on était sûrs, c'est qu'il allait nous arriver plein de bricoles en cours de route.

« *Florent*, c'est à toi, c'est parti ! »

Je m'étais mis à avancer lentement et, sans me prévenir, *Romain* se mit en garde et commença à m'attaquer à coups de grandes droites. Tendu, j'ai esquivé du mieux que je pouvais les coups vicieux du gros tout en avançant. Les coups continuaient de pleuvoir. *Romain* ne s'arrêtait plus : « En garde, allez, fais gaffe, t'es mou. » L'air commençait à me manquer. Le gros avait décidé que j'étais son nouveau punching-ball et il me le prouvait ! Puis soudain une première cible jaillit de sous les feuilles. Essoufflé, crachant mes poumons, j'ai dégainé et lui ai collé trois balles.

« Allez, avance, avance ! »

Au détour du chemin une deuxième cible surgit. Je fis feu à bout portant.

« Allez, t'es fatigué. Assieds-toi ! »

Le gros me désigna une table de camping près d'une caravane posée là par hasard en pleine forêt.

« Tu peux lire le journal si tu veux », me dit *Romain* en me désignant un vieux *Figaro* sur la table en Formica.

Je m'en saisis mais n'eus pas le temps de l'ouvrir. Dans un fracas de ressorts, juste de l'autre côté de la table, une cible venait de rabattre son faciès grimaçant face à moi. À peine le temps de lui en coller une dans la tête, que la voix de crécelle de *Romain* me perça l'oreille : « T'as failli mourir ! Allez, lève-toi. On est repartis. Tu vois le tunnel là-bas ?

Tu passes dedans, et après tu me traverses l'étang! »

À petites foulées, je me suis engouffré dans ce qui ressemblait à un tunnel de chemin de fer. Dans le noir je me mis soudain à suffoquer. Saturé de gaz lacrymogène, il me fallut le traverser à vitesse grand V. À peine sorti, une cible m'attendait à trois mètres, le calibre tremblant je tirais en crachant mes poumons. La voix de crécelle me poursuivait.

Essoufflé, j'aperçus l'étang au détour du chemin. C'était une grosse mare dans laquelle des plots en plastique avaient été immergés afin de créer une sorte de pont flottant.

Le calibre à la main, je me suis engagé directement. À peine avais-je mis le pied sur le premier plot en plastique que ça a explosé. Une énorme gerbe d'eau m'a inondé. J'ai vite compris que la mare était balisée de simulateurs d'artillerie, sorte de grosses boules bleues que l'armée utilisait lors des manœuvres pour imiter le bruit d'une explosion. Partout autour de moi les geysers provoqués par les explosions me faisaient vaciller dans des grands paquets d'eau. Trempé jusqu'aux os, je réussis quand même à atteindre l'autre rive sous l'œil approbateur de *Romain.*

Le parcours de tir était enfin fini.

IDENTITÉ FAUSSE

« Vous n'avez rien fait jusqu'à maintenant », nous lâcha *Raymond* d'une voix forte.

Une demi-fesse sur le bureau, il nous regardait comme un pauvre troupeau.

Assis tous les dix dans la salle de cours, on ne devait pas être beaux à voir. J'ai regardé *Caroline*. Elle et tous ceux du groupe avaient des têtes de cadavres aux yeux cernés. Le poids des semaines d'instruction commençait à se faire sentir. Cela faisait maintenant près de huit mois que nous nous enfilions des exercices.

« Le stage que vous allez suivre est sans doute le plus important. Vous allez maintenant entrer dans le cœur du sujet, continua *Raymond*, je vais vous remettre entre les mains de *Roland*. C'est lui qui vous gérera pour le mois qui vient. Bonne chance ! »

Tous assis dans la salle de cours, nous regardions le nouvel instructeur. Avec ses yeux en fente et sa bouche arrondie, le visage de *Roland* oscillait entre le crapaud congestionné et le hibou lugubre. Moine soldat et taciturne, sa coupe de cheveux en brosse était toujours impeccable. *Roland* était un vieux de la vieille. Sa science était immense et il nous a fait découvrir notre nouveau champ de manœuvres.

Roland nous expliqua ce qu'il attendait de nous. Maître de nos infiltrations futures, il était chargé de nous apprendre à rester le plus longtemps possible en vie au cours de nos missions. Pour nous, la formation d'agent commençait réellement.

« La ville va devenir votre nouveau terrain d'action. Vous venez tous de l'armée régulière. Pour vous un champ de bataille, c'est des pitons, des talwegs, des pistes. Tout ça est terminé. Vous allez travailler en urbain et donc vous devez apprendre qu'une ville aussi a sa cartographie. Mais attention, votre différence ne doit jamais se faire sentir. Le mot d'ordre est : "Fondez-vous dans la masse."

Roland nous a appris à décrypter ce qui nous paraissait évident. Par exemple, les restaurants ne servent pas seulement à manger, mais aussi à s'exfiltrer en cas de problèmes. Les cafés ne servent pas qu'à se rincer le gosier quand on a soif, mais aussi à effectuer des échanges de documents. Une cabine publique sert à téléphoner pour le commun des mortels, mais pour nous elle permettait surtout de signaler notre présence par une pastille à notre officier traitant. Chaque jour, je découvrais un peu plus le double fond de ce qui m'entourait avec l'obligation de le connaître par cœur. Il nous fallait transformer ces informations en réflexes immédiats si l'on voulait survivre. La ville que nous allions découvrir n'était pas celle que nous connaissions.

Ce qu'on appelait l'*équipement de ville,* c'était savoir se servir de ce qu'il y avait autour de nous afin d'atteindre le but de la mission. *Roland* conclut son premier cours : « Vous n'évoluerez plus dans une ville de la même façon après ce stage. »

Les jours suivants nous avons pu voir ce qu'était un agent à l'étranger et tout son kit de survie. « Première chose, un agent ne travaille jamais sous son vrai nom. Vous agissez toujours sous *identité fausse,* ou IF. La base d'une IF, c'est sa *légende.* Une légende est tout ce qui permet de rendre crédible votre IF. Si votre légende n'est pas bien au point, vous serez percés à jour et vous en prendrez plein la gueule, croyez-moi !

Si vous êtes arrêtés par les autorités d'un pays hostile, on ne pourra pas faire grand-chose. Ni venir vous chercher ni déclarer une guerre mondiale pour vous récupérer. Comme vous travaillerez en équipe, pour laisser le temps à vos petits camarades de démonter le dispositif et de quitter le pays, il vous faudra tenir le plus longtemps possible. Au moins quarante-huit heures jusqu'à avoir les couilles dans l'étau », dit-il en conclusion.

L'expression nous a bien plu et nous l'avons ensuite resservie à tout bout de champ.

Le kit de survie comprenait beaucoup de choses. L'une d'entre elles s'appelait *la loi du prétexte.* Toujours avoir un prétexte. Prétexte de présence, prétexte de déplacement, prétexte de pénétration.

« Pourquoi vous attendez là ?
– Parce que j'attends une femme. Elle est mariée et je préfère être discret.
– Si on vous prend la main dans une boîte aux lettres ?
– Je viens d'y déposer de la pub, comme dans toutes les boîtes de l'immeuble.
– On vous contrôle devant un appartement ?
– Je suis en train de vérifier la fidélité de ma femme, je crois qu'elle couche avec le mec du quatrième. »

Toujours avoir un prétexte en tête avant de commencer le boulot ! Mais surtout, quel que soit le boulot, ne jamais dévoiler l'ombre d'une émotion. Ne jamais rougir, ne jamais trembler, ne jamais hésiter.

Avant de partir sur le terrain, nous avons droit à une petite séance ciné. Au programme, *Les Patriotes*, le film d'Éric Rochant avec Yvan Attal et Sandrine Kiberlain. Pour le Service, c'était le film le plus réaliste sur la vie d'agent et sur la solitude pendant les missions. Quand la lumière s'est rallumée, *Roland* nous a dit : « N'oubliez jamais que la vie d'agent, c'est pas *James Bond* et les cocktails en smoking, c'est plutôt ce que vous venez de voir. »

Nos exercices pratiques se dérouleraient dans la ville et, pour bien nous faire comprendre, l'instructeur étala une carte afin de nous montrer comment la diviser en zones distinctes. À chaque cours théorique, un exercice pratique.

« Lorsque vous serez infiltrés, vous évoluerez au cœur de trois zones. La première ce sera la *zone vie,* c'est là que se trouve votre hôtel. La zone vie est frontalière de la *zone de liaison.* Cette zone ne sert qu'à se contacter, rien d'autre. C'est là que seront "aménagées" au préalable, des boîtes aux lettres mortes, ainsi que les points de rencontre avec votre officier traitant.

La *zone d'objectif* est la troisième zone. C'est la plus importante car c'est là que vous travaillerez. C'est votre territoire apache. Vous n'y allez que pendant les créneaux horaires qui vous sont impartis avant la mission. Vous ne rentrez en zone d'objectif que pour des actions illicites ou des actions d'observation, rien d'autre. Donc on s'installe pas sur place, d'accord !

– Pourquoi on peut pas rester sur la zone d'objectif?
– Parce qu'il faudra toujours mettre de la distance entre vous et l'objectif. Ça vous laisse plus de possibilités de vérifier si quelqu'un vous suit. Si l'on vous voit trop souvent dans le quartier, vous éveillerez les soupçons et vous risquez la dénonciation. »

L'ombre du *Rainbow Warrior* flotta un bref instant au-dessus de la carte. Lors de l'exécution de la mission *Satanic,* les agents qui avaient préparé la reconnaissance sur le bateau et la région auraient dû quitter la zone avant que toute action soit entreprise. À cause de la pression politique, les comptes à rebours des charges explosives qui avaient normalement des retards de trente heures furent ramenés à quatre heures. Lorsqu'elles explosèrent, deux membres de l'équipe étaient encore sur place. Et surtout, ils avaient été repérés par un pécheur néo-zélandais. Cette erreur humaine due aux donneurs d'ordre, vingt ans après, le Service avait encore du mal à s'en remettre.

Depuis, le cloisonnement entre les agents qui préparent la mission et ceux qui l'exécutent est total. Aucune collusion sur le terrain. Jamais aucune équipe de reconnaissance ne croise une équipe action. Et vice versa.

Autour de la carte, tout le monde acquiesça de la tête, émerveillé par toutes ces nouveautés. Les boîtes aux lettres mortes servaient à faire passer des messages aux autres agents en opération. C'étaient souvent, on l'a vu, des cavités naturelles dans des murs ou des trottoirs. Elles ne servaient qu'en cas de gros pépin. C'était l'ultime recours. On pouvait laisser un message à l'intérieur d'un paquet de cigarettes froissé que l'on glissait dans le trou. C'était anodin et ça n'attirait pas l'attention. On travaillait à l'ancienne, façon Jean Moulin.

« Un agent ne se déplace pas n'importe comment dans une ville. Un agent, dès qu'il met le premier doigt de pied dehors, doit faire face à une multitude d'ennemis qui lui veulent vraiment du mal. Aussi, pour mieux évoluer, l'agent doit se créer des itinéraires de sécurité! L'oublier, c'est s'exposer à de graves problèmes », continua *Roland* devant le tableau.

Après nous avoir appris à nous déplacer en territoire indien, *Roland* nous expliqua comment casser une filature. Pour cela nous avons tout appris du *désilhouettage.*

Dans tous les films, on voit les héros se coller des perruques, des moustaches et des faux nez, en réalité un agent sur le terrain a rarement le temps de se déguiser, et puis surtout il y a les douanes.

« Quand vous aurez la valise ouverte devant le douanier, il vous sera difficile d'expliquer pourquoi il y a dedans une fausse moustache et une perruque. Je sais que certains de chez nous ont essayé d'expliquer face au regard du douanier qu'ils étaient restés de grands enfants et qu'ils aimaient les déguisements, je vous le dis tout de suite, ça marche moyennement. Le désilhouettage, ce n'est pas le déguisement. »

Il nous expliqua ensuite qu'on reconnaissait quelqu'un de loin grâce à la couleur de ses vêtements et à sa démarche. Les deux combinées formaient une silhouette et c'était ça qu'il nous fallait apprendre à changer.

Au début du cours, *Roland* qui avait installé un petit sac à dos noir sur le bureau, l'ouvrit devant nous solennellement. Tout le monde s'était tu, comme des gamins devant un magicien prêt à sortir un lapin de son chapeau.

« Avant d'aller sur votre objectif, vous devez impérativement avoir ça. »

Il étala sur la table deux bonnets de couleurs différentes, une casquette, trois paires de lunettes de soleil et de vue, deux K-way et un sac en plastique blanc marqué Carrefour.

« Ça c'est votre nécessaire de survie permanent!

Je demandais:

– Pourquoi Carrefour?

– Bonne question. Parce que ça passe partout, je vais vous expliquer », et il engouffra sa sacoche dans le sac en plastique blanc. « Imaginez, vous êtes pris en chasse par un couple au sortir de votre zone d'objectif. Vous avez rendez-vous dans une heure avec votre officier traitant en zone de liaison. Vous devez casser la filature de vos poursuivants.

Vous commencez à flipper grave. En aucune manière, vous ne pouvez les amener dans votre zone de vie. Pas trente-six solutions, un désilhouettage immédiat. Il y a un endroit pour cela, ça s'appelle un point de rupture. Ce sont des lieux repérés à l'avance, où l'on peut rompre la filature. Par exemple un immeuble avec une double entrée, sur deux rues différentes. »

Nous avons donc appris à nous « désilhouetter » en marchant en un maximum de trente secondes tandis que *Roland*, chronomètre en main, nous observait.

Le cycle long m'aspirait. J'adorais ça. Frédérique me manquait et, en même temps, je ne faisais pas beaucoup d'efforts. Le travail était tel que je ne rentrais pas le soir. Souvent, je préférais rester dormir au camp. Chaque agent en cycle long avait à sa disposition une chambre à Cercottes. Souvent après le boulot, on se réunissait avec les membres de la cellule pour aller boire une bière au mess, histoire de déconnecter, sauf que l'on ne déconnectait rien. Avec *Caroline, Rémi* et *Léa,* on continuait à discuter boutique et techniques. Quand la faim se faisait sentir on fonçait manger en ville puis on finissait au *Gardel's*, la boîte de nuit branchée d'Orléans, jusqu'à la fermeture.

Vers 5 heures, je reprenais la voiture pour aller directement à Cercottes. Là, la tête dans le pâté, je me changeais rapidement pour me présenter sur la place d'honneur pour le lever des couleurs. C'est en passant devant son bureau que je voyais Frédérique derrière son ordinateur qui faisait la gueule. Ses yeux semblaient me dire « J'espère que tu as passé une bonne soirée ? Parce que moi, non ! »

Là, je me disais que je commençais à déconner et que je la mettais un peu plus de côté chaque jour.

L'ÉCOLE ARSÈNE-LUPIN

Les jours suivants, nous avons rejoint la cellule serrurerie. Avec la vidéo et la photo, la cellule *Delta* s'occupait de tout ce qui touchait à l'impression d'images. Mais pour avoir des images, il fallait pouvoir y accéder et c'est là que les « gratteurs » de serrures du service entraient dans la danse. Leur maître était un grand bonhomme massif et à la voix chantante. Venant du Sud-Ouest, *Jacques* était notre instructeur et ne savait parler que d'une chose : « gratter » les serrures.

Non loin de la cellule armement, son atelier était une immense serrurerie qui aurait fait pâlir d'envie n'importe quel professionnel. Caverne d'Ali Baba du verrou, il y régnait une odeur d'huile et de ferraille en mouvement due aux machines-outils en activité permanente. Sur les murs, des centaines et des centaines de clés attendaient sur des présentoirs. De toutes marques, de toutes origines, de la plus simple à la plus compliquée.

Après treize ans passés à la serrurerie, les doigts de *Jacques* étaient minces, agiles et durs comme les clés qu'ils manipulaient toute la journée.

« Tout ce que vous avez vu à la télé, vous l'oubliez. Les gus arrivent avec leur carte de crédit et crac-crac, ils ouvrent les portes. La réalité, c'est qu'une serrure, ça s'observe avant d'effectuer quoi que ce soit. »

D'abord *Jacques* nous a expliqué les principes de défense d'une maison ou d'un bâtiment officiel.

« Avant d'arriver à une serrure, il vous faudra franchir différentes étapes. Caméras vidéo et alarmes sont les premières. Ensuite, face à la porte, vous observez, mais avant vous apprenez tout ça par cœur. »

Il nous désigna un dossier aussi épais qu'un Bottin téléphonique. Dedans, il y avait tous les types de serrures que l'on rencontrerait au cours de nos déplacements. « Toutes les serrures du globe y sont répertoriées. Mais aujourd'hui on va commencer simple. »

Alors que nous étions debout autour de la table, *Jacques* nous a fait passer les serrures les plus répandues, celles sur lesquelles nous serions amenés à « gratter » le plus souvent. Serrures à gorges, serrures à goupilles verticales, serrures à variures verticales, serrures à carte. Personne ne s'était posé la question de savoir quel type de serrure il avait chez lui et c'était une erreur.

« Par exemple dans les hôtels, on ne trouve quasiment que de la serrure à piste magnétique. Ces serrures nous posent encore quelques petits problèmes que nous sommes en train de résoudre. La plus simple, celle que vous trouverez sur les boîtes aux lettres, c'est la serrure à paillette. Ce qu'on appelle la serrure simple, c'est la serrure de nos grands-parents, là encore, aucune difficulté. »

Sur la table couverte d'un tapis rouge, différentes serrures étaient démontées ainsi qu'une coupe de serrure qui permettait d'observer tout le mécanisme en action depuis le début quand la clef rentre, puis l'effacement des pistons, jusqu'à l'ouverture. Trois critères permettaient de classer les serrures. Selon leur fonction, leur montage sur la porte et leur mécanisme intérieur, un gratteur ne travaillait pas de la même façon. Certaines marques s'étaient spécialisées dans ce qu'on appelait la serrure spéciale. Bricard, Fichet, Anker : ceux-là étaient les véritables ennemis de « la serrurerie ». Des serrures à pompe, de celles qu'on devait enfoncer d'abord avant de tourner.

Les serrures à goupilles combinées ne se grattaient pas trop. Il était préférable de démonter la serrure et de travailler dessus. Car comme *Jacques* nous l'a appris, sur chaque serrure était gravé un numéro. Une fois ce numéro identifié, il était facile pour le Service d'utiliser la clé correspondante en la modifiant légèrement. Après quelques coups de lime, la serrure se rendait. Le travail fini, il suffisait de replacer la serrure aussi rapidement qu'on l'avait enlevée. Les agents de la cellule étaient des redoutables et ils travaillaient vite, sans bruit et efficacement.

Jacques parlait lentement de sa voix grinçante, ce qui contrastait avec la rapidité de ses doigts. Sa dextérité à manipuler l'acier le classait parmi les maîtres chirurgiens de la serrure.

« Si une serrure est trop compliquée sur une mission, le Service envoie un gratteur faire le boulot, donc pas de panique mais il vous faut maîtriser les bases du grattage. »

Tel un docteur, il sortit d'une petite trousse des outils effilés qui ressemblaient à des instruments de dentiste, et qu'il étala sur la table.

« Tout ce que vous voyez là a été fabriqué par des agents serruriers. Un peu comme si un chirurgien fabriquait lui-même ses outils pour opérer. »

Un par un, *Jacques* nous installa devant un montant de porte équipé d'une serrure à paillette. Je choisis deux tiges d'acier effilées que j'introduisis dans la serrure. Pendant que je m'escrimais, *Jacques* nous observait en passant de l'un à l'autre.

Le front plissé, je bataillais pour effacer les premiers pistons avant de faire pivoter le cœur de la serrure. Derrière moi, attentif, chronomètre en mains, *Jacques* suivait des yeux l'opération en cours.

« Sentez la serrure. Vous devez avoir des caméras à la place des doigts. »

Et c'est vrai qu'en fermant les yeux, on pouvait sentir les pênes tomber les uns après les autres. Comme avec le calibre, mes doigts devenaient le prolongement des tiges d'acier qui s'affairaient dans la gorge de la serrure.

J'étais doué et, en moins de dix minutes, ma serrure s'était ouverte. À côté de moi, *Wilfried* était mauvais, et ça s'entendait. Son gros front, plissé par l'effort intellectuel intense, lui donnait une tête de bouledogue anglais. Au bout de trente secondes, ses deux tiges rendirent l'âme, cassées net par ses gros doigts. Avec cet ancien de math sup, nous nous tirions la bourre perpétuellement. Il avait choisi la voie militaire et le renseignement en entrant au 13e régiment de dragons parachutistes. Les hommes de ce régiment avaient l'habitude de s'enterrer des jours et des jours dans des caches afin de faire du renseignement militaire en territoire ennemi. À cause de cela, on l'appelait « Pelle-Pioche ». Lors de la dissolution du 11e choc, en 1963, le 13e RDP était devenu le régiment dans lequel le SA piochait pour ses missions secrètes.

« Votre but est de diminuer le chronomètre à chaque passage sur porte », conclut *Jacques*.

Après avoir digéré les six cents photos des différentes serrures que nous allions retrouver en Europe, *Jacques* nous fit sortir en ville sur des circuits de son choix. Tout en marchant, il nous fallait d'un coup d'œil reconnaître les différentes serrures en vue d'une effraction future.

Est-ce que la porte était à simple battant, basculante, coulissante ? Combien y avait-il de serrures ? Comment était la principale ? Et la complémentaire ? Il nous fallait nous souvenir de tout en un simple coup d'œil.

L'espace d'un instant, je me suis senti dans la peau d'un voleur. *Jacques* nous avait ouvert les portes d'un autre univers. Je n'avais qu'une hâte, c'était d'y entrer.

AFFECTATIONS

Le soir, après les cours quand je rentrais à la maison, Frédérique était déjà là. Installé devant la télé, je regardais les infos en me demandant où on allait m'envoyer.

« Ça s'est passé comment?

– Super, on apprend à tuer avec tout ce qui peut nous tomber sous la main et à jouer les Arsène Lupin, lui ai-je dit en me vautrant dans le canapé.

– D'accord, alors! »

Sa présence me faisait du bien. Elle était toujours là pour moi. Elle faisait en sorte que je puisse me concentrer entièrement sur mon apprentissage.

Aux informations de 20 Heures, la grande affaire restait la fin de la guerre en ex-Yougoslavie. Serbes, Croates et Bosniaques, après cinq ans d'une guerre civile sanglante, avaient accepté de signer une paix sous l'égide des États-Unis. La guerre avait ravagé le pays, et la France chapeautée par les Nations unies s'attaquait à la deuxième partie de l'histoire : la traque des criminels de guerre. Des massacres terrifiants avaient eu lieu dans certaines régions de Bosnie et un tribunal avait été créé à La Haye pour ramener un peu de justice dans le coin. J'avais entendu dire que le Service s'était engagé sur cette piste.

Plus à l'est, on commençait à parler d'un pays aux marches de la Russie qui s'appelait la Tchétchénie. La guerre venait d'y commencer, opposant l'armée russe aux indépendantistes tchétchènes. L'ex-Union soviétique n'avait pas digéré l'écroulement de son empire. Une dizaine de républiques indépendantes avaient vu le jour sur toute l'ancienne partie du bloc communiste et Moscou tentait d'en sauver les morceaux par la paix, et parfois par la force.

Au même moment en Afrique, l'actualité venait de la région traumatisée par les conséquences de la guerre du Rwanda et des pays de la région des Grands Lacs. En avril 1994, dans ce qui est l'un des plus petits pays africains, un gigantesque génocide s'était déroulé en trois mois. Il avait fallu seulement quatre-vingt-dix jours pour qu'une partie de la population massacre à la machette l'autre partie.

L'Afrique m'avait toujours fasciné. Chaque séjour que j'avais effectué sur ce continent m'avait ramené à des réalités que nous avions oubliées chez nous. Il y avait en Afrique une réalité brute, sans masque, un côté « vraies valeurs de la vie au quotidien » qui ne cessait de m'étonner.

Mais depuis 1995 et les attentats à Paris, c'est l'émergence des réseaux terroristes islamistes sur le sol européen qui était devenue la grande affaire du Service. L'Algérie, puis l'Afghanistan, avaient créé des points de fixation pour les candidats au djihad du monde entier. La menace était devenue planétaire et se répandait à grande vitesse, comme si l'Histoire avait décidé de s'accélérer.

Les cours s'enchaînaient et, de notre groupe initial de dix, nous n'étions plus que huit. Azad avait été lourdé. Trop grande gueule, trop bordélique. Il rejoindra le siège de la DGSE, boulevard Mortier, pour devenir analyste. *Alexandre*, lui, avait vu *Raymond* pour lui avouer qu'il ne pouvait supporter l'idée de mentir perpétuellement à sa femme et préférait démissionner. Le groupe restant était assez soudé. Nous savions que nous allions être amenés à travailler ensemble. Je m'entendais bien avec *Caroline* et je crois que c'était réciproque. Son côté garçon manqué nous facilitait tous la vie. Elle était la première à rire de nos vannes et pas la dernière à lever le coude. Surtout, son côté petite Nikita m'impressionnait.

Le soir, dans nos chambres, nous discutions de nos futures affectations. Le choix était large. Chaque cellule avait sa particularité, son savoir-faire, sa marque de fabrique, et chacune s'enorgueillissait d'opérations réussies grâce à leurs méthodes. Il y avait *Sphinx* pour les fous d'opérations aériennes. *Hercule* permettait d'explorer le monde magique et bruyant des flingues et des explosifs mais on sortait peu à l'étranger et il y avait la concurrence féroce des Forces Spéciales de Perpignan pour tout ce qui était assistance à l'étranger. La cellule *Delta* entrouvrait ses portes à tous les fanas de serrurerie, d'informatique, de photo et de vidéo, mais là encore, pas beaucoup de sorties en perspective sauf pour de l'instruction à l'étranger. Il n'y avait que *Lyra* qui permettait d'assouvir mes besoins d'action et de voyage. Je savais déjà que *Wilfried* – Pelle-Pioche – voulait rejoindre cette cellule. Ce n'était nouveau pour personne. De toute façon, on voulait tous entrer à *Lyra*. Sauf qu'il n'y avait pas de place pour tout le monde, et ça aussi on le savait.

Souvent dans la journée, on voyait les gars de *Lyra* sortir du break 405 de service qui allait les chercher de retour de mission. Avec leur valise à roulettes, ils n'arrêtaient pas de bouger. Quand on les voyait trois par trois au mess en train de parler entre eux comme des comploteurs, on savait qu'ils étaient en train de préparer une mission. Après, ils disparaissaient pendant quinze jours. J'aimais bien imaginer où ils pouvaient aller… Pour moi, le vrai métier d'agent, c'était avec eux et rien d'autre.

MA LÉGENDE

Le stage « synthèse » était le stage final, celui qui sanctionnait tout ce que nous avions appris en formation « agent ». C'était la phase ultime pour nous tous. L'exercice consistait à effectuer une RFA *(renseignement à fin d'action)* sur une personne désignée à l'avance par nos instructeurs. Généralement, c'était un ancien du Service qui s'acquittait de la corvée. Il savait qu'il allait être suivi par une demi-douzaine d'individus pendant près d'une semaine. De son côté, s'il nous repérait, il devait mettre en place immédiatement des contre-mesures à notre égard.

Mon stage s'est déroulé à Paris. De retour à Cercottes, il était temps pour nous de choisir nos affectations. Nous étions enfin en situation. C'était le dernier galop d'essai avant d'entrer dans le grand jeu. Je sentais que j'allais adorer ça.

Sur la feuille devant moi, j'ai noté les trois cellules dans lesquelles je voulais entrer : *Lyra, Sphinx,* et *Hercule.*

Quelques jours plus tard, nous devions tous passer devant le patron du Centre afin qu'il nous donne les résultats.

C'était mon tour et j'appréhendais un peu. Je savais que les instructeurs nous avaient observés tout au long de l'année en nous soupesant : « Est-ce qu'il tiendra face à la pression d'une mission clandestine ? Est-ce qu'il ferait un bon agent à l'étranger... » Ils détenaient notre avenir entre leurs mains.

En pull commando anglais, le chef de corps m'attendait dans son bureau. Personne ne l'avait revu depuis sa présentation le premier jour du cycle long. Je me sentais fier en repensant au discours de bienvenue *On-va-vous-tordre-on-va-vous-ruiner*... Et c'était vrai. Le cycle long nous avait à la fois essorés et complètement transformés. Mon dossier ouvert devant lui, il me lança.

« J'ai vu sur votre feuille de choix que vous aviez mis *Lyra* comme préférence. *Sphinx* et les opérations aériennes clandestines, ça vous tente pas ?

– Les paras, j'en sors. De la chute, je peux en faire quand je veux. Et puis le vrai métier d'agent, c'est chez *Lyra,* j'ai répondu. »

Le « colon » a souri jusqu'aux oreilles.

« En fait, *Lyra* vous avait déjà “réservé”. Vous savez, les instructeurs sont comme des maquignons, ils vous choisissent aussi. J'espère que vous serez à la hauteur des missions. Quand vous rentrerez chez eux, ce ne sera pas facile. Ici nous sommes tous des clandestins, chez eux, c'est au-delà. »

J'ai répondu : « C'est exactement ce que je veux être. Un clandestin parmi les clandestins. »

La réponse lui avait plu et à moi aussi car je me la répétais en sortant. En passant près du bureau de Frédérique, je lui ai glissé : « *Lyra* ». Derrière son écran, j'ai vu ses yeux briller. Quelque part, si j'étais là, c'était aussi un peu grâce à elle. Je voyais qu'elle était fière et que ma réussite était aussi la sienne. Les autres furent dispatchés selon leurs résultats. *Dido* et *Serge* rejoindront *Delta*. Quant à *Wilfried* et *Rémi*, ils iront à *Sphinx*, où ce dernier deviendra l'adjoint d'*Achille*. *Romuald* et *Léa* seront affectés à *Hercule*. *Caroline* rejoindra *Lyra* avec moi.

Une fois l'entretien effectué, j'eus droit aux présentations de mes nouveaux camarades d'espionnage. *Caroline* m'attendait dans le couloir menant au bureau du chef de la cellule. Dans le bureau, ils étaient déjà tous là. Autour de la table, *Adrien* a fait les présentations. Ancien sous-off chez les chasseurs alpins, c'était lui le patron de la cellule depuis deux ans.

« Je vous présente *Florent* et *Caroline*. Ils vont venir travailler avec nous. *Florent*, voici *Gwenaël*, *Antonin* et *Octave*. *Enzo* et *Ludovic* sont en mission et Olive est en repos. »

Adrien n'en dit pas plus. Le cloisonnement était de règle, même au sein d'une même cellule. J'apprendrai plus tard que *Enzo* et *Ludovic* étaient partis sous une couverture quelconque en Afrique, dans la région des Grands Lacs. Puis *Adrien* nous expliqua le fonctionnement de la maison :

« Comme vous avez pu le voir, chaque cellule a son propre bâtiment. Celui-ci est sécurisé par un digicode dont le numéro change chaque mois. Personne d'autre que nous n'y a donc accès. Pour des raisons de confidentialité, les membres des cellules font eux-mêmes le ménage avant de quitter l'endroit. »

Dès le lendemain de mon intégration à *Lyra*, j'eus l'impression de commencer une nouvelle vie. D'autant plus qu'il fallait que je me construise effectivement une nouvelle vie. Pour être un vrai clandestin opérationnel, un agent devait effectuer un certain nombre de démarches avant d'affronter le monde extérieur.

La première d'entre elles consistait à préparer sa fausse identité. Comme tout le monde chez *Lyra*, j'eus a choisir dans l'annuaire deux noms au hasard. Le premier était *Seyriès* et le second *Cassard*. La règle pour un agent nouvellement promu est de prendre toujours le même prénom afin d'éviter les conneries. Une fois choisis, les noms étaient envoyés à la sécurité du service qui les passait au crible, histoire de vérifier que l'identité en question ne traînait pas quelques casseroles un peu lourdes, du genre, problèmes avec le fisc, prison, meurtre ou viol. C'était quand même mieux pour passer les frontières.

Avoir des identités fausses était une chose, encore fallait-il les faire vivre. Et pour cela, il fallait se créer une *légende* crédible. La légende c'était toute la chair que l'on devait mettre autour des noms de Vincent Cassard et Vincent Seyriès. Était-il marié? Avait-il des enfants? Quel était son job? Où habitait-il? Toutes ces questions, j'étais le seul à pouvoir y répondre en personnifiant ma légende. Pour cela, le Service demandait à chaque agent clandestin de prendre un appartement à Paris afin d'abriter la vie de sa nouvelle identité.

Les jours suivants, comme n'importe quel clampin, je me suis mis en chasse d'un studio où habiter. Arrivé en gare d'Austerlitz, le *Particulier* à la main, j'ai commencé à appeler les annonces de logement. Pris sur les fonds spéciaux de l'État, le budget alloué aux agents était mince : deux mille francs par mois. Je me suis dit que c'était mieux que rien et qu'après tout j'allais pas y être souvent.

« Allô, oui, bonjour monsieur, j'ai vu votre annonce dans le *PÀP*, c'est toujours libre ? »

La réponse était positive. J'ai donné ma nouvelle identité le plus naturellement possible, puis j'ai rappelé le fort de Noisy afin qu'ils me préparent mes premiers faux papiers. J'avais rendez-vous en fin de matinée. Juste le temps d'y aller et de revenir à Paris. Dans le métro, j'ai scruté ma nouvelle carte d'identité. J'ai effleuré la photo du bout des doigts. C'était bien mon visage, c'était bien moi mais un autre moi. Un moi clandestin. J'étais devenu Vincent Seyriès, maître d'hôtel en free lance. Puis j'ai tâté l'enveloppe pleine de cash dans ma poche. Dedans, il y avait six mois de loyer et huit mille francs à déposer sur un compte en banque. Le studio que j'avais loué était situé dans le XVe arrondissement, rue Brancion, presque en face du parc Georges-Brassens. Clair, donnant sur la rue, il était meublé et j'y apportais très vite de quoi vivre.

« Objets personnels, bouquins, photos, petites culottes si vous voulez. Tout ce qui peut attester que vous vivez là est le bienvenu », avait dit *Octave*.

De retour à Cercottes, *Octave* me demanda si tout s'était bien passé dans ma nouvelle vie. Je lui répondis que oui, puis il me demanda :

« T'as fait tourner l'électricité ?

– Non, pourquoi ?

– Il faut que ta structure vive. Quand tu y vas, mets de la musique un peu fort. Croise tes voisins au maximum, n'hésite pas à leur demander du sucre. Fais tourner l'électricité à fond. Faut que t'aies une facture d'électricité à la fin du mois avec quelque chose dessus. Tu fais la même chose pour le téléphone et t'oublies pas de vider ta boîte aux lettres. Une boîte pleine, c'est suspect ! »

De retour, je fis tourner en même temps tous les appareils électriques du studio tandis que je disposais du dentifrice et une brosse à dents dans la salle de bains. Ouvrir un compte était plus compliqué. L'absence de passé bancaire à trente ans passés risquait d'éveiller l'attention. L'un de nous aura même la mauvaise surprise, après un premier rendez-vous, de voir un inspecteur de police l'attendre au guichet. La conseillère de clientèle l'ayant pris pour un trafiquant, il ira au poste pendant vingt-quatre heures et sera obligé d'appeler la sécurité de Noisy pour le sortir de là. Pour ma part, je « prétextais » que je vivais depuis des années aux crochets d'une femme et qu'aujourd'hui je voulais me détacher d'elle. Gigolo ! Ma conseillère de clientèle avait compati.

Avoir une nouvelle identité était une chose. Se créer la légende qui allait avec était indispensable. Un agent doit connaître par cœur les adresses des cafés du coin, savoir si le patron est moustachu, chauve, ou hirsute et mal rasé.

Le médecin généraliste que l'on va voir et qui nous prescrit des antibiotiques au moindre rhume, les stations de métro les plus proches, la rue où l'on peut garer la voiture... tous ces détails qui font que votre légende est blindée et que l'on vous croit lorsque vous en parlez. Votre légende, c'est votre gilet pare-balles. Plus elle est épaisse plus on mettra de temps à vous percer à jour. J'étais entré dans la phase schizophrène de l'agent.

PÉNÉTRATION

Mon arrivée dans la cellule coïncidait avec un exercice de grande ampleur. Le Service n'avait pas seulement une fonction extérieure. Ponctuellement, toutes les cellules se mobilisaient, en plus des missions en cours, pour tester les modalités de sécurité d'endroits déclarés sensibles sur le territoire. C'était une demande expresse du ministère de la Défense. Dans ces cas, le patron du Centre mettait tout Cercottes sur les dents.

L'objectif était une centrale nucléaire. Construite dans les années soixante sur les bords de la Loire, elle appartenait à la filière des réacteurs à eau pressurisée. L'énergie produite est issue de la fission de l'uranium au cœur des réacteurs. Vraisemblablement l'autorité de sûreté nucléaire avait demandé l'aide de nos services pour tester la « pénétrabilité » de la centrale. Les scénarios catastrophe sur la centrale ne manquaient pas. D'abord, il y avait la possible pénétration d'un groupe terroriste à fin de destruction. Avec 80 % de son énergie produite grâce au nucléaire, la France était totalement dépendante de ses centrales. L'endommagement du site aurait de lourdes conséquences sur la région.

Il y avait ensuite l'éventualité du sabotage d'un réacteur pour créer une réaction aboutissant à une catastrophe du type Three Mile Island* ou pire, Tchernobyl. Personne n'avait envie de se réveiller un matin avec la région du Loiret ravagée par une explosion nucléaire.

Mis à part ce genre de scénarios ultimes, il y avait tout simplement la possibilité d'une pénétration avec effraction dans l'intention de voler. L'effondrement du mur de Berlin et de l'empire soviétique avait vu apparaître des mafias prêtes à tout pour mettre la main sur des barres d'uranium enrichi. Comme toute centrale nucléaire, elle en possédait et le vol de crayon d'uranium ou de produits fissiles pouvant entrer dans la composition d'une bombe nucléaire n'était plus un scénario à la *James Bond* depuis longtemps.

Comme d'habitude, personne ne nous dirait rien de plus. L'attaque allait durer presque six mois. *Caroline*, moi et les autres, nous serions mis à contribution à la mesure de nos modestes expériences. *Caroline* s'est retrouvée accompagnatrice d'agent, *Rémi* et moi sommes devenus chauffeurs.

* Le réacteur de la centrale nucléaire de Three Mile Island (États-Unis, Pennsylvanie) a en partie fondu le 28 mars 1979.

La centrale nucléaire s'étendait au bord de la Loire sur soixante-deux hectares. À l'intérieur, près de mille cent cinquante personnes travaillaient à sa maintenance. De loin, en voiture, je pouvais distinguer les quatre cheminées de béton hautes de cent soixante mètres, qui rejetaient une épaisse fumée blanche dans l'atmosphère. La sécurité du site était assurée par la gendarmerie ainsi que par des unités de sécurité à l'intérieur. Patrouillant avec des chiens, les gendarmes restaient le problème numéro 1 mais cela n'avait pas l'air d'inquiéter les « opérationnels » de Cercottes. Le soir, je partais récupérer deux agents de retour de reconnaissance. Lui travaillait à *Hercule* et elle à *Delta*. Ils venaient de se promener en couple, avec le chien en laisse autour de la centrale pendant quatre heures. Appareil sous support dans le sac, ils avaient pris une centaine de photos des systèmes de surveillance installés. Je savais que les reconnaissances aériennes venaient de commencer. Comme je l'appris plus tard, il était interdit de survoler la centrale. Par chance, un aérodrome se trouvait à quelques kilomètres du site. Avec un petit avion de tourisme, deux agents étaient partis pour mitrailler la centrale sur le côté.

Le plan avait pris sa vitesse de croisière et les reconnaissances s'intensifiaient. Il y en avait de jour, de nuit, à pied, à bicyclette ou avec des voitures en observation. L'opération était typique de ce qu'on appelait une mission de *renseignement à fin d'action*, c'est-à-dire portant sur du matériel ou des bâtiments. Dans la grande salle de réunion du Centre, une immense photo avait été punaisée au mur. À côté, des photos aériennes de la centrale côtoyaient, tel un puzzle, des clichés en « morceaux » du site. Chaque soir, après 18 heures, je partais en voiture faire le chauffeur pour de la pose et de la récupération d'agents. Lâchés dans la nuit, les gars se faufilaient au milieu des buissons pour aller rejoindre des caches préparées à l'avance. Là, bien calés, leurs intensificateurs de lumière sur le nez, ils restaient quatre heures en observation puis s'arrachaient en douceur vers le point de rendez-vous. C'était là que j'allais les récupérer. Chaque jour qui passait, comme un nœud coulant, le cercle de regards entourant la centrale se rétrécissait.

« Je crois qu'on a trouvé un point de pénétration ! » Dans la grande salle, devant le mur de photos, l'officier en charge du dossier annonça la nouvelle aux agents assis sur les chaises. J'avais du mal à le croire. Une centrale nucléaire paraissait encore imprenable à mes yeux de jeune bleu. L'équipe de la nuit précédente, malgré les rondes de gendarmerie, avait pu repérer la faille. Après avoir noté toutes les rondes à la minute près, les deux agents s'étaient rendu compte que pendant un laps de temps très court du côté est de la centrale il y avait un blanc de plusieurs minutes avant l'arrivée d'une nouvelle ronde avec chien.

Après être passés par-dessus le grillage avec une échelle articulée, les opérationnels étaient tombés dans une zone protégée par du fil barbelé. Là, devant une porte, l'agent infiltré, après l'avoir observée, avait pris l'empreinte de la serrure.

« Après on a dû démonter le dispositif, les chiens commençaient à aboyer. Ils nous avaient reniflés », a conclu l'agent.

De retour à Cercottes, dans l'atelier serrurerie, *Jacques* « aux doigts d'argent » avait passé le reste de la nuit à examiner les empreintes de serrure ramenées par notre agent. C'était un portail classique comme on en trouvait dans toutes les entreprises et, pendant sept jours, les hommes essayèrent la clé jusqu'à ce qu'elle soit parfaite. À l'oreille, ils pouvaient savoir ce qui lui manquait. Ce travail de minutie et de patience me fascinait.

Le lendemain soir, j'avais trouvé un arbre dans lequel un agent s'était aménagé une cache. Bien calé dans ma planque, derrière mes intensificateurs de lumière, je voyais pour la première fois le déroulé d'une opération en temps réel. Une fois la ronde de 23 heures passée devant mes yeux, les agents postés en recueil déplièrent l'échelle articulée pour faire rentrer l'agent de la serrurerie qui pénétra dans la centrale.

J'apprendrai plus tard que l'opérationnel avait collé trois autocollants « Smiley » sur l'une des portes d'accès du réacteur. Dans ce type d'opération, personne n'était au courant. Ni le personnel ni le responsable de la centrale. Seul le chef de la sécurité savait.

Après notre « passage », le patron du Service Action et le responsable de la pénétration eurent un long débriefing avec les responsables d'EDF.

Toujours dans le but de tester et d'améliorer la sécurité des endroits sensibles du pays, le Service travaillait beaucoup sur les aéroports. « Se faire » un aéroport était la spécialité de quelques-uns. En accord avec les Aéroports de Paris, seuls ou par deux, les agents montaient toutes sortes de manips permettant l'introduction de matériel ou le passage d'explosifs dans les bagages. Les cellules étaient là pour tester et améliorer la sécurité.

À la fin de la mission, toute la cellule *Lyra* – à l'exception de *Caroline* – est partie pour un stage d'oxygénation en montagne, histoire de s'aérer les neurones. Chaque soir, j'appelais Frédérique. On parlait de ses journées, qu'elle trouvait un peu longues. Voir partir les agents commençait à lui peser.

Un soir, j'entendis *Caroline* discuter en fond. Frédérique me dit : « On se faisait un dîner entre filles, tiens, je te la passe, elle veut te parler. »

La voix guillerette, *Caroline* semblait tout excitée.

« Bon, mon bichon, c'est bien beau tes vacances au ski, mais il va falloir penser à rentrer !

– Y a du neuf ?

– Oublie la crème solaire et commence à réviser ton anglais, on se voit lundi ! »

Puis elle raccrocha en rigolant.

ISLAMISTES ET COMPAGNIE

À notre retour, *Adrien* nous attendait dans son bureau. L'ambiance était assez surréaliste. Les rideaux étaient tirés et la pièce, plongée dans la pénombre, donnait un côté très officieux à l'entrevue. *Caroline* était déjà là.

« Voilà, c'est tout ce que les *préops** ont trouvé sur lui. »

Lui, c'était une photo format 13 x 18 en noir et blanc représentant un homme à la barbe fournie, coiffé d'un keffieh. Il avait un air de défi dans le regard. « Abou Walid, il s'appelle. Il serait Saoudien, membre du Groupe islamique armé** et aurait vraisemblablement effectué un long

* Cellule de préparation aux opérations.

** GIA

séjour en Afghanistan. C'est le plus gros poisson que nous ayons jamais pisté et c'est vous qui allez vous en occuper. »

Après qu'on eut rendu la photo, *Adrien,* toujours très mystérieux, nous briefa sur les grands sujets de travail de la cellule. Les groupes islamistes étaient devenus en quelques années le cœur de cible du métier. Le Service Action était engagé depuis très longtemps sur le Proche et le Moyen-Orient. Depuis la guerre d'Algérie, en fait. Durant toute la durée du conflit, selon les anciens, le Service aurait éliminé près de cent cinquante personnes : opposants, marchands d'armes fournisseurs du FLN ; les hommes du Service n'avaient reculé devant rien pour accomplir leurs missions.

Le Service Action n'avait jamais été un service classique. Il agissait sur ordre politique pour « neutraliser » des personnes qui menaçaient les intérêts de la France. C'était sa mission première : « élimination » ! La définition me satisfaisait amplement et je m'en contentais. En y réfléchissant, j'aimais bien penser que nous étions le bras armé de la France qui frappait dans l'ombre ses ennemis.

Depuis 1991, l'Algérie et sa sale guerre était revenue sur le devant de la scène. Après l'interdiction par les militaires algériens du Front islamique du salut lors des élections de 1991, le conflit avait commencé à se déplacer en France. Au début ce n'était rien de très grave. Quelques vagues menaces à l'encontre du gouvernement français, accusé de soutenir le régime des généraux pourfendeurs d'islamistes. Puis, face à l'ampleur de la répression, dès 1992, le FIS et son bras armé, le Groupe islamique armé (GIA), avaient décidé de punir les gouvernements français successifs.

Ce sera d'abord le détournement de l'Airbus sur Marignane en décembre 1994, l'attentat du RER à la station Saint-Michel le 25 juillet 1995, puis deux mois après, le 17 octobre, celui du musée d'Orsay suivi de peu par celui dans la rame de RER, à la station Port-Royal.

À l'époque, deux capitales européennes servaient de base arrière aux groupes fondamentalistes. Il y avait d'abord Bruxelles. Le Service avait beaucoup travaillé sur les groupes en place. En 2001, c'est de là que partiront les futurs assassins du commandant Massoud. Puis il y avait Londres. Les plus virulents des activistes islamistes y avaient trouvé refuge et prospéraient en toute impunité. À la suite des différents attentats parisiens revendiqués par le Groupe islamique armé, il était difficile d'empiéter sur le terrain de la DST*. Nous n'avions absolument aucun contact avec eux. Le cloisonnement, encore lui, nous empêchait de croiser nos informations, du moins à notre niveau.

La DGSE, qui avait vocation « extérieure », avait donc décidé d'attaquer directement à la tête. Pour moi, c'était ça le vrai métier d'agent. Opérer à l'étranger afin de recueillir des renseignements puis frapper. Sauf que je découvrais chaque jour que *Lyra* était bien plus que cela. *Adrien* nous expliqua longuement ce que la cellule attendait de nous :

« Faire du rens' dans les salons et les pince-fesse, c'est une chose. Les agents de Mortier le font très bien. À *Lyra,* nous ne nous occupons pas de ça. Nous, ce qu'on aime, c'est l'action finement exécutée, le coup tordu sophistiqué. Mais pour cela, il faut du renseignement à fin d'action ! »

* Sécurité intérieure du territoire français, dépendante du ministère de l'Intérieur.

Les renseignements à fin d'action étaient la marque de fabrique de *Lyra*. Un nom, une photo, une adresse, c'était tout. Avec cela, il fallait accrocher tout ce que l'on pouvait pour mieux connaître la future « cible ». Car, quand une RFA était demandée, c'est qu'il y avait des gens très haut placés dans la hiérarchie qui estimaient que la personne que nous allions scruter pendant des mois posait de sérieux problèmes à nos intérêts. Et qu'il était donc peut-être temps de mettre un terme définitif à ses agissements. Dans ces cas-là, l'ombre de la mort se mettait en marche, et de drôles de nuages commençaient à planer au-dessus du type désigné. Contrairement à ce qu'on voyait dans les films ou plus personne ne peut arrêter des tueurs en marche, le processus restait souple et réversible. *Lyra* n'était pas un service d'exécuteurs. Juste la cellule qui préparait le terrain pour une action. La nuance était grande.

FOOTBALL ET TERRORISTES

Nous étions là, autour de la table, avec la photo posée entre nous. Je pensais en regardant le visage barbu qu'il valait mieux qu'il change de vie s'il voulait voir grandir ses enfants, parce que pour lui le sablier venait de se retourner.

Adrien dit : « Les préops ont déjà équipé la ville dans laquelle vous allez opérer.

– C'est où ?

– Londres. Abou Walid s'y est installé depuis peu. En fait, l'état-major le soupçonne fortement de préparer, avec son groupe de joyeux comploteurs, des attentats pendant la Coupe du monde de football. La première rencontre aura lieu dans quelques mois au Stade de France, à Saint-Denis. Inutile de vous dire que c'est même pas la peine d'y penser. On ne revivra pas les attentats du RER. »

Il était rare de connaître la raison exacte d'une mission. On nous sortait une photo et on devait bosser dessus. Point barre. J'acquiesçai un peu surpris. Londres, c'était un pays « ami »! Opérer chez eux clandestinement, ça pouvait poser des vrais problèmes, surtout si l'on décidait de neutraliser la cible sur leur territoire. Aucun gouvernement légal et ami n'aimait qu'on vienne traiter ses ressortissants sur son territoire. Surtout, le contentieux entre les Anglo-Saxons et nous était lourd depuis l'affaire du *Rainbow Warrior*. Personne n'en parlait jamais dans le Service. Entre nous, le sujet restait tabou. Même après toutes ces années, le Service n'en démordait pas. Pour lui, l'opération avait été une réussite. Les charges avaient été placées et le bateau coulé. Un point c'est tout.

Au vu des notes de service qu'*Adrien* avait étalées sur le bureau, transmises avec les dossiers d'objectif, j'ai senti que l'état-major avait faim et qu'il fallait qu'on « ramène un crâne » vite fait. Si la direction des opérations était motivée par ces missions à Londres, alors nous aussi! La mission devait se dérouler sur quinze jours et mobiliserait trois agents. En plus d'*Adrien* qui serait notre officier traitant sur place, il y aurait *Octave*, *Caroline* et moi. *Octave* était un vieux de la vieille.

Autour de la table, nous avons commencé à élaborer des plans. *Caroline* s'était mise à l'ordinateur pour préparer le dossier. De peur des intrusions, le Service n'avait pas d'accès à Internet. Ici, on travaillait à l'ancienne. Si on voulait des infos sur la Toile, il nous fallait aller dans des cybercafés. Sans oublier de « blanchir » le poste sur lequel on avait effectué nos recherches, c'est-à-dire effacer les traces de notre passage, histoire qu'il n'y ait pas un rigolo qui passe derrière nous et récupère tout ce sur quoi nous avions enquêté. *Adrien* s'empara d'une pile de dossiers photocopiés qu'il nous distribua.

« Voici le dossier qu'a concocté l'agent chargé de préparer l'équipement de ville. »

Dedans, le préops avait consigné nos boîtes aux lettres mortes, les points de rendez-vous, les cas non conformes, ainsi que la liste de nos prétextes. Un dossier d'équipement de ville, c'était comme la cartographie secrète d'une ville, une sorte de kit de survie pour agent en terrain ennemi. Préparer une mission qui aboutirait peut-être à une action était, j'étais en train de le comprendre, un travail extrêmement minutieux. Avant d'aller traiter quiconque, il nous fallait avaler des tonnes et des tonnes d'informations de toutes sortes. D'abord, les prétextes. Chaque mission avait sa liste de prétextes et nous avions une liste à connaître par cœur. Comme le répétait *Roland*, notre « maître Yoda », « pas de mission sans prétexte : étayer son prétexte, ça veut dire aller faire réellement ce pourquoi vous êtes venu. Visiter les monuments du pays dans lequel vous êtes en mission. C'est impératif. »

Il y avait d'abord le prétexte de présence dans le pays. Tourisme ou raisons pseudo-professionnelles, le prétexte de présence était la première couche du blindage que constituait notre légende. Ils étaient marqués les uns à la suite des autres sur les photocopies qu'on nous avait remises.

Il y avait le prétexte de déplacement pour aller sur la zone d'objectif. Puis le prétexte de présence sur la zone d'objectif. Et enfin le prétexte de présence face à l'objectif.

Adrien nous dit :

« Je veux que cela devienne un réflexe. Pour tout et n'importe quoi, vous avez un prétexte. »

J'appris à mentir le plus naturellement possible. C'était devenu une seconde nature, un automatisme. Au cours de mes entraînements, j'inventais les histoires les plus simples et les plus réalistes. Dans l'avenir, je me rendrais compte que l'oublier peut coûter très cher. Chaque détail était passé en revue, il y avait ensuite la liste des cas non conformes à apprendre.

S'il se passait cela, que fallait-il faire ? Et si c'était ça, comment allions-nous réagir ? Notre stage « sécurité » nous avait fait aborder le maximum de scénarios de confrontation mais il y avait toujours la situation imprévue, celle qu'on n'attendait pas.

« Vous trouverez dans ce dossier vos ordres pour les premières quarante-huit heures. Vous devez les apprendre par cœur. Ensuite, vous attendrez le premier rendez-vous avec votre officier traitant, » nous dit *Adrien* pour conclure.

Puis nous avons passé en revue tous les codes à utiliser pour transmettre les informations récupérées. Autour de la table, *Caroline* et moi étions un peu nerveux.

La phase d'entraînement était finie. Nous n'avions plus droit à l'erreur. Malgré cette sourde angoisse, nous avions hâte d'entrer dans le vif du sujet. Le baptême du feu tant attendu était là. Un instant, j'ai repensé à Beyrouth.

Enfin *Adrien* nous distribua de petits ordinateurs de poche qui nous permettaient de coder nos informations puis de les mettre sur de minuscules disques mémoires. Des cartes PCMCIA, c'étaient ces disques que nous transmettions à notre officier traitant lors des rendez-vous. Ces infos permettaient à l'officier d'élaborer les plans d'approche pour le lendemain. Le système était simple, sûr et efficace.

Pendant quinze jours, nous allions nous faire répéter notre mission les uns les autres, comme un groupe de théâtre avant d'entrer en scène. Sauf que, pour nous tous, il n'y aurait qu'une représentation.

Une équipe de renseignements à fin d'action était constituée de trois agents clandestins et d'un officier traitant. Une fois lancée, une telle missionpouvait durer des semaines, voire des mois, tant que la cible ne nous avait pas donné ce que nous cherchions, à savoir une habitude. *Adrien* avait coutume de dire que, dans notre monde de brutes, « les habitudes tuent », et c'était vrai dans le cas du Service. Un homme sans habitude est plus difficile à éliminer qu'un fonctionnaire réglé comme une horloge. Nous ne devions respecter qu'une seule règle : au moment crucial, il ne devait y avoir ni femmes ni enfants dans l'entourage immédiat de la cible. Et c'était ça qui était compliqué. J'appris très vite que cela pouvait être long, minutieux, voire carrément fastidieux. Dans les films, en quelques minutes ils vous sortaient les infos, là il fallait planquer des mois, parfois même une année, pour obtenir ce qu'on voulait.

Une question restait pour moi encore en suspens. *Adrien* y répondit avant que je n'aie eu à la formuler.

« Ce n'est pas nous qui nous chargerons de l'élimination de la cible. »

Qui alors ? Peut-être la fameuse cellule *Draco* qui restait un mystère pour tout le monde. Les rumeurs allaient bon train sur eux. Les *Draco* étaient au nombre de six et occupaient un baraquement juste en face du Centre, de l'autre côté de la route. Ils étaient directement sous les ordres du patron du Service et ne dépendaient que de lui. C'étaient des agents venant de chez nous et qui, après un certain nombre d'années passées dans différentes cellules, avaient été cooptés pour rejoindre le groupe *Draco*. Lorsqu'une opération avait reçu le feu vert d'en haut, c'étaient eux qui partaient sur place afin de préparer la faisabilité de l'opération, puis ils attendaient l'ordre définitif de neutralisation de la cible. Le mode opératoire variait selon les cibles mais l'explosif sous la voiture restait un bon moyen, laissant de plus une signature « déchiffrable » pour les amis de la cible. Une balle dans la tête ou un coup de rasoir à la carotide pouvaient être le fait d'un voyou, pas une voiture qui explose. Les survivants comprenaient vite et en général changeaient de métier pour continuer à voir leurs enfants grandir. On croisait les *Draco* de temps à autre au mess quand nous allions manger. Ils ne se distinguaient pas des autres agents sauf qu'ils ne se mélangeaient pas, et personne n'allait chez eux.

Les jours suivants, nous avons essayé divers types de matériel vidéo et photo. Dans la cellule, chaque membre était responsable d'une partie du matériel. Pour tout ce qui touchait à la photographie, on utilisait des Nikon F601 avec des 50 mm. Les téléobjectifs étaient proscrits car on ne pouvait pas les mettre sous support, c'est-à-dire qu'on ne pouvait pas les planquer dans un sac, ou une banane. Certains agents avaient une formation poussée dans le domaine de la photographie. Leur passion s'était transformée au fil des mois en parfaite couverture pendant les RFA. Ainsi plusieurs « photographes » du Centre circulaient, appareils photos en bandoulière sans aucun problème.

« *Florent*, tu me fais une fiche pour me dire de quoi on pourrait avoir besoin sur place, puis tu vas voir la salle 10 », a dit *Adrien.*

Je suis sorti avec la fiche pour me diriger de l'autre côté de la route. C'était là que se trouvait un hangar tout en tôle de couleur verte entouré d'une double rangée de grillage électrifié que l'on appelait la salle 10. Vu ce qu'ils y fabriquaient, on se demandait parfois si les grillages avaient été mis pour les protéger ou pour nous protéger. Devenu le repaire de dangereux Géo Trouvetou, c'était là que s'élaborait tout ce qui pouvait nous aider en mission en terme de logistique. C'étaient eux qui avaient préparé l'explosif pour le *Rainbow Warrior* en 1985.

La miniaturisation du matériel restait notre principale obsession avec le passage des frontières. Ils travaillaient aussi sur le passage clandestin d'armes, et plus particulièrement sur les explosifs intraçables. Pouvoir fabriquer de l'explosif maison avec de la lessive, de l'essence, du savon, de la paraffine ou de la sciure de bois, sans que l'on puisse remonter jusqu'à nous. Outre l'explosif, leurs compétences s'étendaient aux armements et munitions particulières, ainsi ils fabriquaient des douilles vierges de tout numéro.

Pendant la guerre d'Algérie, le Service Action avait utilisé des lots de munitions vierges. Car, comme nous l'avait rappelé *Léon*, chaque arme avait sa signature. Le seul problème, c'est qu'une douille vierge était devenue à elle seule une signature « Made in Service ».

De temps à autre, on entendait des bruits étranges en provenance du coin ouest du camp. C'étaient les gens de *Hercule,* la cellule tir et explo, qui se rappelaient à notre bon souvenir.

INFILTRATION

Je n'avais pas trop bien dormi la nuit précédant mon départ pour Londres. Frédérique et moi avions longuement parlé de la mission. Je savais ce qu'elle ressentait. Voir partir les agents tous les jours en mission était une chose, voir partir son mari en était une autre.

« Tu es comme Moneypenny qui regarde James Bond partir.

– T'es vraiment très con, parfois ! »

Elle m'a fait la gueule et elle avait raison. J'attendais ça depuis tellement longtemps que je ne pouvais pas me rendre compte que ce n'était peut-être pas pareil pour elle.

Vingt-quatre heures avant le départ, nous avons tous rejoint le fort de Noisy. C'était là que s'effectuaient les interrogatoires de sécurité, c'était là aussi que chaque agent sur le départ récupérait ses faux papiers et l'argent avant le grand saut. À partir de là, la mission commençait.

Basé en banlieue parisienne, le fort, construit au XIXe siècle, servait de base logistique au 44e régiment d'infanterie, qui était le régiment de soutien de la DGSE. Au milieu du fort, un bâtiment moderne abritait l'état-major du Service Action et sa sécurité.

Arrivé depuis peu, j'ai demandé à *Adrien* où nous allions dormir.

« Tu vas découvrir le confort Service Action. Ce soir tu dors à "Belfast". Les agents y passent tous la nuit avant de partir en mission. »

Belfast était le nom qu'avaient donné les agents à l'ancienne caserne de gendarmes mobiles que le Service avait récupérée quelques années auparavant, transformant les anciens bâtiments en appartements pour les agents de passage ou travaillant à Paris. C'étaient la brique rouge et les barbelés qui lui avaient valu le surnom de la capitale d'Irlande du Nord. À l'intérieur, tout était lugubre et décrépi, avec un mobilier de style Conforama préhistorique.

Après avoir posé ma valise à roulettes dans la chambre, j'ai révisé ma légende en vue de l'interrogatoire de sécurité du lendemain.

Pour notre dernière soirée à Paris, *Adrien* a décidé de nous emmener tous au *Hard Rock Café*. Au cours du dîner, *Adrien* nous a expliqué que, pour lui, l'évolution du Service Action s'était cristallisée, ces dernières années, sur le rapport entre les anciens et les nouveaux agents. En gros, les vieux ne voulaient pas laisser la place aux jeunes, et le Service avait décidé de changer ça. Les équipes qui partaient maintenant étaient composées de deux confirmés et de deux débutants.

« Détends-toi, *Florent,* imagine qu'avant, il y a pas si longtemps, une fois le cycle long terminé, les agents nouvellement sortis devaient attendre un an avant de partir en mission. »

Le lendemain matin à 6 heures, après le café, je suis descendu pour l'interrogatoire. C'était là, dans une salle éclairée par des néons que j'allais être passé au crible.

Norbert était l'agent chargé de la sécurité. C'était lui qui cuisinait les clandestins avant qu'ils changent de peau. Un autre agent, visiblement plus à l'aise que je ne l'étais, est passé avant moi.

« J'espère que t'as mal dormi et que tu t'es réveillé bien tôt à cause de nous, a-t-il dit.

– Fais pas chier, *Richard,* j'espère que tu connais ta légende parce que tout à l'heure je vais te passer à la gégène ! »

Une demi-heure après, c'était mon tour. J'ai posé ma valise sur la table, puis mes papiers et mon portable. Tout ce qui me rattachait à ma vraie vie était étalé devant moi. *Norbert* a commencé à poser ses grosses mains dans ma valise.

« Vous avez beaucoup de matériel vidéo, vous aimez ça ?

– Ouais, beaucoup !

– Ça coûte cher ?

– Oui, mais quand on aime on compte pas ! »

J'essayais d'adopter un ton dégagé, genre je suis tellement cool, comme gars.

« Pourquoi vous venez en Angleterre ?

– Pour visiter. Il paraît que c'est chaud !

– Vous allez faire des photos ? Quel type de photos ?

– De tout. Les monuments, Big Ben, les Anglaises, c'est ma passion. Je veux aller à Hyde Park filmer les canards et les cygnes.

– T'arrête de te foutre de ma gueule. Pas trop décontracté, *Florent* ! »

Norbert venait de me remettre à ma place. Puis il m'a fouillé au corps histoire de voir ce que j'avais dans mes poches au cas où j'aurais oublié une adresse ou une photo de Frédérique vu que Vincent Seyriès, mon double, était célibataire. Puis ce fut le tour des questions personnelles.

« Je vois que votre anniversaire approche bientôt, vous êtes Verseau ?

– Pas du tout, je suis Bélier, d'ailleurs vous avez ma carte d'identité sous les yeux.

– C'est bien le mercredi le jour du marché ?

– Bah, oui !

– Mais non idiot, c'est le mardi, le jeudi et le dimanche dans le XVe ! Oublie pas qu'un vrai Parisien va toujours au marché ! »

Puis il reprit :

« Vous faites quoi comme métier ?

– Maître d'hôtel free lance.

– Vous avez travaillé où cet hiver ?

– À l'Alpe-d'Huez au *Sporting*.

– Y a un chouette bar, sur la gauche.

– Pas du tout ! Le bar est en face.
– Non, non... »

Norbert a commencé à me prendre la tête sur la place du bar, histoire de voir si j'allais dire une connerie.

« Ouais, vous avez peut-être raison. »

Sauf que moi je savais qu'il avait tort. J'y avais passé de longues soirées pendant la semaine « oxygénation » avec *Lyra*. L'interrogatoire a duré trois bons quarts d'heure. La règle de base était qu'il fallait répondre sans réfléchir. Réfléchir, c'était louche.

« Vous payez combien de loyer ?
– Deux mille francs.
– C'est combien le ticket de métro ?
– Je sais pas, je prends pas le métro, j'ai une moto.
– Ah bon ? D'où tu as une moto ? C'est inscrit nulle part. »

Il venait de me piéger. Par le passé, le passage à la sécurité avait montré plus d'une fois son utilité. Certains agents avaient du mal à basculer dans leur fausse vie et hésitaient un peu trop longtemps entre chaque question.

Répandue sur la table, toute mon identité réelle a été raflée par les grosses mains de *Norbert* pour disparaître dans une enveloppe de papier kraft sur laquelle était marqué, en gros au feutre noir, mon pseudo. Puis il m'a remis mon portefeuille avec mes faux papiers. Dedans, il y avait une carte d'identité, un carnet de chèques, une carte bleue et un permis de conduire.

« Et n'oublie pas de ramener un crâne ! »

OBJECTIF LONDRES

Tandis que l'Eurostar fonçait vers Londres, bien assis dans mon siège, j'analysais les derniers éléments. Ma seule angoisse était d'oublier quelques-uns des ordres reçus pour les premières quarante-huit heures. Comme on se demande si on a bien fermé la porte avant de partir en vacances, j'avais le désagréable sentiment d'avoir oublié un élément du dossier.

Dans la rame, j'observais les passagers. Puis j'ai pensé aux autres membres de l'opération. *Caroline* et *Octave* étaient partis à 6 et à 7 heures. Ce qu'on appelait dans le jargon *l'infiltration d'une équipe* venait de commencer.

Trois heures et demie plus tard, les portes de l'Eurostar ouvertes, il me fallait trouver la troisième cabine sous l'horloge. Les photos du dossier d'équipement de ville défilaient dans ma tête et je reconnus la cabine en question.

Tout clandestin en opération devait signaler la réussite de son infiltration au chef d'équipe en collant une pastille autocollante sur le téléphone désigné. Près du combiné, il y avait déjà deux pastilles. J'y ai collé la mienne. Il ne manquait plus qu'*Adrien*, l'officier traitant sur la mission, et nous serions au complet.

Puis je me suis dirigé vers le comptoir Hertz pour récupérer la voiture réservée sous mon faux nom. En montant dans l'habitacle de la Rover, j'ai compris qu'il y avait un problème. La conduite à gauche. Après quelques minutes et plusieurs accidents évités, je me dis que ce genre de détail pouvait faire échouer tout un dispositif. Un accident, une mauvaise réponse, une recherche de la police trop poussée, et la mission pouvait capoter. Ce détail, la conduite à gauche, a pénalisé plusieurs agents au cours de missions sur Londres. L'information, rabâchée à chaque retour dans les débriefings, est remontée jusqu'à Cercottes qui a finalement acheté une magnifique Rover verte que les agents peuvent utiliser sur le circuit de conduite rapide du Centre. Tout en roulant vers la zone d'objectif, je me disais que des agents français du Service Action qui opéraient sur le territoire anglais, cela devait être rare depuis la fin de la Seconde Guerre mondiale. L'hôtel choisi par le Service se situait à Pembridge Square, métro Notting Hill Gate. Chaque agent était installé dans un hôtel. Tous ces hôtels se trouvaient dans la zone de Soho qui serait notre zone de vie le temps de la mission.

C'était la première fois que je mettais les pieds de l'autre côté de la Manche et tout était nouveau. Pour moi, Londres, c'était James Bond, Shakespeare, les Beatles, et les joueurs de football français qui avaient émigré. À ce détail près que les Anglais ne pouvaient pas nous sacquer et on le leur rendait bien !

À peine la valise posée sur le lit, je me suis transformé en inspecteur de la salle de bains comme on me l'avait appris. La règle numéro 1 d'un agent à l'hôtel était de vérifier que la pièce d'eau était isolable de la lumière pour l'éventuel développement de pellicules. Un agent à l'étranger devait pouvoir développer ses photos en cas de nécessité. J'ai vérifié mon matériel vidéo et photo, puis j'ai sorti le *support* afin d'y placer le boîtier. Dans le vocabulaire agent, le support était ce dans quoi on poserait la caméra vidéo ou l'appareil photo. J'avais choisi une banane dans laquelle j'avais percé un trou d'un centimètre de diamètre que j'avais recouvert d'une petite grille. L'appareil photo déposé, j'avais rehaussé le tout avec des boîtes de pelloches et des mouchoirs. Devant la glace je me suis entraîné pour vérifier que rien ne transparaissait ni ne réfléchissait la lumière sur l'objectif. On avait quelques trucs pour empêcher la réflexion. Un bas de femme sur l'objectif marchait bien. D'autres préféraient la grille de jardin sur laquelle on passait un coup de marqueur noir mat. Le Service avait bien pensé à utiliser des lunettes vidéo et j'en avais repéré des extra à Paris. En les essayant, j'avais même trouvé que ça me donnait un air plus intelligent, genre la vraie tête d'intellectuel, mais le passage des frontières posait toujours le même problème. Comment expliquer à un douanier ce qu'on allait faire avec des lunettes caméra ?

Il était déjà 22 heures à ma montre et ma première journée d'agent sur le terrain était loin d'être terminée. Dehors, une pluie froide s'était mise à tomber. Il me fallait reconnaître, dès ce soir-là, tous les itinéraires de sécurité et effectuer une première reconnaissance du quartier de la « cible ». J'avais quarante-huit heures devant moi avant mon premier contact avec *Adrien* pour l'échange de renseignements. Préparés à l'avance, les quinze jours de mission avaient été tirés au cordeau et chaque journée remplie jusqu'au soir. Un agent en mission ne pouvait improviser qu'à l'intérieur du cadre qui lui était imparti, sauf en cas de danger immédiat où, là, tous les coups étaient permis.

Abou Walid habitait une maison à Forty Lane, dans le quartier de Wembley, pas loin du grand stade de football. La carte dépliée sur le volant, la nuit, la pluie et la conduite à gauche. Ça faisait beaucoup d'un seul coup et je suis passé devant sa maison sans la voir. À chaque rond-point, je m'excusais auprès des autres chauffeurs rencontrés, dans un anglais approximatif : « I'm sorry, I'm French. » Tout le monde était mort de rire. Sauf moi.

Après avoir marché pendant deux jours pour reconnaître tout l'équipement de ville de Londres, les boîtes aux lettres mortes, tourniquets, les itinéraires de sécurité avec les ruptures de filature, j'avais mon premier rendez-vous avec *Adrien*. Officier traitant sur cette mission, il devait récolter toutes les infos de ses agents sur le terrain, les synthétiser et orienter ces derniers dans leurs recherches. De plus, il gérait la sécurité de son équipe et gardait le lien avec Noisy en cas de problème. Son but : déterminer l'habitude de la cible

Le pub désigné dans l'équipement de ville s'appelait le *Golden Lion*. En cas de danger, l'officier traitant devait m'indiquer par un signe établi auparavant qu'il avait été suivi et que le rendez-vous aurait lieu ailleurs. Chaque agent, avant une rencontre, établissait deux rendez-vous de secours. Le principe était de se couper de ses suiveurs par n'importe quel moyen.

À l'intérieur, *Adrien* m'attendait tranquillement en sirotant sa pinte de bière. Nous étions censés jouer les touristes français perdus dans le grand Londres, chacun trop content de parler avec un compatriote. Une fois les signaux de sécurité reconnus, je me suis assis à côté de lui.

« Alors, ça fait quoi de ne plus être en exercice ?

– Je me rends pas bien compte. J'ai l'impression d'être dans un film ! »

Et c'était vrai. Tout semblait très facile et on pouvait vite oublier pourquoi on était là. On ne risquait pas la mort, juste de se faire gauler en flagrant délit et d'avoir son identité dévoilée à tout jamais. Dans ces cas-là, les agents découverts finissaient dans un placard ou quittaient le Service. C'était ce qui s'était passé pour un certain nombre d'entre eux. Une photo, un nom, et c'était terminé. Avec *Adrien,* on a fait l'échange de données par paquets de cigarettes interposés puis il m'a répété les ordres au cas où il y aurait un bug.

« On se verra tous les soirs, dans des lieux différents. »

J'ai regardé ma montre. Il était 11 h 30, j'avais juste le temps d'aller à la National Gallery pour rafler de la documentation. C'était ce qu'on appelait en langage agent, *étayer son prétexte de présence sur le territoire.* J'avais toujours détesté aller dans les musées, mais là c'était le boulot. Armé d'un ticket de bus et d'une liste de musées, je suis parti chercher des prospectus à laisser traîner dans ma chambre d'hôtel. Le Service nous avait prévenus que, comme en France, les services anglais avaient une cellule qui s'occupait de fouiller les chambres des personnes suspectes. On n'en était pas là mais valait mieux prévenir. Comme *Roland* me l'avait appris, j'avais placé un cheveu sur la valise. Quant à mes minicartes sur lesquelles je stockais les informations sur la cible, elles restaient dans ma poche le temps de la mission.

À Forty Lane, je reviendrai cinq jours de suite pour observer le domicile d'Abou Walid. Celui qui était en train de devenir mon meilleur ami, celui qui occupait mes pensées vingt-quatre heures sur vingt-quatre commençait à me dévoiler son jardin secret. Tous les matins, Abou Walid sortait sur le pas de sa porte vers 7h30. Habillé traditionnel, il portait un keffieh blanc et noir et une djellaba. Pendant une minute, il humait l'air frais du matin en observant la rue. Puis il s'approchait de son Opel. D'abord, consciencieusement, il nettoyait d'un revers de main le pare-brise des brumes de la nuit, puis s'engouffrait dans l'habitacle. Là, installé confortablement, il mettait le moteur en marche et le faisait tourner pendant plusieurs minutes afin que l'intérieur de la voiture se réchauffe. En bon père de famille, il prenait soin des bronches de ses deux enfants. J'avais dans mes jumelles un père attentif, qui ce soir irait peut-être participer à une réunion pour préparer quelques attentats bien sanglants sur le sol européen. Je n'avais ni sympathie ni haine pour ma cible. Des sentiments auraient pu parasiter ma mission. Toute colère ou sympathie pouvait influencer une action ou même un compte rendu. Nous avions un impératif: l'objectivité.

Mon chronométrage me donnait trois minutes pendant lesquelles il était seul dans sa voiture. Trois minutes largement suffisantes pour la faire exploser. Les enfants ne seraient pas encore sur le pas de la porte qu'il aurait les fesses collées définitivement au siège. Tandis que sa voiture s'éloignait, je redémarrais afin de faire mon rapport à *Adrien* qui m'attendait dans un nouveau pub, près de Soho, le *Cambridge*.

Le temps s'était radouci, c'est-à-dire qu'il faisait encore froid mais qu'il ne pleuvait plus. Avec ses boiseries sombres et ses armoiries peintes suspendues au-dessus de l'entrée, le *Cambridge* m'offrit sa chaleur. À l'intérieur, *Adrien* était assis sur une des banquettes en cuir, l'air absent. Je m'assis devant lui en remarquant qu'il n'avait pas touché à sa pinte de bière : « Comment ça va depuis la dernière fois, vous avez visité des monuments intéressants ? »

Je lui proposai une cigarette de mon paquet dans lequel se trouvait ma minicarte mémoire. Il prit le paquet mais me le rendit aussi sec. « Garde tes infos. On démonte le dispositif. Dès cet après midi, vous rejoignez tous Waterloo Station en utilisant les procédures de sécurité.

– Ah bon ! »

Le ton était sans appel. Je devais vraiment avoir une tête d'idiot car *Adrien* m'a donné un supplément d'explication.

« On vient d'avoir un problème sur une autre cible. »

Je ne dis rien. Démonter le système ça voulait dire rapatrier tout le monde sur Cercottes. Ça voulait surtout dire qu'il y avait eu un gros pataquès pendant la mission. On a quitté le pub séparément. Merde, c'est ma première RFA et on s'est fait griller. Qu'est-ce qui avait bien pu se passer? *Adrien* avait parlé d'une deuxième cible. Cela voulait dire qu'il y avait une deuxième équipe en action quelque part dans Londres en train de préparer un dossier à fin d'action. À l'hôtel, j'ai empaqueté tout le matériel dans la valise avec mes affaires, direction Waterloo Station. À la gare, il y avait du monde sur le quai. On était un vendredi et les Français travaillant à Londres devaient rentrer chez eux. J'ai déposé ma pastille dans la cabine téléphonique afin de signaler mon exfiltration en cours et je suis monté dans le premier Eurostar en direction de Paris.

EXFILTRATION

Gare du Nord, un homme de la sécurité m'attendait. Je le connaissais de vue. Ce n'était pas un bavard. Après un détour par le fort de Noisy pour récupérer mes vrais papiers et surtout mon portable, on est montés dans le break du Service, direction Cercottes.

Une fois passé la grille de sécurité du Centre, j'ai rejoint fissa la salle de réunion. À l'intérieur, l'ambiance m'a semblé nettement tendue. Il y avait *Adrien* debout derrière la grande table, le visage fermé, sérieux comme un mort, puis *Gwenaël* qui roulait des yeux. Appartenant à *Lyra* depuis plusieurs années, il nous avait été présenté par *Adrien. Octave* était là tandis que *Caroline* regardait ses chaussures. Tous, par intermittence, jetaient des coups d'œil en direction d'Olive, qui ne regardait personne.

Olive n'était pas son pseudo mais le surnom que lui avaient donné les agents de la cellule. Avec ses cheveux courts et ses grandes dents, Olive avait hérité du nom de la femme de Popeye à cause de ses pieds en forme de paquebot. Elle était connue pour deux choses dans tout le Service. Sa grande gueule et sa capacité à mettre en danger d'autres agents. Entrée à *Lyra* récemment, elle jouait les anciennes auprès de *Caroline* et de *Léa.* Ancienne instructrice de l'École nationale des sous-officiers d'active, elle ne supportait pas que d'autres filles deviennent agents de terrain. Le regard buté, elle semblait en vouloir à la terre entière sauf à ses pieds, avec lesquels elle avait entamé une conversation silencieuse tandis que sa bouche semblait dire : « Je vous emmerde tous ». Comme je suis arrivé le dernier, on me fit une place. *Adrien* me regarda.

« *Gwenaël,* tu peux expliquer pour *Florent* qui vient d'arriver. »

Gwenaël s'exécuta : « J'étais dans la voiture, pas loin de la mosquée de Finsbury, en train de fumer une cigarette. Olive avait garé la voiture avec la caméra *sous support* un peu plus loin devant moi et était partie en observation devant l'entrée de la mosquée. Je les ai pas vus arriver tout de suite. Ils sont passés près de ma voiture. Au moins une dizaine, barbus, en treillis, keffieh sur la tête et tout le tralala. Ils se sont regroupés autour de la voiture d'Olive et l'un d'eux a sorti un petit couteau et s'est acharné sur les quatre pneus. Après, ils se sont mis autour, j'ai juste eu le temps de la prévenir par portable qu'elle évite de venir reprendre sa voiture. C'est tout. »

En fait, Olive s'était fait repérer alors qu'elle filait le redoutable Abou Hamza jusqu'à la mosquée. Elle avait fait l'erreur de se garer juste après. Cette erreur, même un débutant ne l'aurait pas commise. Elle avait oublié les règles de sécurité de base.

J'étais en train de réaliser que nous n'étions pas les seuls à préparer une cible. La cellule avait envoyé deux équipes sur zone, ce qui était plutôt rare, avec pour mission de *cibler* un autre islamiste. D'un côté *Octave*, *Adrien*, *Caroline* et moi, sur Abou Walid, et de l'autre, *Gwenaël* et Olive en observation sur la deuxième cible.

Un mec déplumé, le regard sombre derrière de fines lunettes, et que je n'avais pas vu, prit la parole. C'était l'officier du bureau des actions spéciales. C'étaient eux qui nous fournissaient les dossiers préops avec tout l'équipement de ville. Il nous fit un topo sur la deuxième cible. Son nom était Abou Hamza. C'était un islamiste « dur », et le Service avait décidé de le traiter pour des raisons que je n'ai pas tardé à connaître.

« Prédicateur intégriste à la mosquée de Finsbury Park, Hamza est affilié au courant salafiste, ces musulmans qui veulent revenir aux valeurs de l'islam du VIIe siècle. Égyptien de naissance, son vrai nom est Mustapha Kamal, Il est arrivé à Londres en 1979, un œil en moins et deux crochets à la place des mains. Selon ses dires, il aurait tout perdu lors de son djihad afghan contre les Russes. D'autres sources parlent d'un simple accident. À Londres, il va travailler comme videur de boîtes de nuit, avant de fonder le mouvement des supporters de la charia, la loi islamique. Marié deux fois à deux Anglaises, il obtiendra la nationalité britannique. Ces dernières années, il serait parti en Bosnie où il aurait été instructeur en explosifs dans le camp de Zenica, fief de la 7e brigade musulmane. Là où il nous intéresse, c'est que très vite, il a mis sa mosquée sous l'influence du GIA algérien. Reconnu comme le leader des islamistes algériens, il dirige les revues *Al-Ansar* et *Al-Jama'a* mais surtout, notre juge antiterroriste, Jean-Louis Bruguière, a lancé une commission rogatoire internationale contre lui pour l'entendre sur ses éventuels liens avec les attentats de Paris, en 1995. À ce titre, Scotland Yard l'a interrogé en septembre 1997. Voilà qui est Abou Hamza. »

Tassée dans son coin, Olive faisait toujours la gueule, refusant d'admettre qu'elle avait pu se faire repérer. Rien de pire qu'un agent buté.

Je me risquai : « Tout ce qu'on peut espérer, c'est que les islamistes soupçonnent les services anglais… » *Adrien* a secoué la tête négativement : « La voiture a été louée sous identité fausse, mais c'est une IF française. Et puis, il y a la caméra sous support qui est restée à l'arrière. Vous avez respecté les procédures de filmage ? »

Gwenaël a acquiescé. La procédure habituelle lors d'un *filmage* clandé était de tourner quelques minutes des scènes de la vie quotidienne de l'endroit avant de s'attaquer à la cible elle-même. Dans le cas d'Abou Hamza, la caméra avait été placée dans la manche d'un blouson posé sur la plage arrière.

Je comprenais que la situation était vraiment merdique. Si les Anglais enquêtaient un tant soit peu sérieusement, ils comprendraient très vite qu'il y avait des Français en train de préparer des choses pas catholiques sur plusieurs de leurs ressortissants et sur leur territoire. Et ça, ça risquait de les énerver. Aucun gouvernement n'aimait apprendre ce genre de choses. *Adrien*, visiblement emmerdé, devait prendre une décision rapidement. La Coupe du monde de football qui allait se dérouler à Saint-Denis n'était plus que dans quelques mois.

Dans ma tête, les RFA devaient continuer. La DST, selon les informations parvenues au Service, était en train de préparer une grosse rafle dans les milieux islamistes français avant le lancement du Mondial. Ils avaient l'avantage sur nous de travailler sur leur propre terrain.

Adrien dit : « On continue mais on change les équipes. Olive, tu resteras là ! Tu t'occuperas de la SPA. »

On s'est regardés en douce, le sourire en coin. Ça, c'était vraiment pourri ! La *situation de prise d'arme* (SPA) était pour moi l'équivalent de la corvée de chiottes. En liaison permanente avec le poste de commandement du Centre, tu devais jouer la concierge, toutes les semaines tu devais rentrer l'emploi du temps de chacun des agents, et surtout signaler s'ils mangeaient au mess...

La grande tige fit la tronche mais n'ouvrit pas la bouche. Olive n'était ni bonne ni mauvaise, c'était juste une grande gueule qui n'hésitait pas à risquer la vie des autres. Quelques mois plus tard, pendant une RFA effectuée sur un Serbe dont le père était soupçonné d'être un proche de Karadzic, elle mettra en danger tout le dispositif. Une filature efficace nécessitait trois voitures minimum, l'une prenant le relais de l'autre à chaque nouvelle intersection ou feu rouge. Il était indispensable de ne pas coller le « client » de trop près. Surtout s'il s'en doutait. Il lui avait fait « le coup du feu rouge ». En passant limite au rouge, si la voiture suiveuse le collait, elle passerait en force pour ne pas le perdre. Et serait automatiquement repérée. C'est ce qu'avait fait Olive en collant la voiture, grillant les feux pour ne pas le perdre, refusant de passer le relais aux autres alors que tout le monde lui hurlait de le faire dans son oreillette. Bref, elle ne respectait pas les procédures. La seule chose qui lui importait : avoir du résultat, quel qu'en soit le prix. Un an après, nous irons voir le chef de corps pour lui dire que personne ne voulait plus travailler avec elle. Elle était trop dangereuse.

Les jours suivants furent consacrés au débriefing des missions. Chaque agent devait raconter dans le moindre détail le déroulement de la sienne. Les difficultés rencontrées ou non. Devant l'ordinateur, il m'a fallu taper des pages et des pages de rapport. On appelait ça « abattre des arbres ». Le Service était devenu l'ennemi numéro 1 des forêts vu la quantité de papier qu'on noircissait. Dans son coin, *Octave* grommelait : « On s'est trompés de porte, ça s'appelle plus Service Action, mais Service Administratif. »

Maintenant que les missions étaient lancées, j'avais proposé à Frédérique de déménager. Pendant que j'étais à Londres, elle s'était mise en chasse et avait trouvé un grand appartement dans le centre d'Orléans. L'immeuble était neuf et n'abritait que du militaire. C'était un quatre pièces qui donnait sur un parc et une prison au sud, ainsi qu'un cimetière et une voie ferrée au nord. Plus calme, ce n'était pas possible. Il y avait une chambre d'amis, un grand salon et une salle à manger.

Frédérique avait un statut particulier. Travaillant en liaison avec le chef de corps, elle connaissait les missions. Je n'avais rien à lui cacher. Mes collègues n'avaient pas cette chance. Pour eux, c'était mensonges et gros pipeaux en permanence. Les excuses abondaient et s'enrichissaient chaque année. En tant que militaires, ils pouvaient toujours prétexter des missions d'aide diverses, mais le « Chéri, je pars faire un stage en Afrique ou en manœuvre » commençait à être un peu passé de mode. Les femmes savaient à peu près ce que faisaient leurs hommes mais ne connaissaient aucun des détails des missions.

Après le débriefing, je suis allé dans notre nouvelle maison. Frédérique m'y attendait déjà. Sur la table, il y avait une bouteille de jurançon ouverte et du foie gras fait par sa mère. « Comment c'était ? »

Je l'ai sentie avide d'infos. Elle voulait tout savoir et commença à me bombarder de questions.

Je lui racontais l'épisode Olive-perd-sa-voiture.

« Moi, j'aurais jamais agi comme ça. »

Il me semblait que, de plus en plus, elle avait envie de passer de l'autre côté, de devenir opérationnelle.

Par ailleurs, par petites phrases, je comprenais qu'elle voulait savoir comment s'était comportée *Caroline*, et accessoirement si j'avais couché avec elle. Ce à quoi je répondis négativement. Bien sûr. Une rumeur persistante sur moi et *Caroline* commençait à circuler dans le camp et Frédérique n'était pas dupe. J'ai très vite essayé d'élever le débat afin d'éviter le marécage de l'explication. Frédérique en savait plus que beaucoup au sein du Service.

Elle savait surtout comment les agents se comportaient lorsqu'ils étaient en couple à l'étranger, et les entailles faites au contrat de mariage. Sortir avec une personne extérieure, c'était impossible. On ne pouvait savoir qui l'envoyait, si la fille ou le mec était vraiment clean et s'il ne travaillait pas pour un service concurrent. La méthode restait classique mais toujours très efficace. Depuis Ève et sa pomme, on n'avait rien trouvé de mieux.

Chaque matin, depuis mon retour de Londres, j'épluchais les journaux, histoire d'aiguiser ma paranoïa. Décryptant les articles, j'essayais de savoir comment s'étaient réellement déroulés les événements. Tout en parcourant les papiers, je me demandais si l'exécution d'un ponte du GIA à Londres serait commentée dans la presse. On ne parlait que des préparatifs pour la Coupe du monde qui continuaient et de la sécurité qui serait mise en place. La France attendait trente-deux équipes venant du monde entier et les matches se dérouleraient dans plusieurs villes de France.

Notre appartement étant vide, nous nous étions découvert Frédérique et moi une passion pour les meubles. Tous les samedis, nous allions dévaliser compulsivement Roche-Bobois et Ikéa. Nos goûts étaient communs, on aimait les tapis et les meubles lourds. Côté financier, c'était plutôt moyen. En tant que militaire, j'étais payé en fonction de mon grade, et en tant que para, je touchais une prime « à l'air ». Ce qui nous faisait hurler, c'était qu'étant payé en fonction de mon grade et non de mon activité réelle, je touchais le même salaire qu'un fourrier du régiment du matériel de Châteauroux ou qu'un adjudant du régiment du train. Les risques encourus n'étaient pas pris en compte.

Idem pour le tableau d'avancement. Ces règles nous dépassaient tous. Nous étions dans l'action et on nous traitait comme des fonctionnaires. Mais globalement, ça allait. Avec le salaire de Frédérique, on pouvait voir venir. Surtout, comme je le découvrais chaque jour, Frédérique était un véritable petit écureuil qui mettait de côté à chaque fin de mois. Ce qui n'était pas mon cas.

Frédérique me parlait enfant, je lui répondais que l'on verrait plus tard, la cellule m'aspirait sérieusement. Pour la faire patienter, le lendemain, je lui ai acheté un chat en espérant que ça lui fasse passer ses envies de bébé pour un temps. Sans que je m'en rende compte, les missions étaient en train de m'éloigner d'elle. Mais je m'en foutais. Bien calé dans mon égoïsme, j'étais agent et c'était tout ce qui importait à mes yeux.

De retour de Londres, tout le monde avait repris l'entraînement et, comme tous les matins après le sport, on passait par le mess, *Caroline*, *Rémi* et moi, afin de faire une rapide revue de presse. Feuilletant les journaux, *Caroline* me dit : « Tiens, *Florentino,* regarde qui est là ! »

En plein milieu d'une page du *Figaro* du jour s'étalait la photo d'Abou Hamza avec sa tête de pirate barbaresque. Il était question des « mines volantes islamistes » dans des déclarations fracassantes à un journal arabe, l'imam de Finsbury Park déclarait vouloir « abattre les avions civils et militaires au moyen de mines volantes accrochées à des ballons ! » Plus tard, il sera fortement soupçonné par le Yémen d'avoir commandité l'attentat survenu contre le destroyer lance-missiles américain USS *Cole* le 12 octobre 2000.

RETROUVER KARADZIC!

« Tu connais Genève ? », m'a demandé *Adrien*.

Je lui ai répondu que non. « Splendide, a-t-il conclu, comme ça tu vas découvrir la Suisse ! »

Dans son bureau, il a commencé à m'exposer ce que la cellule attendait de moi. « En fait, c'est une mission qui a été lancée il y a trois semaines. Le dossier est lourd. Tellement pluridisciplinaire que tout le Service Action a été sollicité. Ça va être du non-stop et toutes les cellules vont se relayer. Radovan Karadzic. C'est le nom du bonhomme. Ça te dit quelque chose ?

– Ex-Yougoslavie. Criminel de guerre en fuite », j'ai répondu.

Satisfait, *Adrien* a continué à lire le dossier : « Lui et son compère Ratko Mladic sont en fuite depuis que le Tribunal pénal international de La Haye a lancé un acte d'accusation pour crime de guerre et crime contre l'humanité. Bizarrement, les deux lascars semblent s'être volatilisés dans la nature. Les rumeurs les disent entre la Bosnie, le Monténégro et la Serbie.

– Et les autres pays ? j'ai demandé, ils font quoi ? »

Je savais que, depuis la fin de la guerre, la Bosnie était quadrillée par les armées de dix pays. Il y avait des Russes, des Américains, des Français, des Anglais, mais aussi des Espagnols et des Belges. Pourtant, avec tout ce monde-là, personne ne savait où se cachaient les deux fuyards. De mauvaises langues avaient raconté que la légendaire amitié franco-serbe était encore vivace et qu'on avait souvent fermé les yeux. Vraisemblablement, ça n'était plus vrai. Des cellules de « recherche humaine » avaient même été mises sur pied par les pays en question, chargées spécialement de la traque des criminels de guerre. *Adrien* continua son exposé :

« On avait jusqu'à il n'y a pas si longtemps quelqu'un auprès de lui qui nous donnait des renseignements. Le fil s'est coupé. Soit notre source est morte, soit elle a décidé de prendre sa retraite. Les renseignements actuels viennent directement de l'état-major du Centre d'instruction de réserve parachutiste. Avec une piste. C'est une femme. Son nom de code sera *Glaïeul.* »

J'ai demandé :

« C'est qui ?

– Une ancienne maîtresse de Karadzic. Elle vit à Genève. On a son nom et son adresse.

– Des photos ?

– Il n'y en aura pas besoin.
– Ah bon ?
– Tout ce que nous voulons, c'est son courrier. Rien d'autre pour l'instant ! »

J'appris que l'équipe précédente avait fait un excellent boulot. Après avoir démonté la serrure, ils avaient fabriqué une clé de la boîte aux lettres dans la nuit.

« *Florent*, tu feras équipe avec *Caroline*. Vous partez en couple. Tous les matins, juste après le passage du facteur, vous prenez le contenu de la boîte aux lettres. Les modalités de transfert vous seront expliquées sur place. »

Je suis parti m'installer au bureau que je partageais avec *Gwenaël*. Il était un véritable maître de guerre pour un jeune agent comme moi, un peu comme mon père spirituel. Cet ancien du 13e RDP avait connu la gloire en pénétrant avec son équipe sur le territoire irakien en Jeep. Après s'être faits mettre en djellaba par les autorités, ils s'étaient retrouvés prisonniers. Interrogés par les services irakiens, ils avaient été relâchés quelques semaines plus tard et remis au gouvernement français avant l'attaque terrestre. Un peu chagrin, *Gwenaël* ne regrettait qu'une chose : ne pas avoir participé à l'offensive finale. Il s'était rattrapé en ex-Yougoslavie où il était parti pour des missions de longue durée. Comme beaucoup, ceux du 13e rejoignaient naturellement Cercottes. Ils y trouvaient une suite logique dans leur métier d'hommes de l'ombre, sauf qu'ils ne travaillaient plus exclusivement sur du militaire mais aussi sur du civil.

« Tu pars où ? m'a demandé *Gwenaël*.
– Genève. »

Il s'est exclamé : « Fais gaffe, c'est une ville dangereuse. Ils sont tellement citoyens qu'ils te dénoncent dès qu'ils pensent que tu as un comportement suspect ! »

Et de me rappeler l'affaire des agents du Mossad pris en flagrant délit fin janvier 1998. Les cinq agents israéliens s'étaient fait toper à Berne, sous fausse identité, en train de mettre sur écoute la ligne téléphonique d'un particulier. Le soupçonnant d'être en contact direct avec le Hezbollah, le Mossad avait décidé d'envoyer une équipe pour brancher le monsieur en question. Alors que discrètement, ils tentaient de brancher leur client, un coup de téléphone anonyme d'une vieille dame bien intentionnée à la police de Berne les avait fait tomber. Après les premiers interrogatoires, quatre d'entre eux avaient été relâchés mais le cinquième était resté en prison plus de deux mois. Jusqu'à ce que le gouvernement israélien paye une caution de deux millions de dollars avec obligation pour l'accusé de revenir pour son procès. Les Suisses faisaient partie des populations dangereuses pour un agent infiltré. Comme l'avait dit *Gwen*, au moindre doute, ils te balançaient à leur police locale. « T'as intérêt à avoir des légendes en acier trempé. » Puis il me demanda : « Combien ils t'ont donné ?

– Trente mille francs. »

Et je lui ai déplié les pascals sous le nez, comme un jeu de cartes. L'argent et le Service étaient devenus le grand sujet de conversation entre nous. L'administration de la DGSE ne nous faisait aucun cadeau même si l'argent provenait des fonds spéciaux alloués aux services, aussi, comme un vulgaire voyageur de commerce, chaque agent était tenu de rendre compte de la moindre de ses dépenses en mission. *Gwenaël* m'avait initié aux mystères des PJ : « Les Pièces Justificatives, quand t'en as pas assez tu te baisses et t'en ramasses par terre. »

Tickets de caisse, notes d'hôtel, de voiture, tout devait être rapporté pour être ensuite épluché par les comptables du Service, histoire de voir si on ne coûtait pas trop cher à la défense de la France.

Les histoires sur le pognon circulaient entre nous. Ainsi, un agent qui était resté très longtemps en Afrique avait ramené une pleine valise de bouts de nappes de papier griffonnés de chiffres, maladroitement à la main. Devant le comptable médusé, il avait expliqué que c'étaient les seules pièces justificatives qu'il avait pu récupérer.

Puis soudain *Gwenaël* se figea. L'œil ironique mais le ton très officiel, il imita le chef trésorier :

« *Florent*, n'oubliez jamais. Une mission n'est considérée comme réussie que si vous nous avez fait un bon compte rendu financier au retour ! »

À peine sorti du centre, je suis allé au cybercafé où j'ai tapé « Karadzic ». Ce que nous avait raconté *Adrien* m'avait électrisé. Karadzic, c'était du lourd. Pour le Service, remonter jusqu'à lui serait énorme. Il y avait des dizaines et des dizaines de pages sur notre Monténégrin en fuite. Psychiatre durant des années, il avait eu pendant très longtemps une clinique à Sarajevo. En 1991, au début de la guerre en ex-Yougoslavie, il avait déjà créé un parti nationaliste proserbe. Plus tard, en 1992, quand la guerre se répandrait en Bosnie, il va lancer ses milices armées contre les Musulmans, ses anciens concitoyens et sur son ancienne ville sans aucun regret. Pendant quatre ans, il va devenir l'homme fort des Serbes en Bosnie, déclenchant une guerre ethnique terrible sur tout le territoire contre les Musulmans. Ces derniers seront massacrés sans merci par ses troupes. Du haut de ses collines, il dictera ses ordres à la communauté internationale à coups de canons, fera attacher des « casques bleus », bombardera les troupes de l'ONU jusqu'au jour ou tout le monde en aura marre. L'ONU décidera alors de rendre coup pour coup et ce sera la fin de Karadzic. Juste avant sa chute, il fera massacrer huit mille Musulmans en juillet 1995 dans la petite ville de Srebrenica. Recherché pour crime de guerre, crime contre l'humanité, et génocide, il se cachait depuis. En finissant de lire tout ça, j'avais la tête qui tournait.

Pour *Lyra*, Abou Walid demeurait toujours une cible prioritaire et pour bien nous le rappeler, les photos que j'avais faites sous support avaient été affichées au sein d'un organigramme naissant sur le tableau Veleda de notre salle de réunion. L'histoire des pneus crevés devant la mosquée de Finsbury avait obligé le service à desserrer l'étau sur nos « amis » barbus durant ces dernières semaines. Sur l'organigramme, il y avait des proches d'Abou Walid que j'avais shootés au hasard dans les rues de Londres, mais aucun nom.

On en savait assez pour éliminer Abou Walid. Les conclusions des premières RFA étaient parties vers les hautes sphères de la direction des opérations. Nous attendions les ordres allant dans ce sens-là. Si c'était positif, ce serait aux *Draco* de partir préparer la faisabilité de l'action. Tout ça me paraissait dix fois trop long. Si ces mecs étaient des ennemis de la France alors on les éliminait, sans un mot, dans un coin noir et on n'en parlait plus. Mais non, il fallait attendre. Attendre encore et toujours!

En face de moi, *Gwenaël* avait remarqué mon impatience.

« Eux aussi, ils attendent les ordres. Ce n'est pas à nous qu'appartient la décision finale, mais au ministre de la Défense, qui a lui-même au-dessus de lui le Premier ministre, qui a lui-même le président de la République... T'imagines? »

J'imaginais. J'ai surtout compris qu'on n'allait pas agir demain...

De retour à la maison, j'ai vu que Frédérique n'était pas encore rentrée. Je l'ai attendue devant la télé. À quinze jours du début du Mondial, les infos ne parlaient que de ça.

« Les réseaux étaient prêts à passer à l'acte, et il n'était pas question de prendre le moindre risque », expliquait sur l'écran un des responsables français de l'antiterrorisme.

La France avait mis le paquet en lâchant quatre cent cinquante policiers dans l'opération antiterroriste. Près de cinquante personnes ont été arrêtées lors de ce coup de filet en France. Mais nous n'étions pas les seuls concernés. Neuf personnes avaient été interpellées à Bruxelles, tandis qu'à Milan et à Bergame, la police italienne avait procédé à neuf interpellations. J'ai tendu l'oreille car on parlait de l'Angleterre. Scotland Yard avait arrêté huit Nord-Africains, mais aucun nom n'était cité.

J'étais relégué au rang de n'importe quel spectateur, il me fallait attendre le développement des informations dans les journaux afin d'en savoir un peu plus.

EN ROUTE POUR GENÈVE

« Comment tu t'appelles ?
– Vincent Seyriès.
– On est mariés depuis combien de temps ?
– On est pas mariés, on est juste ensemble depuis deux ans, je te signale.
– On a des enfants ?
– Non, mais on essaye tous les jours. Tu es un peu lente à pondre…
– C'est peut-être toi, je te signale ! »

Caroline rigole mais elle a les joues rouges.

Depuis le matin, nous avons commencé à nous monter une légende commune. Autour de la table, les dossiers d'équipement de ville s'étalaient. Pour cette mission, il y avait *Joachim, Roland* et *Caroline* qui s'appelait *Lætitia,* dite *Læti. Rémi* était notre chef d'équipe.

Arrivés à Genève, une fois les équipements de ville repérés, nous nous sommes vite mis en position.
J'ai regardé l'immeuble de notre cible. Très chic, il devait dater des années cinquante avec de larges balcons fleuris et une façade de pierre brute. Situé sur les hauteurs de Genève, le quartier était classe.

« Avec un loyer de dix mille francs suisses par mois sans travailler, elle doit se faire entretenir, dit *Caroline* avec une pointe d'envie.

– Il est encore temps de te reconvertir, ma belle. »

Postés avec *Caroline* en face de l'entrée de l'immeuble, on a vu *Glaïeul* sortir, belle blonde, fine, la cinquantaine rayonnante, elle ressemblait à la photo du dossier. Pour l'instant ce qui m'importait, c'était sa boîte aux lettres.

« *Florent*, y a quelqu'un qui nous suit ! »

Caroline se crispa d'un coup. Je l'ai regardée.

« On n'y va pas. Le mec là-bas, je l'ai déjà vu tout à l'heure. » Elle m'a désigné du nez un type en blouson de cuir et sac à dos.

« D'abord tu vas te calmer. Ensuite, on va se faire un petit *itinéraire de sécurité.* Tout va bien se passer », j'ai dit en la prenant fermement par l'épaule.

Après avoir effectué notre itinéraire de sécurité, on est revenus tous les deux au point de départ. Il n'y avait plus personne. Je me suis dit que *Caroline* commençait à voir des « rats bleus » partout. Dans le jargon de la maison, cela voulait dire que l'agent rentrait dans une crise de paranoïa aiguë, un peu comme les alcooliques. À la différence qu'il mettait en danger toute la mission et son équipe. Deux minutes plus tard, *Caroline* a recommencé. Qu'elle ne sentait pas le truc, qu'elle était sûre qu'on était suivis et que, de toute façon, on s'était fait repérer par les services suisses et qu'on allait finir comme les agents du Mossad, quelques mois auparavant. Je lui ai demandé de fermer sa gueule, puis on a traversé la rue pour se diriger vers cette putain de boîte aux lettres. On était en retard sur l'horaire de livraison et je voyais déjà ceux d'en face se demander pourquoi et la panique monter. Puis j'ai regardé *Caroline.* C'était la première fois que je lui parlais comme cela. Trop de pression, trop de missions en préparation, trop de fatigue accumulée. Beaucoup d'agents traversaient ce genre de crise après un certain temps sur le terrain, n'arrivant plus à gérer les trop grandes quantités de stress occasionnées. En face, j'ai vu le facteur qui arrivait avec sa petite casquette et son vélo jaune. On lui a emboîté le pas.

« Qu'est ce que tu fais ?
– On est censés être un couple je te signale. »

Je ne l'ai pas laissée répondre et l'ai embrassée longuement tout en lorgnant le hall d'entrée. Bizarrement, ça n'a pas eu l'air de lui déplaire. Le vélo jaune éloigné, d'un coup de clef j'ai ouvert la boîte et en ai extirpé le courrier du jour le plus naturellement possible. À la place, j'ai remis le courrier de la veille que nous avions déjà scanné. Il était impossible pour *Glaïeul* de se rendre compte de l'infime décalage.

Soudain j'ai entendu un son. C'était mon bip de sécurité qui se déclenchait. *Rémi,* qui surveillait l'entrée était en train de me prévenir que quelqu'un s'approchait de la porte vitrée de l'immeuble. On s'est repris bras dessus, bras dessous juste à temps pour croiser un vieux, chapeau de feutre sur le crâne, qui s'apprêtait à entrer dans l'immeuble. Dehors, sur le trottoir, j'ai aperçu *Rémi*. Je lui ai fait le signe que tout allait bien.

À l'hôtel, j'ai mis le courrier dans une serviette de cuir noir pour l'échange. J'avais rendez-vous deux heures après pour un contact physique avec *Roland*. C'était lui l'officier traitant sur la mission. C'était toujours étrange d'effectuer une mission sous les ordres de quelqu'un qui avait été votre professeur. J'avais l'impression qu'il allait me noter, ce qu'il avait fait lors du stage « sanctuarisation d'une ville ». En le voyant arriver au loin, je me suis dit qu'il y avait deux générations d'agents. Plus militaire que lui, c'était pas possible. Nuque rasée, c'était un vieux soldat, tout juste s'il ne marchait pas au pas, dans sa Lacoste. Il représentait la vieille école, celle du « rideau de fer », de l'ennemi rouge venu du froid. J'ai échangé les signes de reconnaissance, puis il m'a emboîté le pas. Le lieu d'échange était une boulangerie. En achetant un éclair au chocolat, j'avais déposé la serviette contre le comptoir. *Roland* a mis la sienne – qui était la réplique exacte de ma serviette vu qu'on les avait achetées ensemble – contre la mienne. J'ai pensé à *Gwenaël* et, comme un bon fonctionnaire du Service, j'ai demandé un ticket de caisse pour l'éclair au chocolat. Je suis ressorti de la boulangerie l'éclair dans une main et sa serviette dans l'autre.

Le lendemain, on remettait ça. Pour ce qui était des documents, *Roland*, après les avoir rapportés dans sa chambre, les décachetait précautionneusement avant de les scanner.

La procédure d'ouverture était différente selon les enveloppes. On pouvait les ouvrir à sec avec une baguette chinoise affûtée très finement. En général, l'agent fabriquait lui-même ses outils. On passait aussi du K2R sur la bande collante, ce qui permettait de dissoudre la colle. Dans les films, on voyait les gus en train de décoller les enveloppes à la vapeur mais ça ne se faisait plus depuis longtemps. Ça gondolait le papier dans tous les sens, en laissant des traces irréparables. Le fer à repasser sec, lui, était encore utilisé. Après avoir posé une feuille de papier bible sur l'enveloppe à décoller, on prenait un petit fer portatif bien chaud et on repassait la bande autocollante de l'enveloppe. La colle s'amollissant, il suffisait d'entrouvrir délicatement l'enveloppe pour en extraire la lettre. Après, il n'y avait plus qu'à les scanner et les stocker sur le portable.

En fin de journée, on se retrouvait avec *Caroline* à l'hôtel. La Coupe du monde s'achevait. Les Français allaient atteindre la finale. On s'installait tous les deux devant la télé de la chambre afin de suivre les exploits inespérés d'une équipe que tout le monde avait donnée moribonde. Côté sécurité, aucun incident n'avait eu lieu depuis l'opération du mois de mai dans les milieux islamistes français et européens. Pourtant, d'après les notes de service, les réseaux étaient en train de se reformer et l'on craignait toujours des attentats. Cela faisait maintenant quinze jours que *Caroline* et moi allions dévaliser à heure fixe le courrier de « Mme Glaïeul ».

Et puis, un jour, elle a dû se lasser de l'air de Genève. Un sac de voyage à la main, c'est *Joachim*, posté en face sur le trottoir, qui l'a aperçue le premier.

« *Florent, Florent,* on a un problème. *Glaïeul* se barre. Je répète, *Glaïeul* se barre !

– Tu la prends en chasse ! »

J'ai entendu le téléphone portable se coincer dans le casque et le bruit de la moto qui démarrait. Entre-temps, je suis sorti de l'hôtel pour mieux suivre la filature.

« Elle est montée avec un sac de voyage et elle prend la route de la gare », a dit *Joachim.*

Le bruit de la moto m'explosait les tympans.

« Elle est accompagnée ?

– Non, toute seule… Elle arrive à la gare… »

Je me suis dit qu'elle allait prendre le train. Avec un peu de chance, *Joachim* pourrait noter la direction. Ce qui nous laisserait assez de temps pour mettre un dispositif de récupération en place. Sa voix s'était faite interrogative.

« Elle ne s'arrête pas. Elle continue. Le taxi vient de passer devant la gare. Elle prend la route de l'aéroport.

– Ne la lâche pas. Il faut que l'on sache où elle va… »

Une minute plus tard, j'ai entendu le moteur de la moto se taire, puis des soufflements.

« Je l'ai toujours en visuel. Elle se rend au comptoir Air France… » Un silence, puis Joachim nous a lâché l'info. « Elle part pour Paris dans une demi-heure. »

Je me suis dit qu'un client perdu, s'il ne se sait pas suivi, ne l'était jamais très longtemps. Une fois informé, *Rémi* a décidé de ne pas contacter Noisy. Le délai serait trop court pour mettre une équipe en route. Le Service n'avait pas perdu longtemps « Mme Glaïeul ». Quatre jours seulement après Genève, le service « effraction », chargé de fouiller les chambres d'hôtel sur le territoire est retombé dessus.

« On l'a localisée au *Concorde Lafayette.* Elle y est descendue depuis deux jours. Sauf qu'il y a un problème, a expliqué l'agent au téléphone.

– Quel genre de problème ?

– Elle a quelqu'un sur le dos toute la journée.

– Ami ou ennemi ?

– Ami. »

J'ai raccroché. Ça voulait dire que *Glaïeul* était *off limits,* qu'elle avait été prise en charge par un « service ami ». Il n'y en avait pas trente-six. Ça ne pouvait être que la DST. Ça, c'était emmerdant. Ça signifiait qu'il n'était pas possible de continuer le travail sur elle sans se heurter à des gars de la DST. S'ils nous repéraient, on risquait l'arrestation, donc l'explication, or personne n'avait envie de donner quoi que ce soit. Un service concurrent, flairant la grosse affaire, pouvait penser que c'était super important, et la faire capoter en essayant de la récupérer. Ce n'était pas nouveau et ça arrivait même fréquemment. La guerre des services comme l'avaient nommée les médias était une réalité que nul ne contestait.

Je me suis dit que nous n'aurions jamais de conversation avec *Glaïeul.* Quelques semaines plus tard, nous recevions les félicitations du chef du Service pour l'opération de Genève « qui avait permis d'apprendre énormément sur l'entourage économique ainsi que sur un cercle de proches de Karadzic ». Mais rien sur lui directement.

Avant de partir pour Genève, nous avions eu une permission pour le week-end. Je l'avais mise à profit pour aller sauter en parachute avec Frédérique. Gribouille le chat avait pris sa place à la maison, à tel point que Frédérique avait commencé à lui parler comme à un enfant, ce qui parfois m'inquiétait un peu. C'était un tigré européen. Pleine d'amour à son égard, Frédérique s'est chargée de son éducation. Ainsi, lorsque l'appel du ventre le voyait arriver sur le bord de la table, une assiette lui avait été préparée ainsi qu'un verre d'Évian. Très civilisé, Gribouille lapait d'abord l'eau pour ensuite engloutir son assiette.

STOCKHOLM SOUS LA NEIGE

« Tu peux me dépanner sur un coup ! Y a une mission qui vient de se déclencher et j'ai loué une semaine en station avec les enfants et Myriam, en plus j'ai versé des arrhes. Si je rate le coup, c'est sûr, elle divorce.

– C'est quoi ta mission ? j'ai demandé.

– Une RFA complémentaire sur un islamo en Suède, à Stockholm. »

J'aimais pas reprendre les missions déjà commencées et, en même temps, il était rarissime de commencer une mission et de la suivre jusqu'au bout, alors on essayait de s'arranger entre nous. Beaucoup d'agents étaient mariés et avaient des enfants. Souvent leur femme étaient sur le point de péter un plomb. Trop d'absences, trop de silences, trop de non-dits donc de doutes : « Est-ce qu'il me trompe et avec qui ? » Si elles avaient su que c'était avec les plus grands affreux du monde ! Islamistes, criminels de guerre, terroristes. Ils étaient devenus nos doubles, nos jumeaux, et on vivait avec. Au-delà du secret des missions, il fallait avant tout préserver la famille de chaque agent. Moins elles en savaient, mieux elles se portaient. Une fois, un des agents parti en longue durée s'était retrouvé sommé par sa femme de divorcer à son retour de mission.

Le seul lien, c'était le médecin du Centre. Toutes les familles avaient son numéro de téléphone. C'était lui qui recevait les doléances et les plaintes des épouses. Lors des attentats terroristes de 1995 sur la ligne du RER B, l'une des épouses d'un agent en mission longue durée avait littéralement disjoncté. Elle s'était imaginé que son mari était mort et que le Service avait décidé de lui cacher sa disparition. Furieuse, elle s'était rendue à la porte du Centre pour se faire entendre. Le chef du Centre l'avait reçue et calmée en lui disant que tout allait bien.

Nous étions à Stockholm depuis vingt-quatre heures et nous avions un nouvel ennemi : la neige. Impossible d'effectuer la moindre filature.

« On te repère à cinquante kilomètres lorsque tu es en observation et tu ne peux pas mettre de caméra sous support à cause du givre sur les vitres », était en train de m'expliquer *Gwenaël* qui s'énervait en essayant de fixer la petite Sony qui nous servait pour les tournages clandestins.

Arrivée le soir précédent, l'équipe s'était répartie dans la capitale enneigée. La fille de l'agence de location s'était trompée et m'avait réservé un hôtel à trente kilomètres de

Stockholm. Pour me rapprocher de la capitale suédoise, je suis allé directement à l'hôtel *Diplomat*. Là, il y avait de la place sauf que chaque nuit coûtait deux mille balles. J'ai pensé très fort au trésorier général qui allait avoir une attaque en lisant les pièces justificatives. Mais, comme un bon petit soldat de la République, j'ai marchandé à huit cents francs la nuit. La direction a accepté. C'était une grande victoire. Le trésorier général serait content.

La Suède, et Stockholm en particulier, était devenue ces récentes années une porte d'entrée pour les islamistes de tout poil désirant s'infiltrer dans l'Union. Le Service toujours désireux d'avoir un point d'avance sur tout le monde avait ciblé plusieurs types. L'un d'entre eux s'appelait Daham Nabil.

Algérien, il avait été identifié comme un important chef de réseau ainsi que comme chef spirituel. La soixantaine bien sonnée, il vivait en Suède depuis de nombreuses années avec femme et enfants. Les RFA s'étaient succédées sur ce dénommé Nabil dans une longue attente glaciale. L'habitude de notre client trouvée, les *Draco* étaient venus fouler la neige de la capitale suédoise histoire de voir comment agir proprement. Le dossier était prêt. « Y avait plus qu'à... », le problème étant qu'il avait peut-être senti une lourde présence attachée à ses pas. Daham Nabil avait en effet décidé de disparaître de notre vision immédiate. Du jour au lendemain, il avait changé ses habitudes en ne travaillant plus à la même adresse et en ne rentrant plus aux mêmes heures. Bref, Nabil commençait à nous gonfler. Ça nous donnait un surcroît de travail dont tout le monde se serait bien passé. L'objectif immédiat était « d'actualiser le dossier de Daham Nabil dans la perspective d'une action sur sa personne ». Surtout il nous fallait confirmer sa présence, préciser ses habitudes ainsi que son activité professionnelle et religieuse dans le secteur de Hanninge et de Galo.

Des phrases complètes du dossier me traversaient la tête. On y évoquait l'environnement général de la mouvance, expliquant que :

Au sein de l'islamisme radical sunnite, malgré le démantèlement de ses réseaux européens et la défection de ses membres au profit de la dissidence internationaliste, le GIA d'Antar Zouabri reste une menace sérieuse pour les intérêts français. Ce groupe terroriste, qui a revendiqué tous les attentats perpétrés sur le sol français depuis 1995, s'efforce aujourd'hui de reconstituer ses réseaux.

Dans le cadre de ses recherches, le Service Action s'est intéressé à Daham Nabil, une des personnalités les plus représentatives de la tendance Zouabri en Suède, qui cumule les fonctions d'imam du groupe de GIA de Stockholm et de chef du réseau de Hanninge.

Trois RFA conduites de juin 1997 à janvier 1998 avaient permis de déterminer des habitudes liées à la fréquentation quasi quotidienne de l'école municipale d'enseignement pour adulte Komvux et, hebdomadaire le vendredi, d'un lieu de prière situé dans un appartement à Hanninge.

Régulièrement vérifiées, ses habitudes ont changé au mois de novembre 1998.

Installés tous les deux dans la voiture de location, *Gwenaël* m'a fait répéter les ordres à haute voix.

« Dans un premier temps, mon équipe s'infiltrera à Stockholm en décembre et effectuera quarante-huit heures de reco. Dans un deuxième temps, on monte un dispositif destiné à préciser la fréquentation d'un lieu de prière par l'*homo*. Dans un troisième temps, dès le 8 décembre, l'équipe confirmera et précisera les habitudes de travail de l'homo. L'exfiltration de l'équipe est prévue pour le 23 décembre. »

Les conclusions des RFA confirmées par les séjours sur place des *Draco* avaient démontré que la structure de Nabil servait de sac de couchage pour tous les barbus de passage avides de djihad contre l'Europe. Quand ils arrivaient sur le territoire suédois, ils allaient faire une visite de courtoisie à l'oncle Nabil, histoire de se raconter des histoires du pays avant d'aller faire les ouvriers spécialisés de la terreur.

Durant quinze jours, *Gwenaël* et moi suivons la trace de Daham Nabil comme des chiens de chasse. Postés à son ancienne adresse, nous le voyons arriver au bout de trois jours. Emmitouflé dans sa grosse doudoune bleue, le visage ridé et les cheveux grisonnants, il a presque soixante ans, il marche lentement. Je me suis même demandé si on ne s'était pas trompé de personne. Mais non, c'était bien lui. Comme avec Abou Walid, les heures défilent, collées à ses talons.

Nous ne savions jamais tout d'une cible. Le bureau des Actions spéciales ne nous donnait que ce que nous devions savoir. Pas plus. Aussi parfois lors d'une RFA, il était difficile de comprendre la dangerosité d'une personne en la voyant vivre sous nos yeux au quotidien. Nabil faisait partie de cette catégorie. Pourtant si son nom était sorti, ce n'était pas par hasard. Je me demandais parfois si la direction des opérations extérieures pouvait faire des erreurs. Le doute ne m'effleurait jamais longtemps.

La neige qui nous entourait rendait le travail vraiment difficile. En rase campagne, pas moyen de se planquer à cinq cents mètres à la ronde : s'il avait eu la mauvaise idée de se retourner, il nous repérait. J'ai regardé la silhouette qui trottinait devant nous au loin et je me suis dit que vu son âge, on pouvait laisser le temps se charger de finir le travail, et qu'on n'allait pas déplacer les *Draco* pour lui.

Un jour, nous nous sommes retrouvés seuls à cent mètres de lui, dans une de ces immense forêts non loin de Stockholm. Cela aurait été tellement simple de régler le problème… Mais bon, nous n'étions pas habilités pour.

Alors on l'a laissé filer dans ses grosses chaussures, son bonnet de laine noire sur la tête.

Trois jours plus tard, on était de retour sur Cercottes pour le rapport. Les *Draco* ont pris le relais. Le dossier ne nous regardait plus.

LONDONISTAN

De retour à la cellule, *Adrien* m'a convoqué dans le bureau.
« *Florent*, il va falloir retourner à Londres. »

Les RFA sur Londres étaient de nouveau d'actualité. L'affaire « Olive » s'était, on l'espérait, un peu tassée. Vraisemblablement les British n'étaient pas remontés jusqu'au Service.

C'était jour de disette. La cellule ne tournait plus qu'à huit. Quatre agents étaient partis sur du renseignement de *crise longue durée.*

« Pour ceux qui restent, il va falloir vous répartir le boulot, car on ne peut pas refuser les missions ! », avait clamé *Adrien.*

Je me suis dit que Frédérique allait faire la gueule. À huit, il nous faudrait abattre le travail de douze. J'ai commencé à enchaîner les allers-retours Paris-Londres. En deux ans, j'allais partir quatorze fois, c'est Frédérique qui additionnait mes départs. Le fait que je parte en couple lui pesait mais que je parte en couple avec *Caroline* la gonflait carrément. Je le sentais. Je le savais.

La cellule était devenue ma vie. J'y passais mes journées. Et, comme un gros con, je ne voyais pas les fissures apparaître. Frédérique était « Made in Service ». Fille de militaire, elle connaissait les règles du jeu.

Les procédures étaient toujours les mêmes et ça en devenait presque routinier. À chaque mission, l'agent devait changer d'hôtel et de quartier. Un seul impératif: rester autour de Soho qui demeurait la zone de liaison. Dans le quartier de Wembley, à Forty Lane, la maison de brique rouge avec les géraniums n'avait pas bougé. Sauf que je ne voyais pas de signe de vie. Je garais la voiture et m'approchais de la maison. Pas de traces de pneus sur le gazon. Il n'y avait pas non plus de voiture et, surtout, l'herbe avait poussé anormalement. Je n'aimais pas ça. Je voyais mon Abou Walid parti en vacances avec sa marmaille et ça m'inquiétait. Sa femme était enceinte, comme *Caroline* avait pu le constater lors de la dernière RFA. Elle l'avait filée avec *Octave* jusqu'à l'hôpital où elle était entrée pour des examens gynécologiques.

Avec *Octave*, nous allons planter la tente pendant cinq jours, nous relayant toutes les deux heures. Nous devions nous rendre à l'évidence: Abou Walid avait pris le large.

Ponctuel comme à son habitude, *Adrien* m'attendait à notre point de rendez-vous.

« Abou Walid a disparu, j'ai dit. Cela fait cinq jours que l'on se relaie avec *Octave.* Rien, pas l'ombre d'une djellaba dans le périmètre. Il s'est envolé avec sa petite famille vers un climat plus sain. »

Adrien répondit : « Je vais prévenir les autres. Vous allez tourner sur tous les lieux où il peut être. Mosquées, lieux de culte clandestins, servez-vous de tout ce qu'on a engrangé depuis la première RFA. Il faut le retrouver coûte que coûte ! »

Puis, en réfléchissant à haute voix, *Adrien* a refait le même chemin que moi : « S'il a déménagé, c'est qu'il s'est senti menacé, qu'il a peut-être flairé le dispositif. »

L'incident devant la mosquée de Finsbury Park avec Olive venait de ressurgir dans nos mémoires.

« Peut-être qu'il a déménagé simplement parce qu'il se sentait à l'étroit dans sa maison », j'ai dit.

Dans le métier, à force de travailler dans la suspicion, plus personne ne croyait aux coïncidences depuis longtemps. La paranoïa est devenue notre meilleure amie, celle de tous les instants, celle qui nous agace les dents, qui déboule à l'improviste quand on ne l'attend pas. *Adrien* secoua la tête.

« On n'a pas de chance. Déjà à Stockholm, Nabil qui change de boulot alors que l'on était prêt à lui serrer le cou. Ça commence à devenir vexant ! Et à la fois ça ne m'étonne pas. Ils doivent le sentir », a rigolé *Adrien.*

J'étais d'accord avec lui. J'imaginais que l'instinct animal devait jouer à fond pour des terroristes professionnels, vivant toute l'année à découvert tout en préparant des actions clandestines. Leur sens de la survie devait être affûté comme une lame.

« En fait, ils sont comme nous, ils ont des doubles vies. Bon père de famille le jour, soldat de Dieu la nuit ! Faut le retrouver et vite. C'est tout », a-t-il conclu en finissant sa tasse de café d'un coup.

En sortant, nous avons respecté les itinéraires de sécurité histoire de voir si on était pas suivis. En marchant, j'imaginais *Adrien* en train d'expliquer à la direction des opérations « Excusez-nous, mais la cible s'est permis de déménager pendant notre absence. »

Qu'elle se soit volatilisée, c'était de bonne guerre, ce qui m'inquiétait un poil c'était de remettre la main dessus. Je nous voyais mal en train de retourner tout Londres en dévisageant chaque barbu.

Dans notre jargon, les mosquées ou lieux de prière à surveiller avaient été rebaptisés d'un prénom d'actrice américaine. C'était plus facile pour nous tous. Il y en avait quatre. *Octave* s'est chargé de *Julia*, *Caroline* de *Sharon*. J'ai pris *Winona* et *Adrien* s'est occupé de *Isabella*. Trois étaient des mosquées, la quatrième une salle de prière qui s'appelait le Fourth Feather, la « quatrième plume ». C'était un club de sport, mais qui avait aussi une salle où les jeunes musulmans du quartier venaient pour se recueillir.

Lors d'une filature le vendredi, j'y avais suivi Abou Walid qui venait pour distribuer la bonne parole.

Assis sur un banc, j'ai regardé sur mon ordinateur l'organigramme naissant, avec les points de contact, les lieux de rendez-vous et je me demandais bien comment on allait pouvoir le raccrocher. Il y avait bien un des gus que l'on avait filoché ces derniers mois. Il s'appelait Abou Qatada. Lui était un gros poisson qui pouvait nous permettre de remonter le courant. Qatada, de son vrai nom Omar Mahmoud Othman, était un Palestinien d'origine jordanienne. En 1993, la Grande-Bretagne lui avait accordé le statut de réfugié politique. Il prêchait à la grande mosquée de Regent's Park avant d'en être expulsé sous les pressions jordaniennes. Pour les États-Unis, il faisait partie d'une liste établie par le FBI des trente-huit personnes entretenant des rapports étroits avec une organisation encore peu connue du nom d'Al-Qaïda. Qatada prêchait au Fourth Feather.

Quelques années plus tard, juste après le 11 Septembre, les interrogatoires sur les suspects arrêtés en France révéleront que des gens comme Djamel Beghal, l'ex-footballeur tunisien, Nazir Trabelsi et Zacarias Moussaoui avaient tous été en contact étroit avec le Fourth Feather et Abou Qatada

DOUBLE VIE

Avant de repartir dans le « Londonistan », je m'étais fait une tête de banlieusard anglais. Je m'étais laissé pousser les pattes, le bouc et, avec mes cheveux courts cachés par une casquette de tweed usagé, je pouvais faire illusion. Fallait juste pas me demander de trop parler…

À force de persévérance et après avoir arpenté les moindres ruelles du Londonistan, je l'ai repéré devant la mosquée de Finsbury Park – hasard ou coïncidence ? Peu importait, Abou Walid l'homme invisible était reparu.

Abou Walid relogé, je me suis dit que changer trois fois d'identité dans le même mois n'aidait pas au bonheur conjugal ni à la stabilité mentale. Le jour de mon anniversaire, de retour dans mon hôtel londonien, je me suis surpris à me parler tout seul. J'avais engueulé *Caroline* parce qu'elle voyait des « rats bleus » mais moi, dans la glace de la chambre, je me suis regardé et j'ai vu un abruti avec un bouc et deux favoris lui mangeant le visage. J'avais trente-cinq ans depuis une heure dans ma vraie vie et je me suis dit qu'il fallait fêter ça. En une minute, le temps de descendre l'escalier, je me suis retrouvé devant le veilleur de nuit pakistanais et l'ai délesté d'une bouteille de bière grand modèle. Remonté à l'étage, je me la suis décapsulée et me la suis souhaitée longue et dure pour de nombreuses années. « Bon anniversaire, gros con! » Après coup, vu la déprime que j'étais en train de me payer, j'aurais peut-être dû prendre trois bières grand modèle.

De retour à Cercottes, dans notre salle de réunion, *Adrien* organisa une commission opérationnelle, ou *com-ops*, autour des différents dossiers-cibles en cours. Il y avait tout le staff de *Lyra*, moins *Lucas* et *Angela*, toujours en mission longue en Afrique.

« Maintenant qu'on l'a retrouvé, on ne le lâche plus. Je veux des planques vingt-quatre heures sur vingt-quatre autour de lui. Est-ce que vous avez des suggestions? »

J'en avais une: « Personnellement, j'en ai un peu marre de tourner autour d'Abou Walid. Je pisse dans ses chiottes, je bouffe dans son assiette, je dors presque dans son lit. J'ai quasiment remplacé son ombre. Il ne fait pas un mètre dans la rue sans que je sois dans ses babouches ou sous son talon. Si ce mec est un ennemi de la République, d'un coup de cutter, je lui ouvre la carotide et on n'en parle plus. Ça fera faire des économies aux contribuables. Il passe certains soirs par la même petite rue... »

Adrien et les autres ont sursauté et j'ai bien compris, au regard qu'*Adrien* m'a lancé, qu'il n'aurait jamais dû me donner la parole. Pourtant, j'avais dit ce que tout le monde pensait tout bas. De retour à l'appartement, j'en ai discuté avec Frédérique.

« Tu croyais quoi, que vous alliez tuer des gens tous les matins ! » a-t-elle dit en souriant.

« Non, mais j'espérais un peu plus d'action ».

J'ai rigolé. C'était elle qui avait raison. Nous n'avions pas d'amis. Du moins pas d'amis civils. Il était difficile d'inviter des gens extérieurs à notre cercle et je sais que ça manquait à Frédérique. Les seuls qui venaient dîner à la maison étaient des gens que nous avions connus au club de parachutisme d'Orléans. Aux questions sur le boulot, je répondais invariablement que j'étais moniteur de parachutisme et Frédérique, secrétaire au Centre. En général personne ne s'étendait sur la question vu que tout le monde imaginait Cercottes comme une caserne militaire comme les autres. Sinon, la phrase que j'entendais le plus souvent était : « Tu as fait de ta passion ton métier, c'est trop super, qu'est-ce que je t'envie ! »

Nous mentions systématiquement, comme un acte réflexe. Je me disais que j'étais bien loti en pensant à *Adrien* qui devait mentir tous les jours à sa femme, professeur de français dans un collège.

Souvent, entre deux missions, les parents de Frédérique nous invitaient pour décompresser. Ils habitaient une grande maison, et avec la planche de surf et les skis, on allait glisser sur les pistes de Cauterets. Charles, le père, était un ancien colonel d'artillerie à la retraite. Militaire, il avait élevé ses filles comme des garçons. Très fier d'elles, il s'étonnait parfois qu'elles se retrouvent dans les institutions. Les trois filles faisaient des métiers de garçon. L'une était flic dans le Sud, la cadette, Camille, avait rejoint le Service Action comme administrative. Une fois dans la place, elle avait aidé Frédérique à s'y faire engager. Quant à la mère de Fred, Clémence, avec des déménagements tous les trois ans, elle avait été faite au feu. Charles et moi, nous n'avions pas la même conception de l'armée. Avec trente ans dans la régulière, le père de Frédérique en avait gardé la droiture et le côté règlement-règlement. Les coups tordus du Service Action le dépassaient. « Quand est-ce que vous nous faites des petits agents secrets ? », était la seule question où était évoqué le métier.

Fred me coulait dans ces cas-là des regards qui en disaient long.

Le cloisonnement au sein de ma propre famille était toujours contraignant. Ma mère ne posait pas de questions. Femme et fille de militaire, elle savait qu'il ne fallait pas nous interroger. Lors de mon séjour à Beyrouth, elle et ma sœur n'avaient plus vécu. Quand, le jour du *Drakkar,* la radio avait parlé d'une première compagnie qui se serait retrouvée sous les décombres, elle n'avait rien dit et avait attendu des heures, seule, dans sa cuisine près du téléphone, qu'on veuille bien l'appeler. Depuis, elle savait que j'étais entré au Service Action mais n'en demandait pas plus. Elle voulait juste que je l'appelle trois fois par mois pour lui dire que tout allait bien.

Ma grand-mère était la personne « à risque » de la famille. Véritable sosie de Marthe Villalonga, elle était la femme pied-noir dans toute sa splendeur. Véritable chef de tribu, elle régnait sur la famille rapatriée à Pignans et, à chaque retour, me prenant par le cou, elle me soufflait :

« Comme ton père, tu es toujours parti par monts et par vaux. Quand est-ce que tu t'installes dans un bureau comme tout le monde, hein ? Ce serait tellement mieux. »

« Mimine » aurait été la dernière personne à qui confier mon appartenance au Service.

Régulièrement, pour se nettoyer la tête entre deux RFA, un agent devait aller « faire vivre » sa légende. C'était le moyen pour nous d'aller effectuer un stage payé par le Service dans le domaine choisi de notre vraie-fausse profession. Ainsi les garagistes allaient bosser dans un garage, les pâtissiers dans une pâtisserie et les serruriers dans une serrurerie. Pour les filles, c'était plus simple, la plupart choisissaient coiffeuse ou esthéticienne et se retrouvaient donc en stage dans un salon sur Paris. L'avantage qu'elles avaient sur nous était qu'un salon de coiffure, le Service en avait un à disposition, dans notre cellule. Les agents du Centre s'en servaient surtout pour tester des changements d'apparence ou du désilhouettage plus sophistiqué. Il y avait toutes sortes de perruques, de fausses moustaches, et des postiches en tout genre. Comme un acteur, je me faisais des têtes différentes selon mes humeurs. Les résultats ne cessaient de me fasciner. La moustache, surtout, me donnait une allure rassurante de bon père de famille. *Caroline*, dont la couverture était coiffeuse, se faisait la main sur les agents de *Lyra*. Devant ses coups de ciseaux catastrophiques, les agents de la cellule ont vite arrêté et ont préféré se raser le crâne.

Adrien est venu me rejoindre et m'a remis mon dossier de stage. « Ton double, Vincent Seyriès, a bien travaillé cette année ! Comme il a gagné beaucoup d'argent, il a décidé de monter une entreprise, tu me suis, *Florent* ?

– Je dois faire quoi ?

– Un stage de création d'entreprise pour renforcer la légende de Vincent Seyriès. »

Le lundi suivant, je me suis retrouvé devant l'entrée de la chambre de commerce et d'industrie du XIIe arrondissement. Je n'étais pas seul puisque *Rémi* m'accompagnait. Comme moi, sa doublure avait décidé de s'émanciper et voulait monter son entreprise. Je pensais à *Octave* qui avait pris l'identité d'un œnologue. Lui, ses stages, il les effectuait dans des châteaux du Bordelais à se rincer la bouche en cave.

Le seul problème de ce genre de stage est que l'on tombe toujours sur quelqu'un qui peut mettre votre légende en danger. Alors que je parlais de Beyrouth avec *Rémi*, une fille s'est approchée de nous pour se présenter. Elle s'appelait Nabila et était Libanaise. Elle a commencé a me parler de son quartier, Achrafieh, un quartier chrétien, et de son père qui tenait le restaurant *Chez Wakim* sur la place derrière l'hôtel *Alexandre*. Très naturellement, j'ai engagé la conversation sur cette ville que je connaissais bien, pour l'avoir pratiquée dans une « autre vie ». Je lui ai dit que j'avais fait des affaires, il y a quelques années, que j'achetais et vendais. Elle a commencé à me poser des questions auxquelles j'ai répondu sans problème.

Nous étions vingt participants à la session. L'un d'eux m'a demandé mon numéro pour qu'on se fasse une fête. Je lui ai donné un faux numéro, je savais qu'on ne se reverrait jamais. Toute la semaine, je serais Vincent. Toute la semaine, je jouerais un rôle.

FROM WEMBLEY TO WATERLOO

De retour à Londres, le dispositif s'était alourdi suite aux appréhensions d'*Adrien*. Je faisais de nouveau équipe avec *Octave*. Avec deux voitures en attente près du domicile d'Abou Walid, on passait le temps à deux à se raconter notre vie. À force de voir passer des gens derrière la vitre, mon voyeurisme se professionnalisait chaque jour. Observer la vie des gens était très enrichissant. Derrière le pare-brise, je captais leurs gestes secrets, ce qu'ils n'offraient pas au regard des autres, je l'emmagasinais et ça me plaisait.

Le soir venu, je me métamorphosais devant la glace de ma chambre d'hôtel. En un clin d'œil, je virais mes vieilles fringues de prolo anglais pour revêtir un costard noir et enfiler une paire de Kenzo. J'avais découvert sur Leicester Square le *Fashion Café*. L'intérieur, très classe, respirait l'opulence et le luxe. Ça me changeait de la journée et ça m'aidait à décompresser. Une fois assis, je me prenais un Montecristo, puis j'appelais *Caroline* pendant que de jeunes mannequins défilaient en dessous chics de dentelle. Le cigare me brûlait la gueule.

Caroline venait me rejoindre. En tailleur ouvert sur le côté, avec son petit blouson de cuir, elle s'asseyait à côté de moi. Je voyais qu'elle perdait peu à peu son côté garçon manqué et je la trouvais de plus en plus sexy.

« Tu sais que ce qu'on fait est contre toutes les règles de sécurité ! », a-t-elle dit d'une voix forte pour couvrir la musique.

« Je sais, mais c'est ça qui est bon ! Puis je me suis repris :

– Tu veux qu'on arrête ?

– Non, ce serait gâcher. »

Nous savions fort bien tous les deux que nous enfreignions une règle de sécurité majeure. Lors d'une RFA, les agents ne devaient avoir aucun contact entre eux sauf avec leur officier traitant, ou s'ils travaillaient en binôme comme c'était mon cas avec *Octave*.

Les journées se suivaient et se ressemblaient devant la maison d'Abou Walid. Chaque heure qui passait métamorphosait l'intérieur cuir de la Rover en une annexe de McDonald's. Les emballages de Fishburger et de Royal Cheese s'accumulaient consciencieusement à mes pieds.

Pendant ce temps, Abou Walid s'amusait avec ses enfants, prenait du bon temps avec sa femme.

« Est-ce que tu penses qu'il sent qu'il a un dispositif autour de lui ? », me demandait régulièrement *Octave*.

Cette question, on se la posait tous. Un nombre incalculable de personnes étaient mortes faute d'avoir écouté leur petite voix. Je repensais à mon beau-frère, mort l'année précédente. Est-ce qu'il avait senti qu'il allait s'en prendre une ? Ceux qui s'en étaient sortis disaient que tu n'avais pas le temps de penser tellement ça arrivait vite. Est-ce qu'il avait perçu qu'il ne reviendrait pas ? Une semaine avant sa mort, lui et ma sœur étaient venus ensemble pour passer les fêtes de Noël avec nous. Quelques jours plus tard, Gérard et son régiment devaient partir pour Bangui. En revenant de courir dans la pinède, il m'avait dit qu'il voulait poser les valises et que Bangui serait sa dernière mission à l'étranger.

« Tu comprends, j'ai envie de profiter de la famille, de voir grandir les enfants. »

Après coup, je me suis dit que le mauvais œil devait tourner autour de nous ce jour-là. Comme ces soldats disant que c'est leur dernière patrouille, il avait dû l'attirer. Une semaine après, il était mort.

Je pensais souvent depuis Beyrouth que, quelque part dans ce monde, l'endroit où j'allais mourir existait déjà et que je ne savais pas où il se trouvait, que peut-être même j'y passais tous les jours sans le savoir. Mon ami était mort à Bangui au milieu d'un marché où il était passé des dizaines de fois en voiture. L'attente commençait à me rendre philosophe. C'était mauvais signe.

Puis j'ai repensé à la discussion avec *Adrien*. C'est sûr qu'il avait raison et qu'on ne pouvait pas liquider Abou Walid comme cela, mais bon, j'en avais un peu ma claque de le fixer en train d'arroser ses géraniums et de jouer les gardes-malades pour sa femme enceinte.

Depuis quelques temps, je souffrais de migraines de plus en plus douloureuses. À grands coups de Prontalgine et d'aspirine, j'essayais de les faire passer. Ce qui n'arrangeait rien vu que le médicament me rendait encore plus speed. Je n'avais pas pu appeler Frédérique depuis quinze jours. À cause des règles de sécurité, il nous était impossible de contacter nos familles réelles puisque nous étions tous en identité fausse.

Alors qu'*Octave* était en train d'attaquer son troisième Fish, une fourgonnette de police est apparue dans le rétro. La camionnette nous a dépassés et s'est garée devant nous en bloquant la voiture.

« Tu bouges pas. Tu continues de bouffer », j'ai articulé à *Octave.*

Ils étaient deux avec leurs chapeaux en pointe. Aucune arme apparente. L'un d'eux nous a demandé de descendre.

« Vous venez d'où ?

– *French.*

– Super. Je parle un peu français ! »

Là, je me suis dit que c'était pas une bonne nouvelle.

– Qu'est-ce que vous faites là ?

– On mange.

L'air dubitatif, le *bobby* a reniflé nos burgers.

– C'est bien, mais expliquez-moi pourquoi vous êtes là depuis deux heures. »

J'ai senti le sang se retirer de mes veines comme si on me l'avait pompé d'un coup. *Octave,* droit comme un I, ne parlait plus, son burger toujours à la main. J'ai eu soudain mal au ventre. Ça voulait surtout dire que nos deux lascars en bleu nous observaient depuis deux heures. Je me suis demandé si ce n'était pas une vieille du quartier qui nous avait balancés. Il ne faut jamais sous-estimer le pouvoir de nuisance d'un vieux. J'ai pensé au matos dans la voiture, à la caméra sous support et à l'appareil photo. Il y en avait des heures sur Abou Walid devant sa porte : Abou Walid et sa voiture, Abou Walid prenant son lait sur le pas de sa porte, Abou Walid au téléphone...

Nous venions de transgresser la leçon numéro 1 : avoir un prétexte. La routine s'était installée. À force d'allers-retours, on avait fini par oublier les règles de base de notre job.

En quelques secondes, la situation a basculé. Une petite voix s'est mise à me parler : « Soit on couche ensemble, soit on se tue... ». Le flic a fait un pas sur le côté pour se rapprocher d'*Octave* qui n'avait toujours pas bougé. J'ai soupesé nos deux roitelets. Pas très grands tous les deux, celui de droite semblait plus vieux. Je pouvais l'arranger direct. Celui de gauche, plus jeune, était le plus proche d'une bonne droite d'*Octave*. Encore fallait-il qu'il aille vite ! *Octave* était un vicieux en corps à corps. En quelques dizaines de secondes, on pouvait les savater. Ensuite, on taillerait la route jusqu'à Waterloo Station sans prévenir quiconque. Je pensais à *Adrien* qui ferait un peu la gueule, mais il était hors de question qu'ils découvrent nos vraies identités. Dans ma tête, je pensais arrestation, je voyais le cheminement. L'interrogatoire, au cours duquel nos légendes ne tiendraient pas plus de vingt-quatre heures. Je savais qu'en interrogeant Interpol, ils verraient immédiatement que nos identités étaient factices, fournies par l'administration française, donc que l'on était des agents. « La DGSE fait prendre l'air à ses agents à Londres. » Je n'avais pas envie de voir ce genre de titre dans les journaux. C'est fou ce qu'on peut cogiter rapidement dans ces cas-là.

Le flic, lui, continuait de tourner ma carte d'identité dans tous les sens. L'autre *bobby*, qui s'occupait de la voiture, était en train de prendre le numéro d'immatriculation. Il n'avait pas encore fait l'irrémédiable, à savoir entrer dedans et la fouiller… *Octave* s'était fait le visage de monsieur-je-suis-cool-et-ça-se-voit.

« Pourquoi vous êtes là depuis deux heures ? »

Puis l'idée est arrivée. Un quasi-réflexe.

« On est là pour le match de foot à Wembley. On est venus pour voir où ça allait se dérouler vu qu'on connaît pas Londres. On voudrait surtout éviter les embouteillages demain. » Une lumière venait enfin de s'allumer dans mon cerveau endormi.

« Fallait le dire tout de suite ! » s'est illuminé mon *bobby*.

J'ai pensé très fort : *Eh ! Ducon ! Comment tu voulais que j'y pense, je viens de l'avoir à l'instant, cette idée !* Dans mes souvenirs brumeux, je m'étais rappelé que l'équipe de France jouait le lendemain contre l'Angleterre. Depuis la victoire du Mondial, les Français étaient à la fête. Fallait en profiter.

« De toute façon, c'est pas la peine de venir demain vu qu'on va vous mettre une branlée.

– Rêvez pas. Avec Zidane et Petit, on va vous bombarder. Ça fait trop longtemps que vous jouez avec des ballons carrés. »

Le *bobby* a éclaté de rire, tout content de ma blague. Il nous a rendu les papiers en nous pointant du doigt avec un sourire « See you tomorrow ! » C'est ça, *see you tomorrow.* On a rigolé aussi sauf que j'avais très envie de vomir. On était grillés sur le secteur. Pour moi, ça voulait dire plus de RFA sur Abou Walid et encore moins sur Londres. *Octave* venait de prendre son téléphone portable démarqué que nous avions acheté sous identité fausse et a appelé *Adrien.*

« Il y a un souci avec Vincent, il faudrait vous voir tous les deux.

– On se retrouve au même bar qu'hier soir dans une heure », a dit la voix dans l'écouteur.

Octave a raccroché, puis on s'est mis en route.

C'était la règle et je devais m'y soumettre. Dès qu'un agent se faisait remarquer par un membre des forces de l'ordre locales et qu'il y avait vérification de papier par radio, donc fichage sur leur base informatique, on était bon pour de longues vacances. *Adrien* m'attendait comme prévu au *Cambridge.* Après lui avoir raconté l'incident, je lui ai passé sous la table tout ce qui me restait de livres sterling, puis j'ai pris la direction de Waterloo Station.

De retour à Orléans, en appelant Frédérique du portable, j'ai découvert que, pendant mon absence, elle avait avancé dans sa réflexion et décidé tout simplement qu'un agent à la maison, ce n'était pas suffisant, et que deux, ce serait mieux.

« Je vais suivre le cycle long pour devenir opérationnelle, comme cela on pourra partir ensemble. Sensas ! Non ? »

Au téléphone, ma bouche avait fait une drôle de grimace. On allait bouffer du Service Action matin, midi et soir pendant trois cent soixante-cinq jours et nuits par an. Je m'en réjouissais d'avance en raccrochant !

Dans le break du Service, un autre agent rentrait sur Cercottes. C'était un « exploseur » de la cellule *Hercule*.

« Ça va pas ? il m'a demandé.

– Ma femme veut rentrer chez les opérationnels. Elle veut suivre le cycle long. »

Il m'a coulé un regard par-dessous, d'un air de dire : *mon pauvre vieux, t'es pas sorti de l'auberge.*

« Moi, elle est secrétaire dans une boîte d'intérim. J'ai pas besoin de parler à la maison. Vu le nombre de gens qu'elle voit dans la journée, c'est elle qui fait la conversation. »

Les couples réels, le Centre les avait toujours refusés. « Trop dangereux », et ce n'était pas complètement faux. Maintenant, j'avais un vrai problème personnel à résoudre. La sachant partie en territoire ennemi, je n'étais pas très sûr de savoir comment je réagirais. *Caroline* et elle s'entendaient bien. Comme deux bonnes copines travaillant dans le même service, sauf qu'il y en avait une qui partait sur le terrain avec le mec de l'autre. Au-delà du problème personnel, Frédérique voulait faire partie du grand jeu pour jouer sa propre partie. Et je ne voyais pas très bien comment m'y opposer.

LE RIDEAU DE FER

Juste avant Noël, le Service m'a envoyé effectuer des reconnaissances en Hongrie, à Budapest, afin d'y préparer le terrain en vue d'une rencontre entre un agent de chez nous et un agent russe. C'était la première fois que je travaillais comme officier traitant en direct sur une opération.

Avant de partir, je m'étais rendu au siège de la DGSE, boulevard Mortier. Là se trouvait la direction des opérations. C'était eux qui nous envoyaient sur les missions à réaliser. Comme dans n'importe quelle administration militaire, les bureaux étaient impersonnels, et l'ambiance feutrée. L'officier en charge de la mission m'a donné l'argent pour les frais et une bonne poignée de main. Globalement, nous n'avions pas vraiment de contacts avec eux.

Seul dans l'avion, je pensais que c'était la première fois que je traversais l'ancien « rideau de fer ». Le mur de Berlin était tombé depuis dix ans et tous les anciens pays de l'Est gardaient pour moi un fort parfum d'espionnage. La mission était un travail d'équipement de ville. Pendant quinze jours, il me fallait parcourir la capitale hongroise afin de préparer la rencontre entre les deux agents, trouver des lieux *sécurisés* où les agents pourraient échanger en toute tranquillité, imaginer des itinéraires de sécurité afin de monter des contre-filatures. J'ai choisi trois hôtels et trois lieux de rencontres. Une fois l'équipement de ville réalisé, une équipe du Service Action devait venir à ma suite avec l'agent traitant.

C'est ce qu'on appelait une *protection de contact*, c'est-à-dire que tout devait se dérouler dans la plus grande discrétion et sans armes. Les gardes du corps de l'agent français devaient juste vérifier que notre traitant n'avait pas été pris en compte par une équipe de filoche du pays « trahi ». Le risque venait principalement de leur côté. Si leur agent était soupçonné au départ de Russie, il ramènerait des *suiveurs* sur ses talons. Et nous nous ferions irrémédiablement identifier. Une fois notre agent reconnu, ceux d'en face risquaient d'aller fouiller sa chambre, de vouloir piquer son portable, bref de récupérer par tous les moyens les renseignements donnés par leur agent « traître ».

Budapest était une ville immense et baroque. Des tramways circulaient et il traînait encore une ambiance de guerre froide à la John Le Carré. Pour moi, circuler sous fausse identité dans les rues de la capitale était une excitation de chaque instant. Sauf que, vraisemblablement, les putes avaient remplacé les espions depuis longtemps. Telles des top-models, elles marchaient en général par deux : une blonde et une brune.

Au bout de dix jours, j'ai appelé ma structure. Dans notre jargon, on appelait ça un *compte rendu d'infiltration.*

« Mes vacances se passent bien », ai-je dit au téléphone.

Ça voulait dire qu'il n'y avait rien à signaler. Si je parlais de "mon oncle", c'est que j'avais été filé avant de partir et que je demandais un dispositif de sécurité à l'arrivée. L'idée était de ne pas ramener le suiveur vers Noisy. Dès notre sortie de l'avion, le suiveur que l'on ramenait sur le sol français était pris en charge par des agents du Service qui le suivaient et le bloquaient quelque part dans Paris.

Budapest était une mission cool. Presque des vacances. Ça me reposait des barbus du Londonistan. Mais je n'oubliais pas Abou Walid pour autant. Qu'est-ce qu'il pouvait bien faire à cette heure ! On devenait tellement proches de nos cibles qu'elles étaient comme des membres de la famille. On ne passait pas des milliers d'heures à observer quelqu'un sans ressentir une certaine proximité avec lui. La mission continuait à me trotter dans la tête. Nous étions suspendus à une décision qui ne viendrait peut-être jamais.

De nouveau, Noël n'était pas loin. Frédérique était partie chez ses parents afin de passer les fêtes en famille. À *Lyra*, un sapin de deux mètres avait été placé dans le hall d'entrée de la cellule. Tout seul devant l'ordinateur, je me suis mis à taper le rapport de mission. Hormis les gardes astreints à la sécurité et quelques administratifs, Cercottes était vide. Dehors, dans la forêt entourant le camp, le vent s'était mis à souffler et les arbres à craquer. Dans une semaine, ce serait le passage à un nouveau siècle. À côté de moi, j'ai entendu les bulletins d'alerte météo. Une tempête arrivait sur toute la France. À l'approche de l'an 2000, EDF avait tout préparé en cas de bug massif et c'était une tempête qui allait ravager le pays. Comme une constante historique, c'était toujours ce qu'on n'attendait pas qui arrivait.

Par la suite, avec les RFA qui se sont enchaînées, je n'ai plus compté les innombrables repas de famille auxquels je n'ai pas pu assister. La liste est longue entre les dix ans de mariage avec Frédérique, les soixante ans du beau-père, et j'avais même raté l'enterrement de mon oncle, mort d'une crise cardiaque sur une piste de ski. Ce jour-là, je me trouvais en RFA à Londres.

Dehors, les arbres de la forêt continuaient de ployer sous le vent, grinçant comme de vieux os. La bouteille de champagne sur la table, je me suis servi une coupe et me suis souhaité un joyeux Noël en l'avalant cul-sec, puis je me suis remis au travail.

KOSOVO

« Eh *Flo*! T'en as tué combien aujourd'hui avec ton appareil photo ? »

Cette voix, je la connaissais. Elle appartenait à la plus grande gueule du Service. Je me retournai. C'était *Arsène*, qui était aux Forces Spéciales. En costard noir et col roulé de la même couleur, il ressemblait à une barbouze des années soixante. Lui et son équipe repartaient sur Perpignan avec le Cougar du Service.

« Alors, cibleur, t'as plus de photos de tes cibles que de poils au cul ? »

Il éclata d'un gros rire. Moi, ça me faisait pas trop rire… Parce qu'il avait un peu raison. *Arsène* revenait du Kosovo. La guerre dans ce petit coin des Balkans venait d'entrer dans son premier mois. Je l'invitai à prendre un café au mess. Une fois assis, il m'apprit que les Forces Spéciales avaient participé aux combats aux côtés de l'UCK, la guérilla indépendantiste albanaise, mais que c'était évidemment top confidentiel.

« On les a formés au combat de guérilla en montagne. Les Serbes en face mettent le paquet. Les mecs de l'UCK apprennent vite, mais bon. »

J'ai demandé :

« C'était comment ?

– Comme ce que tu vois aux infos. Froid, montagneux avec pleins d'anciens livreurs de pizzas qui se prennent pour des guerriers. »

Province autonome rattachée à la Serbie, la région du Kosovo était peuplée majoritairement d'Albanais de religion musulmane. Pour les Serbes, chrétiens orthodoxes, la province du Kosovo était sacrée. Sept cents ans auparavant, l'armée serbe avait été vaincue sur le champ de bataille dénommé « le champ des Merles », où l'armée turque les avait écrasés sans merci. Le sort des Serbes a été lié à l'issue de cette bataille pendant près de cinq cents ans puisque leur liberté perdue, ils sont restés sous domination turque jusqu'en 1878. Pour ce peuple occupé, la défaite du champ des Merles est devenue une défaite héroïque. Le jour venu, le peuple serbe s'est relevé et a bouté les musulmans hors de Serbie.

La France avait un contentieux avec les Serbes depuis la première guerre balkanique mais cela n'avait pas toujours été le cas. En 1916, les navires français avaient sauvé l'armée serbe d'une débâcle assurée contre les Turcs. Depuis, les Serbes nous aimaient plus que leur mère. Ils avaient même construit un monument dans un parc de Belgrade sur lequel était gravé *À la France – Aimons la France comme elle nous a aimés.* Ils nous voulaient tellement de bien qu'ils auraient adoré qu'on les soutienne dans leur politique de « nettoyage ethnique » contre leurs voisins. Aussi, quand on leur expliqué qu'on n'était pas d'accord, ils ont commencé à tirer sur nos casques bleus à Sarajevo et ailleurs, mais quand ils les ont pris en otages, là, on ne les a plus aimés du tout. Ça commençait à bien faire.

Un mois après, à la mi-septembre 1995, la France, aidée des Anglais et des Hollandais, a décidé de leur péter la gueule. Ça s'appelait la Force de réaction rapide.

Arsène était devenu intarissable. Il m'a appris qu'un agent de Perpignan sous couverture avait été fait prisonnier par les Serbes. Il était resté une semaine et, gonflé, en avait profité pour faire des interviews des leaders locaux. Les Serbes n'ayant rien contre lui l'avaient rendu par le biais de l'ambassade de France à Belgrade. Avant, le capitaine qui l'avait ramené aux Français avait joué les guides touristiques. On était en pleins bombardements de l'OTAN sur la capitale. Le capitaine l'avait traîné partout pour lui montrer les crimes que l'OTAN était en train de « perpétrer contre le peuple serbe ». Puis, mis dans un avion, il avait été débriefé de retour à Paris.

« T'imagines qu'il paraît qu'il s'est fait décorer de la Légion d'honneur par le président de la République en personne. »

Arsène n'en revenait toujours pas. Sauf que cela s'était passé loin des caméras, dans un bureau confiné de l'Élysée. *Arsène* reparti, je me suis demandé si nous aussi on aurait une médaille un jour. En tant que militaire d'un régiment « classique », j'avais été décoré plusieurs fois. Après l'embuscade à Beyrouth, j'avais eu la Croix de la valeur militaire avec citation à l'ordre du régiment, puis la Croix du combattant. Pour avoir expérimenté du matériel aérien pour le Service, j'avais la Médaille de l'aéronautique. Et mes deux médailles commémoratives pour le Liban et le Tchad en tant que missions d'assistance militaire extérieure. Avec les Balkans, cela devait être la première fois depuis très longtemps que des gens du Service étaient décorés.

Quelques années plus tard, un agent qui appartenait à *Lyra* a été décoré pour avoir fait une mission longue durée dans les Balkans. Toujours dans la traque des criminels de guerre, il avait travaillé pendant plusieurs mois sous la couverture d'un antiquaire. Pour cela, il avait reçu la Croix de la valeur militaire.

Demain, le camp Est sera fermé à tous.

Devant mon ordinateur, j'ai vu apparaître la petite note de service envoyée sur le circuit Intranet à toutes les cellules. J'ai demandé pourquoi.

« Vraisemblablement, y a des invités qui viennent d'arriver par avion », m'a répondu *Adrien*.

Il était fréquent que le camp Est soit inaccessible pendant quelques semaines. En général, on l'apprenait par une note de service interdisant aux membres de Cercottes d'y accéder. Dans le cas présent, c'étaient des hommes de l'UCK en provenance directe du Kosovo qui venaient suivre un petit stage intensif. Un gars de *Lyra* me racontera plus tard comment ils les avaient exfiltrés avec un groupe de nageurs, comment ils les avaient mis dans un avion qui, tel un tapis volant, les avait conduits en pleine nuit sur l'aéroport. C'est ce qu'on appelait de la coopération inter-services. Il était pourtant rare que des gens de *Lyra* partent en assistance. Pour des raisons évidentes de sécurité, nous, les gens de la cellule, étions interdits d'assistance sur tout le Maghreb et sur l'Afrique en général. Super clandestins, moins on nous voyait dans les programmes d'assistance, mieux on se portait.

Comme une entreprise, nous échangions notre savoir-faire avec d'autres services, parfois sur des points de détail techniques sur lesquels nous étions meilleurs que les autres, comme au Kenya où deux membres de la cellule étaient partis exceptionnellement pour former des agents. C'était d'autant plus rare que nous empiétions là sur une zone d'influence anglaise.

SAINT-MICHEL À CERCOTTES

Prétexte au plus gros bordel organisé au sein de Cercottes, la fête de la Saint-Michel, patron des parachutistes, transformait le centre en camp de Gremlins. Comme chaque 29 septembre, un tournoi de football avait été organisé contre nos aviateurs fous du GAM 56. Et, comme toujours, l'équipe du foot du CPES leur mettrait une branlée. Dehors, des tentes militaires avaient été installées ainsi que d'immenses tables pour le repas. Le Centre attendait près de deux cent cinquante personnes. Du côté des cellules, chacun fourbissait ses armes.

Des bruits étranges avaient commencé à se faire entendre du côté de la cellule *Hercule*. On ne les avait pas vus de la journée et on se doutait qu'ils allaient faire péter un max de trucs comme le voulait la tradition. De toute façon, il fallait toujours qu'ils se fassent remarquer !

Avec *Rémi* et les autres, on a enfilé notre tenue de guerre, shorts et crampons. Après une heure et demie de jeu, on leur avait collé 5-0, comme d'habitude.

De retour aux tables, nous nous sommes servi des grands verres de pinard. Plusieurs anciens avaient été invités. Véritables mémoires du Service Action, ça nous faisait du bien de les voir. Nous respections à la lettre le principe de base : ne jamais demander à quelqu'un du Service ce qu'il avait fait dans la journée. Assis autour de la table, on discutait de tout et de rien, de cinéma, de sport, de nanas ou de moto, des impôts locaux qui avaient augmenté, mais jamais de mission. Cela aurait été presque grossier.

Après leur défaite, les gars du GAM 56 sont repartis sans rien dire. Mais ce que personne n'aurait pu soupçonner, c'était la profondeur abyssale de leur mauvaise foi.

À la fin du repas, en provenance du camp Est, tout le monde a entendu le bruit caractéristique du Cougar en train de décoller. On s'est regardés avec *Rémi* et *Caroline* en se disant qu'ils n'allaient pas oser. Avant qu'on ait pu répondre, la carcasse grise de l'hélicoptère est apparue au-dessus des tentes dressées. Tout le monde a levé la tête, genre « Tiens, une nouvelle attraction ». L'hélicoptère s'est mis en stationnaire au-dessus des tables. Autour de nous, ça a commencé à s'agiter. Les nappes se sont soulevées tandis que les serviettes avaient déjà rejoint les branches. De la portière du Cougar, j'ai vu sortir le nez d'une première poubelle, qui s'est déversée pleine d'eau sur la table, puis un deuxième paquet de flotte s'est écrasé à mes pieds, produisant un raz-de-marée sur ma tenue de défilé. À cause du vol en stationnaire, les tentes s'étaient transformées en montgolfières et semblaient attirées par le ciel.

Autour de moi, hilares et trempés, les agents s'étaient levés pour se disperser, évitant les foudres liquides des mauvais joueurs du GAM 56. De l'autre côté de la table, j'ai bien vu que le chef de corps faisait gravement la gueule. Il a crié : « Vous faites chier ! Vraiment, vous faites chier ! »

Assourdissants de bruit, les rotors ont continué leur travail de déracinement. Accroché à l'un des piquets de tente, le médecin du camp s'est écrasé comme un pantin contre le mur du bâtiment principal.

MA FEMME EST UN AGENT

« J'ai été prise. »

Assise devant moi, sur le canapé du salon, le sourire large, Frédérique était rayonnante. Moi, un peu moins. Sa candidature pour le cycle long avait été retenue. Dans moins d'une semaine, elle passerait par là où j'étais passé et je ne savais pas très bien quoi lui répondre. Je savais qu'elle supportait de plus en plus mal de voir arriver des petites nanas peu formées et qui suivaient le cycle long.

« Elles viennent de nulle part et elles s'y croient déjà », m'avait-elle dit un jour en regardant dédaigneuse les dossiers de candidature.

J'ai répondu : « Si tu le suis jusqu'au bout, ça va être compliqué pour nous deux. » Fred n'a pas relevé. Vu son tempérament, elle était capable de le faire et de le réussir.

Les mois qui suivirent furent compliqués. J'effectuais pour le Service un certain nombre d'*équipements de ville* dans toute l'Europe. Les RFA sur Londres continuaient, mais, à cause de l'incident avec la police anglaise, j'étais interdit de territoire britannique. Avec Frédérique en cycle long, le peu de fois où nous nous retrouvions, c'était pour parler des stages qu'elle était en train de suivre.

Le Service Action me poursuivait jusque dans mon lit. Au milieu des oreillers, j'expliquais à Frédérique des points techniques sur lesquels elle séchait. Tout y passait. Les itinéraires de sécurité, les mille façons d'ouvrir une porte, etc. Elle devait passer le stage agent dans quelques jours. Je la faisais réciter ses cours avant qu'elle s'endorme, histoire de pouvoir dormir tranquillement jusqu'au matin.

TOUTES VOILES DEHORS

À la fin de son cycle, Frédérique a choisi *Lyra* comme moi. Sauf que je n'y étais plus. Je découvrais un peu plus chaque jour ce que c'était d'être en base arrière à attendre l'autre et je n'avais pas trop envie de continuer, aussi j'ai demandé à être transféré à la cellule *Sphinx*, au bureau TAP.

À *Sphinx*, *Achille* continuait de régner en maître sur les opérations aériennes clandestines. Il n'avait pas bougé avec sa mèche blonde et son rire de géant.

« Tiens, te revoilà. T'en avais marre d'aller espionner les barbus… On te manquait, je parie. Les opérations clandestines de nuit, y a que ça de vrai ! »

J'ai souri. Il n'avait pas changé, toujours aussi fort en gueule, mais dans son domaine, c'était vraiment un maître. Puis il m'a informé des nouveautés de la cellule.

« On fait pas mal de formations de chuteurs opérationnels ces temps-ci. D'ailleurs, je crois que j'ai un job en or pour toi. Tu as bien trois mille sauts à ton actif? »

J'ai acquiescé. « Tu vas partir au Sénégal. J'ai un test de matériel pour toi. *Billy* t'expliquera. D'ailleurs, je crois que je l'entends arriver. »

À cinq ou six mètres au-dessus de moi, je l'ai vu accroché à son engin, c'était une voile de parapente jumelée à un harnais et sur laquelle on avait greffé un moteur. Il s'est posé un peu plus loin. La cellule testait régulièrement des matériels nouveaux pour affûter les missions aériennes. C'était *Billy* « le Kid » qui s'en chargeait. La voile qu'*Achille* voulait me voir tester faisait trente-quatre mètres carrés. Sa particularité: la finesse d'une voile de parapente dans un sac de parachute. L'idée du Service était de pouvoir sauter avec cette voile de quatre mille mètres depuis un avion de ligne sans oxygène, pour parcourir ensuite le maximum de kilomètres. On appelait ça de la pénétration ou de la dérive sous voile. Et pour ce type de parachutage, il n'y avait qu'en Afrique qu'on pouvait trouver des zones de largage aussi étendues et dégagées de tout couloir aérien. En France, le ciel aérien trop encombré à cause du trafic rendait aléatoire et dangereux ce type de saut.

Arrivé à Dakar, je me suis retrouvé équipé de pied en cap. Les sauts se déroulaient à partir de l'aéroport de la capitale sénégalaise. Le navigateur m'a tendu une feuille. Dessus, le cap à suivre avait été calculé par une grosse machine mise au point par le Service. Le calculateur était un logiciel qui permettait de compiler toutes les données techniques avant d'accomplir un saut à très haute altitude sans voir le point de posé. On y entrait dedans tous les paramètres possibles, type météo, vitesse du vent... Ça nous permettait de sauter à soixante kilomètres d'un objectif et d'arriver pile-poil dessus les yeux fermés. La vraie problématique de ce type de saut restait de trouver une fenêtre météo viable.

« À huit mille mètres, dès ta sortie d'avion, tu seras à moins vingt-cinq degrés, ta force de vent sera de quinze mètres par seconde et il viendra du nord-ouest », m'expliqua le navigateur.

Je me disais que j'allais me peler les os. La température au sol, près de l'avion, était de vingt-cinq degrés. Je savais que chaque fois que l'on monterait d'une tranche de mille mètres en altitude, on perdrait 6,5 degrés. Les conditions étaient bonnes et on avait une « bonne olive ». C'était comme cela qu'on appelait la zone de largage. L'avion était un Hercule à châssis long. Gigantesque, on pouvait y mettre cent parachutistes équipés avec gaines et armes. Autour de nous, le temps était radieux. J'avais récupéré ma combinaison de Gore-Tex noire, mes pompes et mon masque à oxygène. Entre mes jambes, une grosse gaine m'alourdissait tel un prisonnier à son boulet. C'était une caisse lestée, remplie de vingt kilos de sable, qui était censée représenter le sac opérationnel d'un agent en infiltration. J'avais bidouillé ma bouteille d'oxygène en l'accrochant à mon parachute avec des ficelles. Tout était du prototype. Au point où on en était...

Je n'étais pas seul. J'avais retrouvé *Arsène* « grande bouche ». Lui et huit chuteurs opérationnels issus des Forces Spéciales de Perpignan allaient faire le voyage mais eux sauteraient dès quatre mille mètres. À l'intérieur de l'avion, des blocs à oxygène étaient posés au milieu de la soute. C'était sur ces blocs que nous devions nous brancher jusqu'à notre sortie d'avion.

Arsène était content de me revoir et on a pu papoter comme deux vieilles dames avant que l'avion décolle.

« T'as quitté *Lyra* ?

– On observait trop les gens et on allait pas assez au bout des dossiers, j'ai dit en riant.

– Et Frédérique ? »

J'ai fait une moue. « Écoute, ça va moyen. Elle est toujours en mission depuis qu'elle est devenue opérationnelle, je la vois pas trop. »

Les moteurs ont commencé à tourner autour de nous et je me suis appliqué le masque sur le visage tout en le crochetant sur le casque. Le médecin m'a fait un signe pour me demander si tout allait bien. Il n'avait qu'une peur, c'est qu'on s'endorme avec le masque à oxygène sur la gueule. Il nous avait dit que c'était dangereux et qu'il fallait qu'on reste éveillés le temps de la montée. Sauf que tout le monde s'en foutait royalement. Je me suis vautré et j'ai écrasé pendant une demi-heure les banquettes. *Arsène*, lui, ne calculait plus le médecin depuis longtemps et s'était endormi juste après m'avoir parlé. Avant de fermer les yeux, j'ai vu le toubib, secouant la tête, déprimé, parler au navigateur dans son casque équipé radio.

« On peut rien faire avec ces mecs-là… Incontrôlables ! »

Avant de m'endormir, j'ai pensé au plongeur du *Grand Bleu* avant qu'il se glisse sous la banquise. Au bout d'une demi-heure, je me suis réveillé, transi dans ma combinaison.

La tranche arrière, ouverte, avait laissé pénétrer dans la carlingue un froid dur autour de moi. J'ai regardé mon altimètre. On était à huit mille et il faisait moins trente. *Arsène* et les chuteurs avaient quitté l'Hercule devant moi. Comme d'habitude, *Arsène* n'avait pas pu s'empêcher de me faire un gros doigt avant d'effectuer une pirouette arrière. Seul avec les largueurs et le médecin, je me suis retrouvé avec toute l'Afrique qui s'étalait sous mes pieds. Le largueur s'était placé près de moi avec un petit tableau blanc sur lequel était marqué le compte à rebours avant le largage.

Debout, j'avais commencé à avancer, jambes tendues à cause de la gaine. Pour bien sauter, il fallait que je me retourne afin d'être tout de suite dans le vent relatif face au cul de l'avion. J'ai fait un « V » de victoire amical au chef largueur et me suis balancé en arrière. J'ai vu s'éloigner l'avion et dans le même geste j'ai ouvert mon parachute.

Par rapport à une voile classique, ma nouvelle voile était immense puisqu'il lui fallait cinq cents mètres de descente pour s'ouvrir. Les trente-quatre mètres carrés de toile ont glissé silencieusement au-dessus de ma tête. Cette voile, le Service m'avait envoyé sur ordre d'*Achille* l'acheter incognito aux États-Unis, au Nouveau-Mexique, quelques semaines auparavant. C'était ça, sa mission secrète. Un ingénieur français spécialisé dans l'aéronautique nous avait contactés avant son départ aux États-Unis. Il partait travailler pour une petite boîte américaine spécialisée dans les parachutes. Avec trois agents dont le Kid, nous étions partis discrètement aux États-Unis, avec vingt mille dollars en liquide dans ma banane, en billets de cent. On avait rejoint le Nouveau-Mexique où le jeune ingénieur, fou d'aéronautique, nous avait fait essayer son bijou toilé à cinq mille mètres dans le désert. Les premiers tests ayant été positifs, on en avait ramené une que l'on avait payée cash.

Autour de moi, les côtes se dessinaient, cernées par une mer turquoise. Je me suis rappelé le plan de vol. Après avoir vérifié mon altimètre que j'avais posé sur la gaine, je me suis installé, afin que cela soit plus confortable, sur la sellette qui était intégrée au harnais. Lors d'une pénétration sous voile, un agent pouvait parcourir près de cinquante kilomètres pour rejoindre sa cible.

Je me remémorais les paroles de Monsieur Météo.

Tu auras un vent de vingt-cinq mètres par seconde. Après, à sept mille mètres, tu auras le même axe jusqu'à cinq mille mètres. Le vent commencera à diminuer quand tu seras à quatre mille huit cents mètres. Il fera plus chaud, tu arriveras à zéro degré!

Après, je connaissais, plus je descendrais, plus il ferait chaud et plus le vent diminuerait, moins la voile serait rapide.

Non loin de moi, avançant à grands coups de pales, le Cougar, tel un immense vautour de métal, effectuait des ronds pour vérifier que tout allait bien. Derrière leurs lunettes de soleil, je pouvais voir les pilotes me faire des signes. C'était incroyable.

L'air dans lequel je naviguais s'était sensiblement réchauffé. Au bout de quarante kilomètres sous voile, j'ai aperçu le point de posé.

Après chaque saut je retranscrivais sur mon ordinateur portable l'analyse du saut et du comportement de la voile. Après, tout était envoyé chez *Achille*. Le Service était très désireux d'en acheter pour les utiliser en infiltration nocturne.

CASSURE

Les premières douleurs sont apparues un matin au saut du lit. À peine sorti du plumard, je me suis tenu le dos, comme s'il était cassé. Les douleurs m'élançaient comme des pointes. J'ai décidé d'effectuer un IRM dans un centre d'imagerie civil à Orléans. Après être passé dans le « sarcophage », je me suis rhabillé et j'ai attendu les résultats qui n'ont pas tardé à arriver. Radios à l'appui, le médecin m'a expliqué calmement qu'à trente-cinq ans j'étais un « jeune vieux » et qu'il allait falloir que je fasse attention car je souffrais d'arthrose lombaire.

« Je ne sais pas quel est votre métier mais il va falloir ralentir. »

Quelque chose s'était cassé sans que je m'en rende compte. Dix-sept ans à servir les intérêts du pays. De Beyrouth au

Tchad, de Centrafrique à la Nouvelle-Calédonie, les souvenirs remontaient telles des bulles. Je n'avais rien construit de concret. Surtout, je sentais mon corps me dire que c'était bon, qu'on pouvait s'arrêter. Après trois mille sauts, mes deux genoux étaient fracassés, et avec l'arthrose lombaire qui se pointait les jours de pluie, je commençais à ressentir l'usure de ne pas m'être ménagé une seule seconde. Trop d'adrénaline tue l'adrénaline.

Qu'est-ce qu'on pouvait faire en quittant un service comme le Service Action ? Après mon passage à Cercottes, il m'était difficile de revenir dans l'armée régulière. Me retrouver en kaki avec cirage de rangers et saluer tout ce qui bouge, ça n'allait pas le faire.

Pour nous, tout était possible et en même temps, fallait pas trop rêver. On ne vivait pas indéfiniment loin de la lumière dans une ambiance poisseuse, de méfiance, de suspicion et de parano sans avoir le métabolisme modifié en profondeur. J'y pensais de temps à autre, en me demandant bien ce que je ferais si j'arrêtais. Un gars de la cellule, après dix ans de service, était devenu transporteur routier. Son rêve : sillonner toute l'Europe au volant de son trente-huit tonnes. Un autre, un informaticien de la cellule *Delta*, vivait sur le voilier qu'il avait acheté avec sa retraite. Le plus célèbre d'entre nous, le nageur de combat Alain Mafart, celui qui avait aidé à poser les charges sous le *Rainbow Warrior*, était depuis sa retraite devenu photographe animalier. Deux de la cellule explosifs s'étaient transformés en restaurateurs, mais la plupart filaient vite fait vers la sécurité de haut niveau. Conseil en intelligence économique, garde du corps, la gestion des risques était devenue le nouveau credo. Tu triplais ton salaire en un rien de temps en expliquant à des directeurs ce qu'il fallait faire pour éviter de se faire bananer par la concurrence. Et ça, ça changeait ta vie.

D'autres, il valait mieux pas savoir tellement c'était pathétique. On se demandait même parfois s'ils avaient pas choisi exprès un job à l'opposé de ce qu'ils avaient fait pendant des années. Un était devenu représentant en nourriture pour chiens pendant quelques mois. À croire que c'était presque devenu une tradition : choisir le métier le plus invraisemblable. Des mecs donnaient des nouvelles régulièrement, d'autres disparaissaient littéralement comme s'ils voulaient tourner la page définitivement.

J'en parlais régulièrement avec Frédérique le soir. Mais, pour elle, tout commençait. Elle venait de rentrer chez *Lyra*, et je me suis rendu compte que nous étions comme deux ascenseurs. L'un montait, tandis que l'autre descendait. Frédérique avait espéré qu'en suivant le cycle long, afin de devenir agente opérationnelle, elle travaillerait avec moi. Cela n'allait pas être le cas. Trop de tension, trop d'attente, trop de missions. Je me sentais vide.

Maintenant que Frédérique était opérationnelle, on essayait le plus possible de passer les vacances ensemble. De temps à autre, nous descendions vers les plages du Sud. La bouteille de bandol rosé frais, dans une petite crique face à la Méditerranée, Bormes-les-Mimosas étaient devenus notre petit paradis. À nous deux nous avions quatre portables. Un portable civil et un portable Service chacun. La sonnerie est reconnaissable entre mille : c'est celle d'un sonar de sous-marin en eaux profondes. J'ai vu le visage de Fred grimacer : « Allô, *Delphine*, faut que tu sois à Paris demain. »

Puis elle a raccroché. Ça ne faisait qu'une semaine qu'on était en vacances. Mais c'était la règle. Paris envoyait des « désignations de mission » qui étaient prises en compte par Cercottes. De manière générale, chaque mission correspondait à une cellule. Après, le Centre se chargeait de désigner les agents correspondants selon leur qualité et leur disponibilité. En théorie, tout le monde était interchangeable. Rentrée sur Orléans, Frédérique avait écopé d'une mission en Europe centrale, et moi en Suisse.

RECONVERSION

Les RFA ne ciblaient pas exclusivement des personnes humaines mais aussi des immeubles ou des aéroports, comme j'avais pu le constater lors de la pénétration de la centrale nucléaire. Pour ne pas être pris au dépourvu, le Service s'était bien préparé. Ainsi, tout au long de l'année, des agents de *Lyra* circulaient en Europe afin d'effectuer des équipements de ville, aéroports compris.

Dans ce cadre-là, après Londres, je suis parti effectuer une reconnaissance de dix jours afin de préparer une filature pour une mission en cours. Je devais organiser tout l'équipement de ville de Zurich. Arrivé sur place, j'ai passé mes journées à récupérer des plans de l'aéroport et à faire des photos. Il fallait tout savoir sur tout.

Pendant l'année, un agent effectuait plusieurs sorties de ce genre, histoire de réactualiser l'équipement. Des agents partant dans l'urgence devaient pouvoir circuler efficacement grâce à un équipement déjà reconnu sans se retrouver face à une sortie qui n'existait plus ou un mur de brique. C'était comme réactualiser un guide touristique un peu spécial genre *Guide du petit clandestin.*

À *Lyra,* les RFA continuaient. Dans la chambre d'amis, une valise restait ouverte, jamais refermée ; c'était celle de Frédérique. Sur le tableau, les messages s'accumulaient :

Partie pour quinze jours en vacances avec mon amant.
N'oublie pas le miam-miam pour Gribouille. Bises.

Dans la cellule, Frédérique avait retrouvé *Caroline* et *Léa.* L'ambiance était plutôt bonne, sauf avec *Caroline* qu'elle soupçonnait férocement de rapprochement extra-conjugal avec ma personne. Nouvellement arrivée, elle réalisait beaucoup de reconnaissances de zone pour la cellule des opérations aériennes clandestines. Puis, comme moi avec Londres, elle effectuait d'incessants allers-retours vers l'Europe centrale. La traque des criminels de guerre était toujours un dossier chaud. Depuis la fin de la guerre du Kosovo, le monde avait enfin découvert les Balkans. Les États-Unis dépensaient sans compter pour faire tomber Slobodan Milosevic, le maître de Belgrade. Il bénéficiait encore de son statut de président de la Serbie. Mais le TPI basé à La Haye le talonnait. Au-dessus de sa valise, Frédérique, l'air sérieux, préparait ses affaires pour sa prochaine RFA.

Souvent, les diplomates n'étaient pas au courant qu'une équipe du Service opérait sur leur zone. Même si l'on faisait partie de la maison, le cloisonnement était maintenu jusqu'au dernier moment.

À chaque retour de mission, Frédérique me parlait de moins en moins. J'avais droit à des comptes rendus touristiques des pays visités. Et rien d'autre.

« C'était comment ?

– Sympa. »

– Et la cellule ?

– On est toujours en sous-effectif. »

En rentrant chez moi un jour, j'ai couru jusqu'au salon. Sur le tableau Veleda, encore un mot de Frédérique :

Je suis partie pour quinze jours. Biz.

P. S. : Gribouille est chez la voisine. N'oublie pas d'acheter des sacs pour l'aspirateur, y en a plus, et il y a la facture du plombier. Arrose les plantes. J'ai fait une machine, est-ce que tu peux l'étendre ?

Je me suis assis sur le canapé avec Gribouille quand le téléphone s'est mis à sonner. C'était sa mère.

« Pierre, vous avez des nouvelles de Frédérique ?

– Vous savez bien qu'elle ne peut pas appeler.

– Mais vous savez où elle est ?

– Clémence, vous savez bien que je ne peux pas vous le dire… »

Elle le savait, mais, comme toute mère, elle essayait quand même. Je maudissais parfois Frédérique de ne pas la prévenir, mais c'était la règle.

Le soir, je restais souvent seul. Égoïstement, j'avais aimé la savoir à m'attendre quand je rentrais de mission. Maintenant que j'étais à la maison, j'aurais voulu qu'elle reste avec moi, qu'on ait des enfants, qu'on prenne le temps. Gribouille, c'était sympa, mais je n'avais jamais vu un chat me répondre en crachant sa purée ou en faisant des coloriages.

Après une mission, j'avais pris l'habitude de ne pas sortir, parfois pendant trois jours. J'allais au supermarché du coin faire le plein, puis une fois rentré je m'ouvrais une bonne bouteille de médoc. En tête à tête avec Gribouille, je discutais. Il partageait mon repas et dormait dans mon lit. Ces moments qui me vidaient la cervelle autrefois commençaient à tourner au tête-à-tête avec moi-même.

Je me suis dit : « Bon, c'est bien beau tout ça, mais ça fait vingt ans de service. Est-ce que je m'amuse autant qu'avant ? »

Cette question, je ne cessais de me la poser. Surtout que cette même année, j'avais vu quelques agents quitter le service. La plupart se reconvertissaient dans le même domaine, à savoir la sécurité. Un passage au Service ouvrait toutes grandes les portes de la sécurité industrielle. Beaucoup franchissaient le pas. Pour nous, ils avaient osé passer de l'autre côté. Personne ne se voilait la face, on appréhendait tous le retour à la vie civile. Après vingt ans de service, on ne changeait pas ses habitudes. Certains devenaient aigris, mais n'osaient pas se confronter au nouveau challenge qu'était la vie civile. Autour de moi, beaucoup se trouvaient des excuses pour ne pas bouger :

« Tu comprends, j'ai des crédits sur le dos, ma femme, la pauvre, si on déménage, elle divorce, c'est sûr. »

Et c'était peut-être vrai, après tout. Parfois, je nous faisais penser à des Indiens sauvages restés trop longtemps au fond d'une jungle et redécouvrant la grande ville.

J'ai commencé à me rendre compte un petit peu plus chaque jour de mon isolement. D'abord, j'ai commencé à critiquer le système, je me plaignais qu'il n'y avait pas assez d'action, les missions sur Londres, sur Stockholm et ailleurs m'avaient laissé un goût d'inachevé, et je sentais de la frustration quand je voyais les dossiers prendre la poussière sur une armoire. Les journées étaient parfois monotones et certaines plus longues que d'autres. Partant moins en mission, le camp m'étouffait peu à peu. À force de vivre en autarcie vingt-quatre heures sur vingt-quatre, je commençais à sentir le décalage. Pourtant, je l'avais choisi en me mettant moi-même sur la touche. L'intérieur de ma tête était devenu un vrai foutoir et je n'arrêtais pas de me poser plein de questions du genre : « Je reste ou je reste pas ? »

Et puis un nouveau patron a pris la tête du Service. Dans les cellules, tout le monde a été très inquiet de le voir arriver. Très vite, on l'a appelé « le Long » parce qu'il était « très long et très rigide ».

Il s'occupait beaucoup de la tenue des gens et de leur coupe de cheveux. Là, je me suis dit qu'il n'allait pas être déçu. On s'est même demandé s'il savait où il était tombé. En effet, plus personne ne portait une tenue réglementaire depuis des lustres… Avec nos casquettes Quicksilver sur la tête, nos cheveux mi-longs et nos tenues paras civiles, on ressemblait plus à des moniteurs du Club Med qu'autre chose. Caché derrière le règlement militaire, il a commencé à casser les couilles à tout le monde… Et chaque jour, la même question revenait du mess au bureau : « pourquoi on l'avait mis ici ? » Certaines mauvaises langues se sont même demandées si on ne voulait pas nous punir, et si ce n'était pas une volonté politique de casser le Service. Mais on n'avait rien fait de mal et puis, de toute façon, le Service s'en sortait toujours... Je me suis dit qu'il était peut-être temps d'aller chercher ailleurs et je n'ai fait que prendre un peu d'avance puisque, sous son commandement, pas mal d'agents ont demandé leur mise à la retraite.

Pour Frédérique, c'était un vrai dilemme. Depuis dix ans dans le Service, elle voyait bien le Centre partir en sucette. D'un autre côté, devenue opérationnelle, il lui était difficile de partir au moment où elle commençait à travailler sur le terrain. De plus, l'ancien chef de corps l'avait chaudement recommandée. Tellement recommandée qu'elle deviendrait patronne opérationnelle de *Lyra* quelques années après. Elle serait la première femme chef de cellule au Service.

« Je t'admire pour ce que tu vas faire parce que moi j'en aurais pas le courage, recommencer une vie de l'autre côté, c'est... trop compliqué », m'a-t-elle confié plus tard.

Je percevais toujours davantage notre degré d'inadaptation au monde extérieur. En même temps, je découvrais des termes nouveaux pour moi comme « candidature spontanée » et « lettre de motivation ». Dans le monde réel, on ne parlait plus de commandement mais de « management ». Fini les « affirmatif », « négatif », « reçu ». J'avais l'impression de me limer les dents. Je devais apprendre à parler une autre langue avec des mots fleuris plein la bouche. Comme un territoire neuf, le monde civil m'attirait. J'avais donné vingt ans de ma vie à l'armée française et je me sentais prêt à passer à autre chose.

Je me suis dit qu'il était temps d'apprendre à écrire des CV. Sauf que je me demandais bien ce qu'on pouvait faire en sortant du Service.

Cher monsieur,

Je sais espionner, tuer à mains nues, sauter en parachute et faire péter des chars à distance. Engagez-moi, je serais un plus pour votre société!

CURRICULUM VITÆ

L'article faisait une page entière. Une grosse photo s'étalait en plein milieu. On y voyait un type sur le toit d'un immeuble blanc ultra-moderne avec des grosses antennes moitié parabole, moitié satellite en arrière fond. Le titre? « Le flic de Canal Plus ».

La photo me plaisait bien. Elle faisait un peu complot, un peu mytho, un peu parano. Pour être franc, ça faisait un peu réseau *Echelon*, les grandes oreilles des États-Unis sur lesquelles tout le monde fantasmait depuis des lustres, et ça m'attirait. L'article expliquait comment le bonhomme qu'on voyait en train de poser venait de créer une cellule de protection de l'information à Canal Plus.

J'ai pris ma plus belle plume et je lui ai écrit. Je n'avais jamais fait de CV de ma vie, évidemment, mais je m'y étais préparé. Depuis plusieurs semaines, j'avais récupéré ici et là les curriculum vitæ que des anciens du Service avaient envoyés afin de se faire embaucher dans le civil. Quand on fait son CV, il faut toujours être discret, chez nous aussi. Un militaire qui fait son CV, c'est qu'il veut partir. Je me souvenais d'un copain, à Perpignan, qui s'était retrouvé au placard du jour au lendemain, écarté des missions. Et puis, il faut en dire assez pour susciter la curiosité, mais pas trop. J'avais opté pour des formules du type « poste opérationnel au Service Action de la direction générale de la Sécurité extérieure » et « chef d'équipe dans l'acquisition de renseignements ».

Trois jours après, ça n'a pas manqué, mon portable a sonné et, à l'autre bout du fil, c'était le type de la photo, et il m'a appelé par mon vrai nom.

« Allô, monsieur Martinet ? J'ai votre CV sous les yeux… c'est très impressionnant… Vous avez pas mal baroudé…

– Vous savez, en vingt ans…

– Je ne savais pas que la DGSE avait une cellule action à Orléans. »

J'avais l'impression d'entendre une voix de la boîte. Même tonalité, même conversation, même retenue dans les mots comme pour éviter de trop en dire. La conversation s'est étirée et j'ai obtenu sans difficulté un rendez-vous pour le mardi suivant. En raccrochant, j'étais content, j'avais peut-être réussi mon premier pas dans ma nouvelle vie.

J'ai posé une journée de vacances pour m'échapper du Centre afin de monter à Paris. J'ai enfilé mon uniforme de jeune cadre dynamique, costard noir et chemise blanche. Ce que j'allais faire, j'allais le faire uniquement pour moi et ça c'était véritablement nouveau. Je me suis dit que c'était la première fois que je ne jouais pas un rôle. Ou plutôt, cette fois-ci, je jouais mon propre rôle. J'étais très détendu car je n'avais rien à perdre. J'avais déclenché le processus de mon départ et j'avais choisi une entreprise sur la photo d'un de ses dirigeants dans un journal, mais il y avait des dizaines d'autres possibilités plus classiques : Air France, Dassault, Elf...

Canal Plus. Je ne connaissais la chaîne qu'à travers mon poste de télé. Un temps, j'avais eu un décodeur pirate bricolé par un jeune électronicien du coin qui arrondissait ainsi ses fins de mois. Au bout de quelques semaines, il était tombé en panne et Frédérique en avait profité pour le jeter.

Dans une de mes fausses vies, j'habitais à deux pas et je passais souvent devant cet immeuble du front de Seine. Il était somptueux, il ressemblait à un gros paquebot à quai, il étincelait de blanc sous le soleil.

Dans le hall immense, des hôtesses accueillaient les visiteurs tandis que, sur les écrans de télé, les émissions du jour passaient en boucle. Je me suis dit que ça allait me changer des sentinelles à béret rouge postées à l'entrée de Cercottes. Les filles étaient jolies. J'allais me plaire dans cette vallée de lait et de miel, je me sentais aussi excité que le médecin qui débarque au milieu des infirmières dans le film *M.A.S.H.*

Je me suis annoncé, la fille m'a tendu un badge et je suis monté à l'étage qu'elle m'avait indiqué. Les couloirs étaient blancs et ça sentait l'aisance et l'abondance. La porte s'est ouverte sur un commissaire de police, modèle divisionnaire. Costard noir, cravate bleue, lourde montre au poignet. L'anticommissaire Moulin. Dans un même geste, il m'a tendu la main, s'est présenté et m'a fait asseoir. Le bureau était spacieux et surplombait les marches qui menaient au hall d'entrée de la chaîne. Comme je m'attardais sur le paysage, il a embrayé : « Comme ça, je peux tout voir… Je vous ai fait venir car j'ai créé une cellule de lutte contre le piratage. Vous ne le savez peut-être pas, mais nous avons énormément de problèmes avec la carte d'abonnement à Canal Satellite. »

Et il m'a fait un exposé :

« Le piratage obéit aux mêmes lois que le terrorisme ou la drogue. Les pirates opèrent en réseau et ces réseaux sont très hiérarchisés. En haut de la pyramide, il y a les concepteurs qui cassent les codes de la carte. Souvent, ça démarre par un défi entre petits génies de l'informatique, ils cherchent tous à devenir le meilleur “casseur” de code. Eux, ça les amuse ! Pas nous ! Autour de ces casseurs gravite une multitude de petits poissons. Ce sont les dealers. Ils copient et ils revendent les cartes mises au point par les casseurs. »

Je comprenais mieux. Comme Canal Plus ne vivait que de l'argent de ses millions d'abonnés, cela devait faire un énorme manque à gagner dans la caisse à la fin du mois. Très vite, j'ai appris qu'on estimait que les abonnés pirates étaient déjà des centaines de milliers et que la gangrène s'étendait à tout le groupe. Au Maroc ou en Italie, par exemple, on racontait en rigolant qu'on ne savait pas si les vrais abonnés étaient aussi nombreux que les abonnés pirates.

Son exposé fini, il a voulu en savoir un peu plus sur ce que je faisais exactement et sur les raisons de mon départ, puis il m'a demandé en relisant le CV : « Qu'est-ce qui se cache derrière *pour des raisons de confidentialité, je ne peux pas m'étendre sur les missions effectuées à l'étranger* ? »

J'ai dit : « Si on travaille ensemble, j'aurais l'occasion de vous en parler. »

C'était comme au poker. Il fallait qu'il paye pour voir. Et puis je me suis dit que si je voulais vraiment ce job, il fallait quand même que j'explique un peu qui j'étais, ce que je savais faire et ce que je ne savais pas faire. C'était le second entretien d'embauche de ma carrière. Mais à Cercottes, j'étais dans mon univers, l'armée. Là, j'étais seul, j'étais candidat à un emploi, comme tout le monde. J'ai commencé à lui dresser un éventail de ma carrière avec des détails ici ou là et je voyais que ça lui plaisait.

« Qu'est ce que ça veut dire *chef d'équipe dans l'acquisition de renseignements* ?

– Disons qu'on fait le même travail que la DST, mais à l'extérieur.

– J'espère que vous travaillez mieux qu'eux...

– Je ne peux pas juger. On n'a jamais de contacts avec la DST.

– Alors, vous avez des réseaux à l'étranger ? En Italie, en Suède ? En Pologne ? En Algérie ? Au Maroc ? En Tunisie ?

– Je connais ces pays, mais notre travail ne s'appuie pas sur des réseaux. Lorsque nous opérons dans un pays, nous préparons la mission, on s'y rend, on opère, on se replie et on rentre. Ce que vous entendez certainement par réseaux, ce sont les contacts que des services entretiennent entre eux. Nous, sur le terrain, on travaille seuls. »

Puis il est brutalement passé à autre chose : « Si Pierre Lescure avait besoin d'être protégé, vous pourriez le faire ? »

La question m'a un peu étonné, mais elle ne m'a pas choqué. J'ai acquiescé. Je le voyais réfléchir tout en prenant des notes. Puis il a dit :

« Et si je vous demande de secouer quelqu'un, vous pouvez aussi le faire ?

– Qu'est-ce que vous entendez par *secouer quelqu'un* ?

– Pas le tuer, bien sûr ! »

Il s'est interrompu, puis s'est repris en me regardant.

« Pourquoi, vous l'avez déjà fait ? »

J'ai répondu que c'était une question que l'on ne posait pas. Et je l'ai poliment renvoyé au CV.

C'est une question qu'on ne pose pas mais qu'on m'a tellement posée. Et qu'on me posera de plus en plus, je le sais. Il y a ceux qui la posent carrément, le plus souvent des femmes, et puis ceux qui la posent du regard. Lui appartenait visiblement à la catégorie de ceux qui la posaient franchement.

J'ai compris immédiatement qu'on risquait de me demander des actions parfois en marge de la loi. Un petit clignotant s'est alors allumé. J'ai décidé d'y aller quand même pour voir jusqu'où, dans le privé, certains pouvaient aller. Pour clore, il est encore passé à autre chose. Il m'a demandé brutalement :

« Et point de vue salaire, vous voulez combien ? »

Là, c'est idiot, j'ai été pris de court. On m'avait préparé à parer toutes les situations, sauf celle-ci. Quel salaire je voulais ? Je n'en savais rien du tout. Dans l'armée, personne ne négociait son salaire. Il y a les grades et l'ancienneté, un point c'est tout. Tout ce que je savais, et c'est ce que je lui ai répondu, c'est que je voulais garder le même pouvoir d'achat. J'ai dit « trois mille euros » en me disant que j'aurais dû dire quatre mille. Et si j'avais dit quatre mille, j'aurais pensé que j'aurais dû dire cinq mille. Ça n'avait aucune importance. J'avais apparemment trouvé un boulot intéressant dans une grosse boîte et en plus c'était une chaîne de télévision. C'était « Canal », l'entreprise la plus sexy de France.

Il a conclu en m'annonçant qu'il m'appellerait dans trois jours. Je lui ai serré la main et j'ai quitté son bureau, j'ai rendu mon badge à une hôtesse différente de la première et j'ai retraversé le hall. Je suis sorti en quittant le monde merveilleux de la télévision pour rejoindre mon camp perdu dans une forêt pleine d'ombres.

Frédérique est rentrée le lendemain. Elle venait de passer une quinzaine de jours en mission dans les Balkans. Je lui ai annoncé ce que je venais de faire. Elle a eu l'air soulagée. Elle voyait bien que je tournais en rond depuis des mois et lorsque j'ai ajouté que j'avais le sentiment que ça allait marcher, elle a été franchement contente pour moi.

Trois jours plus tard, le type que j'avais vu en entretien m'a rappelé. Fred était dans l'appartement et me scrutait des yeux. Quand j'ai levé le pouce, je me suis dit que ça faisait longtemps que je ne l'avais pas vue sourire comme ça. La conversation a été brève.

« Nous avons réfléchi. Je crois qu'on va vous prendre. Bienvenue au club ! Quand pouvez-vous partir ? Vous avez un préavis ?

– Je dépose ma demande de mise à la retraite dès demain matin. Je pense pouvoir être là dans un mois ou deux. »

Puis on a discuté de choses et d'autres. Je me doutais bien qu'il avait dû vérifier mon CV à la loupe. Je me sentais revivre, comme libéré d'un boulet, comme si j'avais ouvert une nouvelle porte. Fini l'ennui. Le monde était calme. Comme si tous les terroristes avaient pris de longues vacances en cette fin du mois d'août 2001.

RETRAITE À TRENTE-SEPT ANS

Le lendemain matin, je me suis présenté devant le colonel.

« Je quitte le Service.

– Comment ça ? Tu quittes le Service !

– Je pars à la retraite aujourd'hui !

– Ah bon ? »

Le colonel est resté interloqué, mais ça n'a pas duré plus de deux ou trois secondes. Il était habitué à voir des gens frapper à sa porte pour lui annoncer leur départ. J'ai pris son étonnement pour un bon point. Depuis deux ans qu'il était chef de corps, combien d'agents avait-il vus partir « à la retraite » ? Une dizaine, peut-être, sur la cinquantaine que nous étions à Cercottes.

C'était un paradoxe de l'armée, les meilleurs sont souvent ceux qui la quittent le plus tôt. En plus, deux ou trois ans auparavant, l'armée avait dégraissé pour constituer l'armée de métier destinée à remplacer les appelés, et elle avait offert des « pécules » à certains cadres pour qu'ils partent avant la limite d'âge. À cette époque, j'avais même vu un colonel partir avec près d'un million de francs.

Moi, je me suis contenté de prendre les vingt jours de vacances qui me restaient. Le 20 septembre, je serais rayé des cadres. Sur le moment, je n'ai rien ressenti. Sauf qu'en trois minutes je venais de mettre fin à vingt ans de service. J'ai traîné un peu sur la place d'armes avant d'aller au mess boire un café comme chaque matin avec ceux qui faisaient sauter la séance de sport. Ensuite, je suis allé nettoyer ma chambre.

Dans mon antre, j'ai réalisé l'ampleur du travail qui m'attendait. À force d'accumuler toutes sortes de trucs, ma chambre était devenue en cinq ans une annexe du matériel digne d'Action Joe. Écartant une paire de rollers, je me suis frayé un passage entre le snowboard et deux parachutes. Par terre, une paire de gants de boxe traînait à côté de mon matériel d'escalade, des masques de plongée, des palmes et des tubas. Des pompes de montagne reposaient sur des piles de dossiers. J'ai commencé par décrocher mon vélo du mur au-dessus de mon lit. Et puis j'ai pris des sacs poubelle, je les ai remplis de vieux papiers que je suis allé brûler. J'en ai profité pour jeter mes fringues, civiles comme militaires.

Quelques jours plus tard, je suis repassé à Cercottes pour faire mes cartons et finir de vider ma chambre. Puis, un peu tristement, j'ai constaté qu'en guise de formalités il ne me restait plus qu'à rendre mon badge de laissez-passer à l'officier de sécurité et à partir. Avant, j'avais décidé de faire un pot de départ. Dans l'armée, ce genre de fête commence tôt. De 18 heures à 3 heures du mat', j'ai fêté la fin de mon ancienne vie et la nouvelle qui commençait. Je me souviens que j'ai été bref:

« Je vais pas faire de discours vu que c'est un pot clandestin pour le départ d'un clandestin. »

Beaucoup manquaient à l'appel. *Adrien* n'était pas là, *Achille* non plus, ni *Caroline*. Même Frédérique était en mission. On devait être une vingtaine, et puis on est restés avec *Léon*, *Février* et quelques autres. *Février* était en instance de divorce. Il s'était amouraché d'une fille du Service un peu trop volage.

« Alors, tu passes la barrière ? N'oublie pas, *Florent*! Toujours habillé! m'a dit *Léon*, l'instructeur tir en posant la main sous son aisselle, c'est des sauvages de l'autre côté. »

La soirée a été quelconque. Je n'avais pas fait de battage pour mon départ ni rameuté trop de monde. J'avais envoyé quelques mails pour informer ceux que j'aimais bien en évitant le pot de départ officiel. Je n'avais pas envie que le colonel me fasse le discours formaté spécial « départ d'agent » en me remettant la plaque commémorative avec mon nom et la reproduction du drapeau du régiment dans le coffret en bois. Fred me l'a remise quand même quinze jours plus tard. Je l'ai rangée au fond d'une cantine avec toutes mes breloques, médailles, bérets, insignes, tout ce qui avait un lien avec le Service, puis j'y ai collé un cadenas.

L'ESPRIT CANAL

Je me suis mis en chasse d'un nouveau pied-à-terre près de Canal Plus, dans le quartier du parc Georges-Brassens. J'avais rendu les clés de mon ancien studio de la rue Brancion en même temps que celles de mon ancienne vie.

Les bureaux de la cellule SSSI*, qu'on appelait communément « 3S.I », ne se trouvaient pas au siège de la chaîne. Ils étaient situés à quelques centaines de mètres, encore plus près de chez moi, de l'autre côté du parc, au lieu dit « Le Ponant ». C'était un immeuble moderne aux vitres miroirs, construit quelques années avant l'hôpital Georges-Pompidou qui lui fait face et le siège de France Télévisions. Divisé en trois parties, l'immeuble abritait l'administratif de la chaîne. SSSI occupait tout le septième étage d'une

* Service de Sécurité des Systèmes d'Information.

des ailes. Bureaux modernes, blanc des murs au plafond, c'était la « Canal touch ». Avec les badges à l'entrée et les codes d'accès, ça ne me changeait pas trop de Cercottes. Ah si ! Il y avait de la moquette, et elle était épaisse.

Mon nouveau patron m'avait demandé de passer pour régler les formalités de mon embauche. D'un pas assuré, il m'a fait visiter les bureaux de sa cellule. Un homme à tête de flic a glissé sa silhouette dans le bureau :

« Pierre, je vous présente mon second. Vous serez directement placé sous son autorité. »

J'étais déçu. Il ne respirait pas la joie. Je m'imaginais travailler directement sous ses ordres à lui, mais j'ai compris à cet instant que j'aurais affaire à son souffre-douleur. Ancien inspecteur de police, il avait gravi tous les échelons pour finir commandant au SCTIP, le service de coopération technique inter-polices. Il était petit et légèrement enveloppé. Avec ses airs mystérieux, il me rappelait certains types qui peuplaient le siège de la DGSE et qui se la racontaient pas mal à coup de sous-entendus. C'était comme ça. Ça devait être humain. Puis le boss m'a dit :

« Écoutez, on a juste un léger problème. On ne sait pas comment vous allez apparaître dans le dispositif : soit sur une filiale à l'étranger, soit directement sur Canal. Ici, vous savez, on s'affiche à gauche. »

Bref, il n'avait pas trop envie qu'on sache qu'un ex-agent du Service Action travaillait pour Canal Plus. On était déjà le 2 septembre. Il me proposa de commencer début octobre. En attendant, je pouvais partir en vacances. C'était mes premières vraies vacances depuis cinq ans, de vraies vacances pendant lesquelles on est sûr de ne pas être appelé. Avant que je parte, son second me demanda d'établir la liste du matériel nécessaire pour mes missions.

« Vous avez besoin de quoi pour travailler ?

– À première vue, je vais utiliser le même matériel que celui que j'avais en cellule. »

Je lui ai dressé une première liste : un ordinateur portable, un appareil photo numérique, un appareil photo argentique avec téléobjectif, une caméra vidéo, et un dictaphone avec micro déporté…

11 SEPTEMBRE 2001

Cet après-midi-là, j'étais à Orléans lorsque mon téléphone s'est mis à vibrer. C'était Frédérique qui m'appelait du Centre.

« T'es où ?

– Place Jeanne-d'Arc. Pourquoi ?

– T'as une télé pas loin ? »

Je n'ai pas tout de suite compris sa question.

« Fonce jusqu'au centre commercial et regarde la télé. »

Je sentais comme un ahurissement dans sa voix. Elle a ajouté : « Quelque chose de terrible s'est passé aux États-Unis. »

Je me suis engouffré dans le centre commercial. Chez Carrefour, j'ai filé directement au rayon télé. Bloqués sur

LCI, des dizaines d'écrans repassaient une seule scène en boucle devant mes yeux hallucinés. Un avion, puis un deuxième en train de s'encastrer dans les tours jumelles de New York.

Autour de moi, une petite foule s'était agglutinée, la bouche ouverte et les yeux écarquillés. Chaque nouveau téléspectateur posait invariablement la même question : « Qu'est-ce qui se passe ? » Et quelqu'un répondait : « Il y a eu un accident à New York. Le pilote a perdu le contrôle de son Boeing et s'est foutu en l'air dans une des tours de la ville ».

Après le deuxième avion, j'ai rappelé Frédérique.

« Qu'est-ce qui se passe au camp ? Ça bouge ?

– Non. Tout est normal. Tout Cercottes est scotché devant le poste. »

Un avion, c'était louche, deux avions, c'était Pearl Harbor. Si, comme l'affirmaient déjà les journalistes, il s'agissait d'une action terroriste, j'avais peut-être fait une connerie en demandant ma mise à la retraite alors que c'était maintenant que tout allait commencer. Les cibles sur lesquelles nous avions travaillé depuis tellement longtemps allaient peut-être enfin être traitées. Je me voyais déjà revenir, frapper chez le colonel et lui dire : « Je reprends ma mise à la retraite. » Je me suis demandé si c'était possible, si le colonel accepterait de me reprendre. D'un autre côté, je connaissais nos politiques et leurs réticences à passer à l'action, leur incapacité à se décider. Et, surtout, la France n'était apparemment pas directement concernée par cette nouvelle guerre qui démarrait en direct sous nos yeux. À la fin de la journée, j'avais des avions plein la tête et je ne parvenais pas à me décider.

Rentré à l'appartement, j'ai continué à regarder la télévision en zappant d'une chaîne à l'autre avec deux radios à fond, histoire de rien rater au cas où... Au cas où quoi? Je n'en savais rien. J'étais juste confronté à un événement historique qui allait mettre en alerte rouge tous les services secrets du monde et je venais de partir. Mieux, à trente-sept ans, je venais de faire valoir mes droits à la retraite. Je ne savais plus où donner de la tête. D'une main, je zappais avec la télé, de l'autre avec la radio. J'étais comme une souris en cage à qui on aurait injecté une dose de cheval d'adrénaline.

Frédérique est arrivée. On a regardé les images ensemble comme des millions d'humains en se disant que le ciel venait de nous tomber sur la tête. Ce jour-là, nous étions juste des gens comme les autres. Plus tard dans la soirée, on a commencé à discuter.

« Tu veux revenir sur ta décision?

– Je ne sais pas. Je ne sais vraiment pas. Qu'est-ce que tu en penses, toi?

– La seule chose que je peux te dire, si ça peut t'aider, c'est que le chef de corps n'a rien changé à son emploi du temps. Il a joué au badminton, les entraînements ont continué pendant que les gens du Centre sont restés une partie de la journée devant la télé. »

Dans ma tête, je devais revenir! On ne pouvait pas partir alors que la bataille était en train de commencer. Une chanson de Jacques Brel me trottait dans la tête depuis le matin.

Je m'appelle Zangra et déjà capitaine, au fort de Belonzio qui domine la plaine, d'où l'ennemi viendra qui me fera héros...
Je m'appelle Zangra hier trop vieux général, j'ai quitté Belonzio qui domine la plaine, et l'ennemi est là, je ne serai pas héros.

Je trouvais que la chanson résumait bien la situation. Le Service avait toutes les réponses sur tout, mais personne ne lui posait de questions, alors nous restions avec nos réponses.

J'ai décidé d'appeler la cellule. Pour moi, le Service était déjà sûrement sur le pied de guerre vu qu'on avait de l'avance en matière de terrorisme islamiste. Au téléphone je suis tombé sur *Adrien* qui avait rejoint les *Draco* depuis peu. « *Florentino,* quelle surprise ! Il paraît que tu pars à la retraite ?

– Bah, je sais plus avec ce qui se passe. Ça bouge chez vous ?
– Et pourquoi tu voudrais que ça bouge ! Aucune alerte, aucun mouvement, aucun soupçon d'embryon d'esquisse de départ en mission. »

Un mois plus tard, la France a découvert qu'un jeune homme à la double nationalité algérienne et française avait été arrêté à Dubaï, aux Émirats arabes unis. Il s'appelait Djamel Beghal. Activiste islamiste connu, il était signalé comme membre de l'organisation Al-Qaïda d'Oussama ben Laden. Au moment de son arrestation, il était seul et revenait du Pakistan.

Ici, à Paris, plusieurs personnes auraient bien aimé lui parler. L'un d'entre eux, le juge Bruguière, a fait le déplacement jusqu'à Dubaï. Lors de son interrogatoire, Beghal a raconté aux policiers français de la DST accompagnant le juge une histoire bien intéressante.

Jeune banlieusard de Corbeil-Essonnes, Beghal découvre le djihad en fréquentant la mosquée de Saint-Denis. Décidé à parfaire son apprentissage religieux, Beghal a quitté la banlieue de Corbeil et a rejoint Londres en 1997. Là, installé à Leicester, il a fréquenté les lieux de prière du Londonistan. C'est au cours d'un de ces vendredis qu'il a rencontré Abou Qotada qui l'a mis en contact avec... Abou Walid mon vieil ami. Après des distributions de cassettes et de littérature islamiques, ses deux « parrains » l'ont orienté très vite vers du travail plus adapté à son tempérament. Aux mains des talibans depuis 1996, l'Afghanistan attire comme un aimant tous les djihadistes du monde désireux d'apprendre à combattre les « impies » occidentaux. Ils lui ont conseillé de s'y rendre.

Pour le Service, Abou Walid avait disparu de Londres avec femme et enfants fin 1999. En fait, il avait rejoint l'Afghanistan dès février 2000. Comme l'a dit plus tard Beghal, pour lui, Abou Walid était une autorité morale qui lui avait demandé de venir le voir s'il se rendait en Afghanistan. Après le passage de la frontière, il s'est rendu chez Abou Walid qui, ravi de le revoir, lui a conseillé d'aller suivre un entraînement militaire dans l'un des nombreux camps mis à la disposition des djihadistes autour de Kaboul. Après plusieurs semaines, Beghal a enchaîné sur un deuxième entraînement dans un camp près de Kandahar.

Ses formations finies, Beghal est prêt pour le grand saut et c'est ce que lui ont proposé Abou Walid et un nouveau mentor, Abou Zoubeida. Ce dernier est devenu célèbre après le 11 Septembre, puisqu'il n'est autre que le coordonnateur des opérations extérieures d'Al-Qaïda.

La mission que les deux hommes ont confiée à Beghal est très précise. Il lui fallait revenir en France et recruter des hommes afin de mettre en place un réseau terroriste qui puisse frapper les intérêts américains à Paris. La cible sera vite trouvée. Ce sera l'ambassade américaine.

Arrêté le 28 juillet, Beghal est passé très vite à table et le 7 septembre, soit quatre jours avant la destruction des deux tours, tout est notifié.

Après le 11 Septembre, la mise au jour d'un réseau islamiste en France et en Europe dont les membres étaient susceptibles de préparer des actions violentes contre les intérêts américains à Paris a fait l'effet d'un tremblement de terre.

Je me suis dit qu'encore une fois le Service avait bien été en avance, mais pour moi la page était vraiment tournée.

PREMIERS PAS DANS LE PRIVÉ

Canal venait de fusionner avec l'ancienne Générale des Eaux rebaptisée Vivendi par le nouveau patron, Jean-Marie Messier. On ne voyait que lui, on n'entendait que lui. Le lendemain du 11 Septembre, il était même apparu en direct au 20 Heures depuis sa terrasse de New York afin de commenter les événements et verser un larme en direct. Un PDG qui n'avait peur de rien puisqu'il a posé un jour dans *Paris-Match* avec un trou dans une chaussette. J'étais plutôt content de bosser dans une chaîne aussi glamour. Dire que j'aurais pu me retrouver chez Elf ou je ne sais où…

Toutes les semaines, le second battait le rappel des troupes. La première fois, je l'ai suivi dans une grande salle où une dizaine de personnes étaient déjà installées. Une vraie cellule policière composée pour moitié d'informaticiens et pour moitié d'enquêteurs. Informatique et investigation : le système semblait très organisé.

Il a ouvert la réunion :

« Avant de commencer, je tenais à vous présenter deux nouveaux arrivants qui vont renforcer le dispositif de la cellule pour faire aboutir les dossiers en cours. Pierre Martinet qui arrive de la DGSE et plus particulièrement du Service Action... »

J'en ai vu quelques-uns faire la grimace mais j'ai fait comme si j'étais aveugle.

« Et Thibault... qui, lui, arrive de la gendarmerie. »

J'ai dévisagé en face de moi celui qui allait partager mon bureau. Nous allions vite sympathiser. Il était grand, plutôt beau gosse, les cheveux bruns en brosse. Méticuleux, soigné. Il était divorcé et père de deux enfants. Après vingt-cinq ans de gendarmerie de bureau, il avait décidé de passer dans le privé. Mi-psychologue, mi-informaticien, il était chargé des contacts directs et officiels avec la police et la gendarmerie, mais, surtout, il avait mis au point un logiciel de recoupement relationnel pour les affaires criminelles, que la gendarmerie utilisait désormais. Il s'en est servi plusieurs fois dans les affaires de piratage à Canal. Après avoir entré tous les indices connus, les noms et les numéros de téléphone des suspects, on trouvait souvent un lien entre deux pirates.

Puis, les présentations faites, on a évoqué les dossiers en cours. Il y en avait plusieurs, visiblement lourds, et qui avaient tous trait à la sécurité économique de la boîte.

D'abord il y avait les pirates et puis un nom qui revenait souvent, un milliardaire australo-anglo-américain qui était un peu comme le maître de l'empire et à qui Canal livrait une guerre sans merci. Il s'appelait Rupert Murdoch, et j'allais apprendre en étudiant ses pratiques pour déstabiliser la concurrence ce que « capitalisme sauvage » signifie. Murdoch n'était évidemment pas derrière chaque coup tordu attribué à son groupe aux quatre coins de la planète, mais il avait insufflé un esprit maison qui rappelait un peu le méchant d'un des derniers *James Bond,* un milliardaire des médias, mégalomane, qui ne recule devant rien. Dans le film, il était marié à une ex de James.

Murdoch, lui, à soixante-dix balais, venait de se marier avec une jeune Chinoise ambitieuse que la presse avait soupçonnée d'accointances avec les services secrets de Pékin.

Murdoch était en concurrence avec Canal un peu partout dans le monde et particulièrement en Italie. Michel Thoulouze, un proche de Pierre Lescure, y avait lancé Télépiù et Murdoch avait répliqué avec Stream. Ils perdaient tous les deux des milliards chaque année mais le plus grave, c'est que Télépiù semblait avoir plus d'abonnés pirates que d'abonnés payants. Lescure serait nerveux, paraît-il, et Michel Thoulouze ne semblait plus en odeur de sainteté. Bien que rien n'ait jamais été prouvé, une filiale de Murdoch avait même été suspectée d'avoir commandité le piratage de la technologie des décodeurs des chaînes de Canal et de frayer avec les hackers indispensables à ce genre de tâche.

La réunion s'étirait et j'avais l'impression à la fois étrange et rassurante de ne pas avoir quitté le Service. Même univers, même vocabulaire, seules les cibles avaient changé.

La structure montée par le boss se rapprochait d'un Gir, Groupe d'Intervention Régional. Je me suis dit que son CV n'était pas bidon. Je savais qu'il avait travaillé aux RG, puis aux VO, le service des voyages officiels de l'Élysée, je savais aussi qu'il avait été en poste aux Antilles et qu'il avait une réputation un peu sulfureuse chez les flics. Il avait beaucoup investi dans la veille Internet et informatique. Pour faire tourner sa cellule, il avait recruté des informaticiens de tous horizons. Ceux qui avaient un parcours classique côtoyaient d'anciens hackers, et puis il y avait deux informaticiens de haut vol, dans un bureau à part. Leur spécialité, c'était la sécurité. Un jour, ils ont décroché pour la cellule un contrat de plusieurs millions de dollars en piratant les mails de Messier lui-même, sur ordre de mon nouveau boss. Tout fier, il était ensuite allé les déposer sur le bureau de J6M, comme il s'était lui-même rebaptisé dans son livre. Il paraît que Messier n'avait pas aimé la méthode, et qu'il l'avait pris dans le nez ce jour-là, mais, réaliste, il a tout de même donné à SSSI une mission juteuse pour sécuriser les transmissions informatiques de Vivendi aux États-Unis.

Les autres étaient d'anciens flics et d'anciens gendarmes. Il y avait même un inspecteur des impôts. Au-delà de ses compétences, tout ce petit monde devait faire la connexion avec son ancien service pour le suivi des dossiers antipiratage en cours. L'inspecteur des impôts avait gardé des contacts aux impôts, le gendarme dans la gendarmerie, les flics dans la police…

Les lettres anonymes étaient le grand moment du matin. Dans notre bureau, Thibault triait chaque jour le courrier fraîchement arrivé. Le rituel était immuable. Il faisait défiler les enveloppes jusqu'à trouver celle qui l'intéressait : la lettre sans adresse au dos ou écrite au normographe. Immanquablement, passé l'excitation de la bonne pioche, il me faisait la lecture.

« Pierre, écoute celle-là : *Monsieur, sachant que la chaîne vit grâce aux abonnements et que j'y participe moi-même, je tenais à vous informer que M. … utilise une carte pirate dans son décodeur et qu'il s'en vante. Face à cette attitude que je réprouve, je tenais à vous en avertir.* »

La lettre était évidemment non signée. Des lettres comme celle-ci, Thibault en recevait tous les jours. Méticuleusement, il les répertoriait dans un grand classeur.

« Si tu veux les lire, te gêne pas. C'est du concentré de délation. Rien n'a changé depuis la guerre. »

Il y avait ceux qui dénonçaient leur voisin parce qu'il était Arabe, ou Juif, ou parce qu'il faisait trop de bruit. Il y avait aussi les couples qui se séparaient et qui se déchiraient pour la garde du décodeur pirate. Malheur à celui qui partait avec. Son ex-femme le dénonçait illico.

Très vite, j'ai décroché ma première « mission ». Quelques jours après mon arrivée, le sous-chef m'a appelé dans son bureau. Tout en jetant des regards furtifs sur le téléphone ou par la fenêtre, il m'a expliqué qu'il fallait que j'enquête sur une personne qui habitait à Caen.

« Il faudrait aller vous renseigner sur cet individu… Essayez de savoir où il habite et quel est son environnement. »

Il m'a tendu une feuille. C'était la photocopie d'une plainte déposée par la femme d'un cadre de Canal Plus, à l'encontre d'un certain M. F.

Le M. F en question, selon la plainte, avait violemment agressé verbalement cette dame à Paris. Il n'y avait rien d'autre. C'était très vague et je ne voyais pas vraiment le rapport avec le piratage. Visiblement, il s'agissait de harcèlement par téléphone, mais je reniflais plutôt le règlement de comptes personnel qui n'avait rien à voir avec Canal.

J'ai dit : « Je vais voir ce que je peux faire. » Je suis parti une semaine à Caen, où j'ai récolté des renseignements sur M. F. Je suis rentré avec mon dossier sous le bras que j'ai déposé sur le bureau du sous-chef, qui l'a transmis au chef.

Quinze jours plus tard, je suis allé, comme tous les salariés, à la soirée des dix-sept ans de Canal organisée à l'hippodrome d'Auteuil. L'ambiance était lourde et, pendant le discours de Lescure, les gens ne parlaient que du plan social qui s'annonçait. La soirée a fini au petit matin, mais c'est comme si la gueule de bois était arrivée avant le champagne. Au milieu de la soirée, mon boss s'est approché de moi avec un invité.

« Il y a quelqu'un qui veut vous remercier. Monsieur, je vous présente Pierre Martinet. » Le visage du cadre de Canal, une coupe à la main, s'est éclairé en trinquant avec moi. Il m'a fait un clin d'œil mais personne n'a parlé de rien. Les ennuis de sa femme avec le gus de Caen s'étaient tassés. À côté de moi, un ancien de la cellule est resté bouche bée.

« Comment t'as fait! T'es à peine dans la maison depuis deux semaines et tu le connais déjà? »

J'ai plongé mon nez dans le champagne en jouant le modeste. Je n'allais pas lui expliquer que j'avais déjà commencé à jouer au chien de chasse pour eux. Autour de moi, c'était l'abondance, mais, derrière les sourires, je voyais briller l'acier des couteaux. J'étais en pleine crise. Je suis rentré et je me souviens que je me suis dit, perplexe: « Bienvenue dans le privé, vieux. »

TOTAL LOOK CANAL

J'allais souvent à la salle de sport et je croisais plein de gens de bonne humeur qui se souhaitaient une bonne journée. Je répondais automatiquement mais je ne connaissais strictement personne. De loin, Canal ressemblait effectivement à une grande famille.

À la cafétéria, comme à Cercottes, nous allions manger entre nous et, comme à Cercottes, personne ne parlait des dossiers en cours. Je voyais bien que les gens de la chaîne nous regardaient, nous les gens de la SSSI, par en dessous. Encore une fois, on sentait le soufre, mais ça, j'avais l'habitude.

« Vous êtes dans quel service ? »

Le gars était jeune, très look Canal. Cheveux en pétard, chemise ouverte et jean taille basse sur des baskets blanches.

« Je travaille à la direction des moyens généraux. »

À ce nom, j'ai vu qu'il coinçait.

« Ah, chez *Dark Vador* !

– C'est qui ? j'ai demandé, l'air idiot.

– Votre patron… »

Avant même que je réponde, il s'est empressé de saisir sa tasse, a tourné les talons vite fait, me plantant devant la machine. En une minute, je venais de découvrir que je travaillais pour la personne la plus crainte voire la plus détestée de Canal Plus !

Les anciens de la cellule étaient de vraies mines d'informations et j'en apprenais un peu plus chaque jour. Mis en place par Pierre Lescure pour remettre de l'ordre dans la chaîne qui en avait apparemment besoin. Le boss était passé par la case sécurité avant de grimper quatre à quatre les marches de la hiérarchie. Les moyens généraux, c'était son bâton de maréchal. Le service en question regroupait la sécurité, c'est-à-dire les responsables incendie, la sûreté, les vigiles notamment, mais aussi tout ce qui avait trait à l'immobilier et au mobilier de la chaîne. Tel un Fouché ou un Vidocq, il s'était rendu indispensable auprès de ses patrons. Face au bordel ambiant, il avait imposé le badge et les portiques à l'entrée. Grâce à cela, il pouvait connaître le moindre déplacement des salariés de la chaîne. Je me suis demandé un bref instant si les salariés de cette ambassade de l'impertinence et du glamour connaissaient tous cet aspect plutôt orwellien de leur entreprise.

Il n'y a pas de « Big Brother » cathodique sans son rebelle. Le Che Guevara local s'appelait Bruno Gaccio. Responsable d'une des émissions phares de la télévision, « Les

Guignols de l'Info », il avait refusé dès le début d'avoir un badge salarié et s'en vantait haut et fort. Chaque matin depuis des années, en descendant de son scooter, il se dirigeait vers le comptoir de l'accueil afin de demander un badge visiteur pour la journée. Cette résistance passive, j'avais pu m'en rendre compte, mettait hors de lui mon patron.

À L'ABORDAGE DES PIRATES

Canal Plus était en guerre. C'est ce qu'on m'avait fait comprendre dès le premier jour. Derrière les paillettes, la chaîne livrait d'épuisantes batailles depuis des années contre un mal qui risquait de la saigner à blanc. La piraterie en tout genre était devenue l'obsession de la cellule. Une semaine avant mon arrivée, Canal Plus, en liaison avec la gendarmerie, avait fait démanteler tout un réseau de pirates disséminés sur la France, qui s'était spécialisé dans les fausses cartes d'abonnement à Canal Satellite. Les pirates arrêtés, qui avaient tous les âges et venaient de tous les milieux, écopèrent de deux mois de prison préventive en attendant le jugement définitif. Mais ça ne suffisait pas à la cellule : mon chef pensait, comme Pasqua, qu'il fallait « terroriser les terroristes ».

Un jour, il m'appella et me tendit une feuille : « Pierre, il faut faire un petit dossier de domiciliation et d'environnement sur ce monsieur.

– C'est qui ? j'ai demandé.

– Un dealer de cartes », a répondu le sous-chef.

Le gus en question habitait Malakoff, dans une maison de ville. Arrivé sur place, j'ai commencé à prendre mes marques. Pendant une semaine, je suis resté dans sa rue. Il m'avait été demandé de préparer un dossier de domiciliation afin que les gendarmes n'aient pas trop à tâtonner le jour où la perquisition aurait lieu. Le dossier était épais. En plus des recos habituelles, j'y avais joint des photos de la maison et de ses entrées sous toutes les coutures. J'avais également vérifié que le gars était généralement chez lui à 6 heures du mat' pour que, le jour de la perquise, les gendarmes ne trouvent pas porte close.

Les dossiers de domiciliation s'accumulaient sur mon bureau et je découvrais que la guerre contre le piratage était une bataille invisible qui se déroulait discrètement un peu partout en France. Dijon, la banlieue parisienne, Châteauroux, Marseille, Genève, Lausanne, les cartes piratées de CanalSat circulaient sur tout le territoire et gangrenaient impitoyablement les comptes de Canal Plus. Le piratage devait représenter des centaines de millions de manque à gagner pour une entreprise qui semblait s'être soudain mise à compter. Chaque nouveau dossier me renvoyait invariablement à mon passé encore tout chaud. On m'assignait une mission, je l'effectuais, on me donnait un nom et une adresse, je surveillais. Posé dans la voiture, je devais rester assis, planquant parfois pendant des heures. Ça ne me changeait pas trop des RFA du Service, sauf qu'il n'y avait personne à traiter à fond.

De retour au bureau, je rendais compte au sous-chef qui me livrait pour sa part les informations au compte-gouttes. Je sentais qu'il n'avait pas trop envie de s'étendre sur les opérations en cours, moins par parano que par peur de perdre une once de son pouvoir. Comme dans le Service, le cloisonnement était de rigueur ; mais il était le seul à l'appliquer. Autour, tout le monde se foutait un peu de sa gueule et de ses consignes de sécurité.

Un jour, il nous a réunis :

« La première vague d'arrestations a montré que nous n'avons démantelé qu'une partie du groupe de pirates. Ce que nous voulons maintenant, c'est les concepteurs. Il va falloir être rapide tout en restant discret. »

Derrière son bureau, il se prenait pour Alexandre le Grand. Dehors, les surveillances s'étaient intensifiées et, dans ma voiture, je m'étais mis à sillonner les routes de France comme un voyageur de commerce, multipliant les reconnaissances.

Pendant ce temps, à Cercottes, Frédérique partait sans cesse en mission. Le Centre, après le 11 Septembre, avait arrêté net les RFA sur Londres. Maintenant que les services anglais surveil-laient nos anciens clients, nous n'avions plus d'intérêt à travailler sur eux. De temps à autre, les potes du Service m'appelaient quand ils montaient sur Paris pour me donner les nouvelles. On bouffait un morceau tout en se racontant les dernières. *Rémi* était passé à la Centrale, boulevard Mortier, tandis qu'*Adrien* avait rejoint les *Draco*, *Caroline*, elle, travaillait sur du renseignement de crise longue durée. En Afghanistan, les missions lancées bien avant l'offensive américaine avaient été maintenues tandis que, dans le ciel de Kaboul, les Américains continuaient à matraquer impitoyablement les lignes des talibans retranchés.

« Alors, dans le privé, c'est comment ? » m'a demandé *Rémi*.

J'étais bien embarrassé. J'aurais voulu leur dire que c'était totalement différent sauf que ce n'était pas vrai.

« Vous allez pas me croire mais je fais pareil avec plus de moyens, je suis tout seul et j'ai moins de contraintes et surtout je fais moins de dossiers après les missions. »

Cela faisait maintenant trois mois que la cellule préparait les dossiers en vue du deuxième coup de filet. Pour moi, les jours défilaient mais ne se ressemblaient pas.

Comme un groupement d'intervention, à la veille du mois de février, le sous-chef nous a rassemblés dans la salle de réunion. Il avait son air de flic de télé, celui qui réunit ses hommes avant un flag. Sur le ton mystérieux dont il avait le secret, il nous a dit : « Après trois mois de labeur harassant, demain, vous verrez votre travail enfin récompensé. »

On s'est tous regardés puis l'un de nous a demandé :

« Que doit-on faire ?

Il a répondu :

– Nous ? Rien. Mais après-demain les gendarmes vont intervenir dès 6 heures du matin dans toute la France pour lancer un grand coup de filet sur les concepteurs présumés. »

Plus il parlait et plus je le voyais enfler. C'était sûr, après-demain serait son jour de gloire.

Alors que les troupes américaines piétinaient devant le QG montagneux de Ben Laden, pour faire plus pro, un jeune de la cellule informatique qui avait trop fumé en regardant CNN avait donné le nom de code *Tora Bora* à l'opération en cours. Opération *Tora Bora*! Comme les Américains en Afghanistan. Je me suis dit qu'avec un nom pareil toutes les chances étaient de notre côté… Devant nous, une grande carte de France avait été déployée. Elle était décorée de dizaines de punaises de couleurs différentes. Chacune d'entre elles représentait une ville dans laquelle la gendarmerie perquisitionnerait le surlendemain les domiciles des présumés pirates. Le sous-chef nous a annoncé que les informaticiens de la SSSI seraient officiellement mandatés par le tribunal pour expertiser le matériel qui serait saisi. Tout le monde a acquiescé en silence. Il était lancé. C'était le rôle de sa vie:

« Certains d'entre vous resteront à la cellule pour effectuer la coordination avec les forces de l'ordre qui auront besoin de savoir si les cartes sont officielles ou pirates. Pierre, vous partirez avec Luc à Melun dans la voiture du service. »

Il m'a désigné un jeune informaticien boutonneux. Frêle et tout pâle, il avait dû passer la première moitié de sa vie devant un écran de télé, et l'autre devant un PC. Aussi sec rebaptisé « Super Mario », il a commencé à m'expliquer sur la route de Melun qu'il avait déjà raté trois fois son permis de conduire et que c'était pour ça qu'on m'avait désigné en accompagnement. Il a même ajouté: « Je comprends pas pourquoi, je suis super bon en jeu de pilotage, la dernière fois lors d'une soirée entre potes, sur la console "24 race" j'ai gagné la coupe. Je les ai tous explosés. » Je me souviens que je lui ai coulé un regard navré et que je me suis demandé ce que je foutais avec ce pékin ! Il a continué en me racontant ses jeux préférés, des jeux de baston ou de guerre. Je lui ai expliqué que j'étais très mauvais en jeux vidéo, et que je n'aimais pas trop la vie virtuelle. Je lui ai dit qu'il devrait essayer de faire du kart en vrai, pour les sensations. À son tour, il m'a regardé de travers. Le môme avait dû bouffer une console. Il vivait dans un monde qui m'était totalement étranger et je me suis senti soudain comme un dinosaure. Je n'avais pas quarante ans et j'avais quitté l'ombre pour un monde étrange.

À Melun, l'hôtel avait été réservé pas très loin de la section de recherche de gendarmerie. Ça tombait bien. À 5 h 30 du matin, dans toute la France, l'opération *Tora Bora* commençait. Les Ben Laden du piratage télévisé n'avaient qu'à bien se tenir. L'équipe avec laquelle nous travaillions était constituée de deux officiers de police judiciaire d'Avignon, d'un photographe de la scientifique qui devait prendre en photo les ordinateurs saisis, ainsi que d'un officier de la gendarmerie de Melun. Le pirate habitait dans une petite maison de ville non loin du centre. Au bout du deuxième coup contre la porte, le battant s'est ouvert sur un visage chiffonné de sommeil. C'était la femme du pirate présumé, qui a écarquillé les yeux devant les gendarmes en tenue à sa porte.

« Bonjour madame, ne vous inquiétez pas, il n'y a rien de grave, on veut juste voir votre mari.

– Il dort. Mais qu'est-ce qui se passe ! »

Derrière elle, on a entendu des pas dans l'escalier et une voix : « Marielle, c'est quoi ? »

Petit, les cheveux très longs, un peu de bide, malgré les yeux englués, notre concepteur présumé ne semblait pas plus étonné que ça. Je pense même qu'il s'attendait un jour ou l'autre à notre visite.

« Il est 6 h 05 et, à partir de maintenant, vous êtes en garde à vue. Nous allons procéder à une perquisition de votre domicile », a dit le premier OPJ*.

Super Mario s'est installé dans un coin de l'appartement, il a allumé son ordinateur et déplié des câbles qui n'attendaient que d'être connectés au matériel à expertiser qu'on allait lui apporter sur un plateau. La maison était celle d'un informaticien. Il y avait de l'électronique partout. Des carcasses de PC s'entassaient jusqu'au plafond. Les OPJ ont commencé à tendre au petit Luc les cartes qu'ils trouvaient. Il les glissait dans un lecteur relié à son ordinateur et au bout de quelques secondes, il donnait son verdict : « Carte pirate… Carte pirate… Carte pirate… Carte officielle… Carte pirate… » L'informaticien, pirate présumé, était un vrai programmeur. Curieux, je lui ai demandé :

« Vous faites ça pour vous amuser ou pour l'argent ? »

Les cheveux dans les yeux, il m'a répondu un peu penaud : « Je rends service. Les gens viennent me voir et je leur vends des cartes à puce vierges sur lesquelles j'ai encodé le programme et le code de CanalSat. Avec ça ils ont accès à tout le bouquet. »

* Officier de Police Judiciaire.

Il a expliqué qu'il faisait aussi le service après-vente. Un vrai fléau dans le fléau, le service après-vente. Plus rapide et moins cher que celui de Canal :

« Dès que Canal lance ses contre-mesures, les clients reviennent avec leurs cartes et je les reprogramme. »

La perquisition allait durer une bonne partie de la matinée. Je savais que la même scène devait se répéter au même moment un peu partout en France. Une gamine s'était réveillée à cause du bruit et, l'air inquiète devant les uniformes, elle n'arrêtait pas de poser des questions à sa mère. L'OPJ s'est retourné vers moi. Il était déjà 9 heures du matin et je me serais bien tapé un café mais il m'a dit :

« Il faut perquisitionner sur son lieu de travail, à Paris, et vous nous accompagnez. »

Mon boy virtuel a quitté la maison avec tous les disques durs sous le bras afin d'approfondir les expertises chez SSSI. Dans la voiture, pendant que je conduisais, il bidouillait toujours sur son ordinateur portable et je lui ai demandé pourquoi ce n'était pas les gendarmes qui farfouillaient dans les disques durs. Super Mario m'a regardé avec un drôle de sourire :

« Ils n'ont pas le matos pour et surtout ils savent pas faire, c'est pourquoi ils font appel à nous. »

À l'époque, la Gendarmerie nationale n'avait quasiment personne pour s'occuper du piratage audiovisuel et des cartes à puce. C'était grâce à un simple gendarme de Marseille, passionné d'informatique, qu'on avait pu lancer toutes ces opérations. C'était lui qui avait poussé sa hiérarchie à ouvrir une enquête en liaison avec nous sur le piratage.

J'ai regardé dans le rétroviseur. Le programmeur était monté, encadré par les deux OPJ. Sa femme lui avait préparé quelques affaires et il avait embrassé sa fille. J'avais trouvé ça un peu rude. Tout ce bordel pour quelques cartes piratées. Je pensais à la gamine qui avait vu son père partir entre deux gendarmes. De nos jours, vouloir regarder la télé sans payer, ça pouvait être plus risqué que de frauder le fisc à grande échelle. Notre pirate travaillait dans une start-up informatique située dans le quartier de la Bastille. L'ambiance était décontractée et tout le monde continuait à s'appeler par son prénom. Nous avons traversé l'open space sans que personne ne nous demande rien. Le programmeur, encadré de ses deux OPJ, s'est dirigé vers son bureau équipé de deux ordinateurs. Même lui semblait prendre les événements avec philosophie. Il nous a donné ses codes d'accès et Mario lui a pompé tout son disque dur. Au passage, on a constaté qu'il avait stocké un paquet d'infos sur des programmes de destruction de codes en tout genre. Pendant que petit Luc était en train de lui vider son ordinateur, des salariés passaient à côté de nous en nous disant bonjour. Étrange ambiance, étrange moment, étrange époque, me suis-je dit.

Le programmeur, sage comme une image, qui s'apprêtait à passer sa première nuit en garde à vue, avait l'air ailleurs, comme si tout ça ne le concernait plus. Il ne s'était pas préparé à ça. Il m'a demandé : « Je risque quoi ? » Je lui ai répondu que la chaîne allait se porter partie civile contre lui et que, s'il était solvable, il devrait payer des dommages et intérêts. C'était la deuxième vague d'arrestations, il avait de la chance. Ceux qui avaient été pris dans la première rafle, un mois avant, avaient été gardés en préventive afin d'éviter qu'ils avertissent leurs réseaux du danger. Largement médiatisée, l'affaire avait fait le 20 Heures et même les quotidiens de province en parlaient. À la SSSI, tout le monde était revenu des quatre coins de la France. Le sous-chef était fier de son coup de filet et relevait la tête. Les anecdotes et les vannes fusaient. Un des types de la cellule racontait comment il avait trouvé plus d'images de cul que de cartes à puce dans les ordinateurs. Un autre racontait que lors de la perquise à laquelle il avait assisté, les gendarmes avaient découvert des dizaines de godes dans un tiroir d'une chambre. Les jeunes informaticiens étaient les plus braillards. Pour eux, qui ne sortaient jamais le nez de leur écran, c'était la fête et ils avaient l'impression d'avoir vécu leur Austerlitz.

Les ordinateurs avaient livré beaucoup d'informations, beaucoup trop. En rentrant sans vergogne dans l'intimité d'un paquet de gens, les perquisitions avaient révélé beaucoup de connexions avec d'autres filières de piratage. Décidément, ça ne me changeait pas trop du Service, sauf que soudain je me suis senti un peu sale. J'avais trouvé pathétique la vision de ce pauvre gars en slip réveillé au petit matin comme un criminel, interrogé devant sa fille pour quelques malheureuses cartes à puce qui permettraient à des allumés de se branler tranquillement devant des programmes de cul. J'ai eu comme l'impression de m'être perdu dans un mauvais film. Je pensais au Service, à mes missions, j'étais très loin de Cercottes et je commençais déjà à les regretter.

Un papier à la main, le sous-chef fit taire tout le monde.

« Je vais vous lire le mail que le boss vous a envoyé à tous. Il vous remercie pour tout ce que vous avez fait et vous demande de porter un toast à la SSSI. »

Avant qu'il ait eu le temps de finir sa phrase, tout le monde avait déjà sifflé sa coupe.

JOURNÉES RÉVOLUTIONNAIRES

J'habitais à cinq minutes du bureau et je rentrais chez moi à pied. Un soir, mon boss m'a appelé sur le portable.

« Pierre, où êtes-vous ?

– Dans la rue, je rentre.

– Plus tard, plus tard. Écoutez, un type est arrivé cet après-midi. Vers 21 heures, il ira dîner avec quelqu'un de Canal dans une brasserie à côté de son hôtel. C'est un grand hôtel. Il faudrait faire deux choses. Faire une pénétration dans sa chambre pour lui vider son ordinateur portable et mettre un micro sur son téléphone.

– Vous avez son nom ?

– C'est le chef de sécurité de la société X. Il est pour quelques jours à Paris. »

Là, c'était du lourd. Le mec dont il me donnait l'identité n'était pas n'importe qui. C'était un dirigeant d'un concurrent de Canal Plus Technologie qui concevait des décodeurs.

C'est ce soir-là que j'ai ouvert les yeux. J'ai enfin vu ce que je ne voulais pas voir. Ça dérapait et mon chef était en train de mordre la ligne blanche. D'abord, il a fallu que je lui explique que ce n'était pas possible, qu'il fallait du temps, du matos et des moyens humains sans compter que ça n'était pas légal. Au bout du fil, je l'ai senti agacé, limite énervé. J'ai découvert à quel point ils se croyaient dans un film. Quand il demandait quelque chose, il fallait pouvoir le faire tout de suite. Le succès spectaculaire de l'opération contre le piratage l'avait grisé et il planait à dix mille mètres. Il ne semblait pas penser un instant aux conséquences judiciaires. J'ai botté en touche pour le tester: « Si vous êtes prêt à payer, il n'y a pas de problème ». Il voulait des écoutes tout de suite. Je lui ai expliqué qu'on ne pouvait pas écouter les portables comme ça, ni pénétrer dans une chambre seul.

Pour écouter un portable, il fallait du matériel lourd et très cher, que les sociétés privées n'avaient pas le droit de se procurer. De plus, ce type d'écoutes reste très aléatoire. En fait, on n'écoutait pas directement le téléphone, mais la borne auquel il était relié au moment de l'appel. Si la cible se déplaçait et changeait de borne, l'écoute échouait.

Restait l'intrusion dans sa chambre. En général, au Service, pour préparer une opération aussi simple que ça, il fallait au moins trois équipes et plusieurs jours de reconnaissance et de préparation. Je me demandais parfois s'il avait vraiment été flic dans le passé. J'ai appelé un pote qui travaillait à la cellule *H* pour confirmer à mes boss mon incapacité à agir de la sorte. C'était eux qui étaient chargés des visites de chambres d'hôtel. *Firmin* connaissait des tonnes de contacts dans les grands palaces. Il m'a donné le nom du chef de la sécurité de l'hôtel en question puis l'a prévenu de mon appel mais lorsque je l'ai eu au téléphone, quelques instants plus tard, il s'est mystérieusement défilé. J'apprendrai par hasard plus tard que mon pote croyait que j'étais en train de le tester pour le compte des services. Il était en plein stage pour devenir chef d'équipe...

Le lendemain, le polar a continué. Chaque matin, j'allais travailler en me demandant ce qu'ils avaient bien pu inventer dans la nuit, qui était dans le collimateur ou qui ils allaient me demander d'espionner.

Chaque jour, je voyais un peu plus la SSSI comme un instrument redoutable qui permettait à son chef, ex-inspecteur des RG monté en grade dans le privé, d'assouvir son désir de pouvoir. Et il en avait chaque jour un peu plus. Canal avait trouvé son bourreau et elle devait bien aimer se faire fouetter. Dans la chaîne, tout le monde acceptait l'idée d'être peut-être sur écoute et qu'un œil anonyme lise les mails de chacun. C'est ce qu'on se racontait en douce et personne ne cherchait pourtant à savoir s'il avait effectivement placé l'entreprise sous surveillance quasi policière, mais tout le monde semblait frissonner à cette perspective. « Être écouté, c'est déjà exister », devaient-ils se dire. Si l'on est écouté, c'est qu'on est dangereux pour quelqu'un, pour une institution, c'est qu'on est important, c'est bon pour l'ego. Et de l'ego, il y en avait sûrement plus qu'ailleurs à la télé, surtout sur cette chaîne. À mes yeux, les journalistes de la chaîne auraient dû réagir lorsque les rumeurs sur ces pratiques ont commencé à circuler. Ils auraient dû demander des comptes à la direction. Mais non. Rien. Je n'étais pas journaliste, j'aurais dû m'en foutre, mais j'étais déçu. Pendant ces dix-sept mois passés à Canal, j'ai perdu mes illusions par pans entiers.

Un peu plus tard, mon boss m'a demandé « quelques vérifications d'usage » sur une journaliste qui venait d'écrire un livre assez sanglant sur la chaîne, sur Lescure et sur les autres barons historiques. Lui-même n'était pas épargné. Ce livre les a rendus comme fous. Lescure avait même dû en écrire un en quatrième vitesse pour allumer un contre-feu. Quant à mon chef, quand il a lu son nom dans le livre et le passage qui lui était consacré, je l'ai vu péter un câble. Il écumait mais il ne pouvait rien faire, il le savait. Par acquit de conscience, il m'a envoyé aux renseignements. La journaliste en question était mariée à un autre journaliste, un enquêteur de gros calibre du *Nouvel Observateur* et ils vivaient heureux dans une jolie maison parisienne.

Début 2002, l'ambiance s'est brutalement dégradée à Canal. Mon boss est devenu lunatique et colérique. Je me suis dit qu'il fallait que la crise passe et qu'avec un peu de chance il oublierait le livre. D'ailleurs, il savait où elle habitait, avec qui elle vivait. Que pouvait-il faire de plus ? Juste planter des épingles sur sa photo et ruminer.

Trois mois plus tard, ce qui devait arriver arriva. Fin mars, Lescure a été viré. J'avais appris que, dans le privé, les nouvelles prennent d'abord la forme de bruits de couloir. Je me suis dit que je n'étais pas arrivé au bon moment et qu'il fallait juste attendre et voir. Pour les anciens de la chaîne, ça a été un coup de tonnerre. Le soir venu, on s'est retrouvés à plusieurs dans le bureau du sous-chef.

« Si Lescure se barre, que va devenir la cellule ? » j'ai demandé.

« Attends, il est pas parti », a-t-il temporisé. Il nous l'a soudain joué vieux briscard qui en a vu d'autres, mais on sentait tous bien qu'il serrait les fesses.

Thibault m'a vite rassuré :

« Nous, on rapporte plus qu'on ne coûte, on ne sera pas inquiétés. »

Et puis, j'ai entendu le sous-chef murmurer à un ancien de la cellule :

« T'en fais pas, le chef a de quoi faire sauter tout le monde. Il nous protégera. »

Dans les locaux, on sentait bien que ça bouillonnait. Les couloirs se transformaient en AG. Ça me faisait penser à *La Reine Margot* avec les complots, les meurtres, empoisonnements et coups de couteaux. Et puis, quelques jours plus tard, on a vécu un moment historique, une sorte de 11 Septembre sur le canal interne. Lescure s'était fait virer quelques jours plus tôt par Messier. Des gens de la chaîne avaient été manifester sous ses fenêtres, au siège de Vivendi-Universal vers l'Arc de triomphe. En vain.

Pour éteindre l'incendie, Messier a fait venir quelqu'un de TF1. Il s'appelait Xavier Couture, c'était alors le mari de Claire Chazal. Dans les couloirs, les gens en parlaient mais ne le connaissaient pas. Le jour de son arrivée, Couture a eu droit à un comité d'accueil. Les salariés n'étaient pas vraiment en grève mais ils manifestaient. Après avoir eu sa voiture bloquée, ce dernier a dû traverser le hall sous les huées. Sur l'écran, autour de lui, ça hurlait. Un grand mec s'est approché de Couture comme s'il voulait lui souffler dans les bronches. C'était Bruno Gaccio, le chef des *Guignols,* grande gueule de la chaîne et porte-parole de la rébellion, qui dépassait d'une tête la foule. Arrivé à la hauteur de Couture, il lui a lancé, en direct sur le canal interne : « On veut pas de vous, on vous aime pas. On n'a rien contre vous, mais on veut pas travailler avec vous ». La crise avait son image. La chaîne l'a diffusée en boucle les jours suivants. Ouvrant le passage et reconverti en bodyguard du mari de la reine du 20 Heures, mon boss écartait la foule de ses mains.

Devant l'écran, nous commentions l'événement.

« Y fait quoi le gros ?

– Il vient de changer de patron, donc il s'adapte.

– Il a l'air un peu crispé, le nouveau.

– Tu m'étonnes, vu le comité d'accueil qu'ils lui ont fait.

– Il va se faire engueuler par sa femme ce soir. »

J'imaginais la scène.

Tout en regardant l'écran, je me disais qu'il devait bouillir de devoir subir ça. Il allait bien nous demander quelques « ciblages et environnements » d'individus. À les voir tous en train de hurler, je me demandais bien lesquels allaient y avoir droit. Pas besoin d'avoir traîné à Sciences-Po pour comprendre. Ça me paraissait évident.

Thibault pensait comme moi. Il a lâché: « Je sens qu'on va pas tarder à t'appeler. »

Le jour d'après, l'ambiance a brutalement changé. Mon chef a renforcé la sécurité devant l'entrée de l'immeuble et au sixième étage. Ça sentait la reprise en main après la révolte. Les gens se passaient l'information:

« Il a bloqué l'ascenseur. Si tu veux aller au septième voir les patrons, tu dois passer devant deux mecs de la sécurité. »

Installée devant l'écran interne, la SSSI suivait l'évolution de ce qu'il fallait appeler la « mini révolution » interne. Quelqu'un a déboulé:

« Je reviens d'en face. Il y a des assemblées générales sur les plateaux. »

Le samedi, les syndicats ont organisé un énorme rassemblement. On se serait cru à une « soirée Canal ». Il y avait Djamel, Depardieu et consorts. Tous venus en voisins, apporter leur soutien par solidarité à la chaîne du cinéma.

NOM DE CODE : GOLF

« Vous pouvez venir dans mon bureau ? »

Au téléphone, le sous-chef semblait impatient de me voir. Les affaires reprenaient. Il était enfoncé dans son fauteuil, et j'ai vu à son air mystérieux qu'il allait me délivrer encore un secret d'État.

« Asseyez-vous, Pierre », a-t-il dit en regardant trois fois s'il n'y avait personne d'autre que nous dans la pièce. Puis il a ajouté : « On veut des renseignements sur cette personne. »

Il m'a glissé un papier sous le nez avec le nom de Bruno Gaccio dessus.

Je le connaissais vu que c'était un des historiques de la chaîne.

« Vous le connaissez ?

– Bien sûr, on n'a vu que lui ces derniers temps. Qu'est-ce que vous voulez exactement ?

– Tout. On veut tout ! »

Je me suis demandé une seconde qui pouvait être « on ». Sa figure s'était rapetissée encore plus pour ne devenir qu'une bouche et deux yeux.

« Nous ne sommes que trois à être au courant. »

Mon chef, moi et lui, en fait, m'a-t-il expliqué. « On ne prononcera jamais sa véritable identité entre nous. À partir d'aujourd'hui, ce dossier prendra le nom de *Golf*. C'est clair ? »

C'était reparti pour un tour.

« Qu'avez-vous à me donner pour commencer ?

– Rien. Tout ce que je peux vous dire c'est qu'il vient tous les jours en scooter et qu'il le gare devant l'immeuble au milieu de ceux des coursiers. J'ai aussi la marque du scooter, si vous voulez…

– Mais avec le badge, vous pouvez tout savoir, à quelle heure il arrive et à quelle heure il part ! »

Là, j'ai vu qu'il était un peu emmerdé.

« Non, depuis qu'on a mis le système en place, c'est le seul à avoir refusé d'en prendre un. Tous les jours il prend un badge visiteur.

Surtout pas de vagues. Discrétion absolue. Pas d'embrouilles, hein ! » a-t-il dit en déchirant devant moi le papier sur lequel était inscrit le nom.

Je l'ai regardé, un peu navré. Pour un peu, il aurait brûlé la feuille dans le cendrier.

Quand je suis revenu dans notre bureau, Thibault, sans lever la tête de son ordinateur, m'a demandé ce qu'il voulait. Je lui ai raconté : « Tu sais l'autre grande gueule qu'on a vue partout ! J'ai l'impression qu'il s'est pas fait que des amis. »

« Je te l'avais bien dit que ça finirait comme ça. Ils sont gonflés ! Fais gaffe. Vous êtes limite. »

Thibault avait une dizaine d'années de plus que moi. Face à face et derrière nos bureaux respectifs, on cohabitait bien. Il s'inquiétait souvent pour moi, surtout depuis quelque temps. Il faut dire que j'étais un peu déprimé. À force de fouiller dans les poubelles, je commençais à me sentir poubelle moi-même. Pas une corbeille à papier de bureau, une vraie poubelle. C'est ce que j'avais dit et redit tout le week-end à Frédérique, à Orléans. Avec elle aussi, ça commençait à tanguer. Partout, je me sentais en zone rouge. Partout, ça sentait le danger. Pas le danger de mort, non, le danger d'un couple et d'un boulot qui déraillent en même temps. On n'allait pas tarder à se séparer, Frédérique et moi, et on le savait tous les deux. La différence entre elle et moi, c'est qu'elle avait connu la vie civile avant Cercottes. D'abord dans une grosse banque puis au ministère de la Défense. Moi, ma reconversion était rude. Certes, il y avait le glamour et les paillettes, mais c'était difficile. En fait, j'étais en pleine déprime. Je me suis assis au bureau et j'ai commencé à réfléchir à la manip à laquelle j'allais être mêlé en me demandant comment j'allais pouvoir procéder pour m'en tirer. Démissionner. Je n'y pensais même pas. Enfin, pas vraiment. Pas encore. Je me suis plutôt promis à ce moment-là de me protéger. Mon instinct d'agent refaisait surface. À malin, malin et demi, j'allais désormais agir comme un agent double, en conservant tout ce qui pourrait me servir à montrer jusqu'où ils pouvaient aller.

Le sous-chef ne m'avait rien donné. Même pas une adresse. Il allait falloir improviser comme à l'époque des RFA sur Londres. Avec mon petit dictaphone, devant le siège, j'ai commencé comme un agent stagiaire à enregistrer tous les numéros des scooters garés. Mon portable a sonné. C'était lui.

« On a son numéro d'immatriculation. Et une adresse à Neuilly. »

Si *Golf* se déplaçait en scooter, il allait falloir le suivre. J'ai foncé en louer un pour les filoches qui s'annonçaient. De retour au bureau, le sous-chef a commencé à me distiller quelques bribes d'informations et m'a expliqué le but de l'opération :

« On doit savoir si *Golf* garde encore des contacts avec l'ancienne direction, Lescure et consorts, s'ils se voient en dehors et s'il y a complot en sous-main. »

La parano montait. Le bon côté des choses, c'est que ce spectacle m'amusait. J'avais traqué des barbus, maintenant, je devais filer un Guignol de la télé. C'était proprement ridicule. Je savais d'emblée que je ne ferais strictement rien contre lui. On n'a pas servi la République pour en arriver là.

Posté en observation devant Canal, je me suis installé pour attendre *Golf*. Au bout de trois heures, je l'ai vu sortir de l'immeuble et j'ai commencé la filoche. Zigzaguant entre les voitures, nous nous sommes dirigés vers Saint-Germain-des-Prés. Il est entré dans un immeuble. Je me suis posté devant et j'ai compté les étages.

Le lendemain, le sous-chef m'attendait dans son bureau.

« On a son adresse et le code d'entrée ainsi que son numéro de portable. C'est…

– Je sais, je l'ai "logé" hier soir. Comment vous avez eu tous les renseignements ? »

Il n'y avait là rien de très confidentiel mais, évidemment, ce n'était pas la question qu'il fallait poser. Il avait repris son expression insupportable qui veut dire : « Je sais des choses que je ne peux pas te révéler, c'est pour ton bien, petit ! » Moi, tout ce que je savais, c'est qu'on en apprenait plus sur les gens en leur faisant la boîte aux lettres qu'en campant devant leur porte. Un relevé de banque ou de téléphone, ça parle plus qu'une ex-femme. Je me suis dit, à ce moment-là, qu'ils avaient dû commencer à détourner sa correspondance électronique. Je n'ai jamais vraiment cru aux histoires d'écoutes qui traînaient dans les couloirs, et d'ailleurs, on ne me l'aurait jamais dit, mais je savais que, techniquement, il suffisait d'avoir la main sur le réseau informatique pour y puiser ce qu'on voulait. La colère que suscitait *Golf* conduisait direct aux machines du septième étage.

Au Service, on travaillait à l'ancienne. Pour un simple digicode, il fallait poster une voiture devant la porte et filmer sous le bon angle les gens qui entraient quand ils tapaient le code. Les infos qu'il venait de me sortir ne se trouvaient pas dans les pages jaunes. Ici, on préférait emprunter les ascenseurs plutôt que de respecter les règles de l'art. Vu le caractère sensible de la cible, je ne devais pas être le seul à travailler dessus. J'ai bien senti que le sous-chef ne me disait pas tout et ça commençait à me gonfler. Avec leur cloisonnement en bois, ils me prenaient pour un lapin de six semaines.

Fin juin, un soir, quand les gens honnêtes dormaient sur leurs deux oreilles, je me suis glissé, un peu piteux, dans l'immeuble de *Golf*, afin de voir à quoi ressemblait l'intérieur, où se trouvaient les boîtes aux lettres, et d'observer la gueule des serrures. Dans le hall du bâtiment, Il n'y avait pas de boîtes aux lettres. Impossible de piquer le courrier du client. C'était une concierge qui effectuait la distribution chaque matin, en la glissant sous les portes. Par acquit de conscience, j'ai fait une série de photos de la porte d'entrée et de sa serrure.

Les filoches s'enfilaient comme des perles sur un collier. Jusqu'à tard le soir, je campais sur mon bout de trottoir en face de chez lui, histoire de voir si des gens de l'ancienne direction passaient le voir. Comme *Golf* n'était pas un couche-tôt, tel un baby-sitter, j'attendais qu'il éteigne sa lumière pour lever le camp. L'air était doux et je bénissais le ciel que cette crise d'hystérie collective ait débuté au printemps et pas à la rentrée.

Le 27 juin s'est tenue une conférence au sommet. Mes deux boss, comme à leur habitude de super conspirateurs, m'avaient appelé sur le portable afin qu'on se voie brièvement sur le trottoir de la rue Balard, en face des restaurants du quartier, pour faire le point. À leur mine réjouie, j'ai senti qu'il y avait du nouveau. Mon chef m'a laissé entendre que *Golf* avait des faiblesses pour la gent féminine et qu'on pourrait sans doute l'ennuyer comme ça. Tous les trois, sur le trottoir, je me suis dit qu'on devait ressembler à la bande des Pieds-Nickelés. Ribouldingue, Filochard et Croquignol préparent un coup ! Devant tant de conneries, les bras m'en sont tombés. Je leur ai demandé de me répéter ça, histoire d'être sûr d'avoir bien entendu.

Ils ont continué : « Il faut entrer chez lui, poser des micros et des caméras, c'est possible pour vous, ça ? »

Évidemment, j'allais sonner, entrer, saluer et me coller une caméra sous support caché quelque part et puis le lendemain, je ferais un dossier Powerpoint que je leur présenterais rideaux fermés. Absurde !

Je me disais qu'ils allaient vite se rendre compte que tout ça était impossible, illégal et ridicule. Je sentais bien que mon chef n'aimait pas *Golf* et que ça ne datait pas d'hier. Il me faisait penser à un entomologiste qui collectionne les papillons pour les coller dans une boîte de verre. *Golf*, c'était un papillon rare et ça devait l'exciter de pouvoir l'épingler depuis le temps qu'il lui bavait dessus. Mais je me demandais aussi s'il assouvissait une vengeance personnelle, s'il était mandaté par quelqu'un d'autre, qui lui aurait demandé un service qu'il était trop heureux de rendre.

À Canal, l'ambiance était retombée, les émissions en clair ne reprenaient qu'en septembre, les équipes étaient sur le point de filer en vacances. Peut-être la nouvelle direction craignait-elle que la rentrée soit chaude et voulait-elle éviter une révolte. Les cours de Bourse du groupe chutaient depuis des mois et chaque vanne publique de *Golf* pouvait coûter des millions.

J'avais assisté sur le petit écran à la réunion des actionnaires de Vivendi-Universal. Au milieu des petits porteurs, *Golf* s'était levé et avait apostrophé Messier sur le thème : « Avant j'étais riche avec mes actions, aujourd'hui leur valeur a été divisée par quatre ! Vous pouvez nous donner des explications ? » En face sur son estrade, Messier, le sourire crispé, avait failli en avaler son micro. *Golf* était gênant. Certains devaient même le trouver dangereux.

« Ils sont en train de tuer "l'esprit Canal" », a aboyé mon chef devant son moniteur.

En l'entendant, j'ai pensé que j'en connaissais au moins deux qui s'asseyaient sur le fameux « esprit Canal » ! Je n'ai rien dit.

« Entrer chez lui, entrer chez lui… » Je ne contacterais personne dans ce but. Parmi les anciens de la cellule serrurerie, personne n'accepterait de toute façon ce genre de job. Faire « l'école du crime » pour la République, ça allait, mais pour deux responsables de la sécurité d'une chaîne de télé surexposée, ça tournait à la série Z. Surtout, on risquait cinq ans de taule. Les gens de la SSSI faisaient jouer à fond leurs relations avec leur ancien service. Mais la mentalité du Service n'était pas celle des flics. On ne faisait pas de « ménage » dans le civil. Une fois qu'on en était parti, c'était définitif. Le reste, c'était du cinéma. Bon Dieu ! Ce que c'était agaçant, ces types qui pensent comme au cinéma. Avec moi, mon patron avait fait une erreur de recrutement. C'est un mec de la DST qu'il aurait dû embaucher, pas du Service Action !

Tout en m'éloignant, j'ai regardé mon carnet de notes. On avait l'adresse, le numéro de portable, son immatriculation, son code d'entrée. Et tout ça, ils l'avaient obtenu. Soit ils travaillaient en bonne intelligence avec un service compétent, soit ils avaient déjà mis *Golf* sur écoute, soit ils lui faisaient son ordinateur. Je ne voyais pas d'autre solution.

Le lendemain, j'avais rendez-vous avec deux anciens des services pour discuter le coup. L'un d'eux était passé par Cercottes. Il était resté longtemps chez *Delta*. Véritable piégeur, il était capable de coller un micro dans vos intestins sans que vous vous en rendiez compte.

« Pourquoi t'as besoin de savoir tout ça ? Ils te demandent des trucs bizarres, tes patrons ! » Je me rendais compte chaque jour davantage que ça tournait vraiment mal.

Le 1er juillet, les grandes vacances venaient de commencer et Paris s'était dépeuplé d'un coup. Le scooter de *Golf* était solidement attaché en haut de sa rue. J'ai tâté le cadenas, ça sentait le départ pour une destination ensoleillée.

De retour au bureau, j'ai été voir mon boss. Assis avec un dossier ouvert devant lui, il m'a dit :

« Il est parti dans le Sud. » J'étais heureux de l'apprendre. Je l'ai observé qui continuait à me livrer des informations venues de nulle part, puis il a repris.

« Venez, vous avez ici tous ses numéros de compte. Voyez ce qu'on peut faire avec ! Faites-les parler ! »

J'ai empoché le papier sans le regarder. Soudain, il s'est inquiété : « Eh ! Vous détruisez le papier après, hein… »

Là je lui ai fait mon regard « fais-moi confiance ».

En fait, j'avais déjà décidé de tout conserver. Au cas où… Tant tout cela m'apparaissait délirant.

Le soir même, j'ai sauté dans un TGV. Trois heures plus tard, j'ai loué une voiture en prenant soin de me servir de la carte *corporate* de la boîte, puis j'ai pris la route pour rejoindre sa ville avant la nuit.

Ils m'avaient demandé de trouver un prétexte à ma présence là-bas. J'ai donc inventé que je devais m'occuper d'un prétendu cybercafé que j'aurais surveillé car on le suspectait de pirater Canal et d'appartenir à un réseau de piratage. Une excuse à deux balles. Il va de soi que je n'ai enquêté sur aucun cybercafé ! Cette mission était un leurre, tout ce qu'il y a de plus bidon, pour justifier mes déplacements et les frais qu'ils allaient occasionner à la chaîne.

Pendant que la voiture filait sur l'autoroute en direction de la villégiature de *Golf*, j'essayais de récapituler le dossier. Depuis le début, je n'arrivais pas à prendre au sérieux toute l'histoire pour une seule et bonne raison. Payant justement tout avec la carte « business » de Canal, j'étais comme le Petit Poucet en train de semer des cailloux derrière moi. Et vu ce que je laissais derrière, c'était plus des cailloux, c'était les Rocheuses ! Les dernières informations que m'avaient transmises mon chef et son second indiquaient que *Golf* était propriétaire d'un restaurant de gastronomie provençale dans le Sud.

Après une nuit dans un hôtel du coin, le lendemain matin, j'ai découvert l'endroit. Posé aux pieds des Alpilles, véritable carte postale provençale, le village était superbe. Le restaurant, lui, s'étalait principalement en terrasse sous des arbres centenaires. Après avoir effectué toutes les reconnaissances dans le village, vers 11 heures, je me suis assis à l'ombre, non loin de l'entrée du restaurant en me prenant un petit pichet de rosé à déguster au son des cigales avec les journaux du matin.

Je pensais à Frédérique. Elle était partie en mission quelque part en Europe centrale. Je ne l'avais pas vue depuis plusieurs semaines et ne lui avais pas encore raconté toute cette histoire. Coincé à Paris depuis un mois à filocher *Golf*, je n'étais pas redescendu sur Orléans. Le Service me manquait parfois. Ils avaient bien des défauts mais ils n'auraient jamais lancé une affaire aussi tordue sous véritable identité en payant avec la carte « gold » de la boîte. On était loin des identités fausses et des cartes de crédit « made in DGSE ». Je me souviens que, devant mon verre de rosé, j'avais la nostalgie ce jour-là. La déprime totale devant la dérive que je vivais.

J'observais, un œil sur la voiture de *Golf*, l'autre sur sa terrasse et le portail d'entrée. Observer, c'est attendre et savoir accepter que les moments soient longs. Très longs et très lents. Vers 23 heures, je l'ai vu sortir avec un gosse dans les bras, sa compagne et une ado à ses côtés. Ils sont montés dans la voiture et ont démarré.

Suivre une voiture en milieu rural est beaucoup plus dangereux qu'en ville. Ça rallonge les distances de sécurité à respecter. Quelques kilomètres plus loin, la voiture est sortie du village et s'est engouffrée dans un chemin de terre. J'ai freiné. Il valait mieux arrêter la filature pour éviter d'être repéré au milieu de la nuit.

Au téléphone, j'ai rendu compte au sous-chef qui, je l'ai bien senti, faisait un peu la gueule. Que voulait-il ? Que je lui envoie le lendemain une vidéo par chronopost qui montrait *Golf* dans des pratiques privées ? De retour à Paris, il m'attendait de pied ferme.

« Pourquoi vous l'avez perdu ! Il fallait continuer jusqu'au bout…

– Je ne l'ai pas perdu. Laissez-moi vous expliquer…

– Ne dites pas que vous ne l'avez pas perdu, vous l'avez perdu !

– Comme je vous ai expliqué hier au téléphone, mais visiblement vous n'avez rien compris, lorsqu'on fait une filoche sur une route goudronnée, que l'homo tourne sur un chemin en terre, étroit, qui semble être privé et qu'on ne sait pas ce qu'on risque de trouver au bout, il ne faut pas y aller. C'est le b, a ba. Si l'homo est en train d'ouvrir le portail et qu'on arrive derrière lui, on n'a pas l'air con. Dans ces cas-là, vu qu'on est repéré, il n'y a plus de filoche possible. »

Le lendemain, je l'ai retrouvé dans son bureau, comme si de rien n'était. Il n'était pas seul. Un homme d'une quarantaine d'années, tout vêtu de noir malgré la chaleur, m'a tendu une main moite.

« On va monter d'un cran dans le dossier *Golf,* Pierre. Je vous présente un ami de longue date. Il va nous apporter son concours dans le dossier qui nous intéresse. »

Le gus sentait la carte tricolore. Le sous-chef a continué : « Le chef veut qu'on trouve un moyen d'emmerder *Golf.* »

J'ai senti que j'allais avoir droit à un grand numéro. Ça n'a pas manqué. Il a commencé à penser avec ses doigts :

« On pourrait le piéger. On peut monter une affaire de drogue, du genre placer de la dope dans son scooter ou ailleurs, ou encore on monte une histoire de cul… »

Je l'ai interrompu pour lui demander quelle histoire de cul, vu que notre client avait l'air plutôt à l'aise de ce côté-là. Il a continué :

« On trouve une fille, une professionnelle qu'on lui colle entre les pattes. Une fois que *Golf* l'a sautée, la fille va porter plainte pour viol. Dans tous les cas de figure, on planque au sortir du commissariat, avec des appareils photo et...

– Faudra pas oublier de prévenir la presse, a surenchéri "Main moite". Le chef a dit qu'il fallait le discréditer médiatiquement. »

Nous y voilà. Enfin, ils avaient une stratégie, même si elle arrivait un peu tard et qu'elle était sale. Je l'ai coupé avant qu'ils aillent plus loin pour les mettre au pied du mur.

« Faut du cash pour tout ça. Sauf si vous voulez que je continue à utiliser ma carte *corporate* mais je doute qu'une pute accepte les cartes de crédit.

– Moi, je peux avoir des connexions avec les "stups" et des filles professionnelles », a interrompu Main moite.

Le sous-chef s'était mis à réfléchir et ça se voyait. Je m'attendais à voir de la fumée sortir de ses oreilles. Et puis il a lâché un solennel :

« On prend une décision ce week-end. »

Le vendredi soir, je suis rentré à Orléans. J'avais respiré en m'éloignant de cette ville et du service. J'y avais passé dix ans. Maintenant, j'y retournais pour fuir le piège dans lequel je m'enfonçais tous les jours un peu plus. Je me rappelais de ma vie parallèle d'avant. Ce que l'on faisait avait un sens, les enjeux nous dépassaient tous, nous étions des soldats. J'avais été fier des missions. J'avais même trouvé que l'on n'en faisait pas assez. J'avais cru que dans le civil ce serait différent. Cela n'avait pas été le cas. C'était bien pire. Des histoires crapoteuses de télé et de gros sous, des histoires de flics véreux, il y avait mieux en guise de vraie vie. Frédérique, comme d'habitude, a été d'une lucidité sans concession. Elle restait l'ange gardien qui veillait.

« Vous déconnez là. Tu vas faire quoi ! Je te signale que tu n'es pas couvert. Si tu te fais gauler, c'est la taule direct ! » Je l'ai rassurée. Je n'avais évidemment pas du tout l'intention d'aller plus loin.

« Regarde-moi bien dans les yeux et donne-moi ta parole que tu ne feras rien de plus. »

J'ai évidemment promis. Après, je lui ai raconté toute l'histoire en détail, toutes les fautes accumulées volontairement lors de l'opération : la carte *corporate*, les locations à mon nom un peu partout et puis, comme preuve qu'il n'y a pas de hasard, le téléphone s'est mis à sonner. C'était le sous-chef. Il a simplement dit : « OK pour piéger *Golf* avec gros moyens. » Et il a raccroché avant que j'aie pu répondre quoi que ce soit à cette énorme connerie de plus.

Frédérique avait compris et a ouvert de grands yeux effarés. Je ne l'avais jamais vu avoir aussi peur, même pendant un saut. En fait, l'avais-je jamais vue avoir peur ? Je ne crois pas. Était-ce pour ça que j'étais avec elle ? Dans le civil, étions-nous destinés à avoir peur ? Avions-nous été protégés comme des enfants ? Les questions se sont bousculées en moi, ce week-end là.

Le lundi, c'est mon grand chef en personne qui me donna mes nouvelles instructions. Il avait deux nouvelles cibles, deux filles. Et puis il m'a tendu une chemise en me rappelant que je devais tout passer à la broyeuse après usage. Je rêve ! ai-je pensé en moi-même, tu me prends vraiment pour un bleu ! En ouvrant la chemise, j'ai mieux compris. Tu m'étonnes qu'ils en savaient sur *Golf*. J'avais sous les yeux tous ses mails des derniers jours. Je comprenais maintenant d'où mes chefs tenaient toutes ces infos aussi précises. Comme je travaillais depuis vingt ans sans poser de questions, j'ai refermé le dossier et je suis parti en chasse. Les questions, c'est à moi que je les posais, en silence. Il se croyait encore sans doute à la belle époque où l'on faisait chanter les gens avec des photos de cul ou des trucs de ce genre.

Après quelques recherches, j'ai pu confirmer les deux contacts de *Golf*. Elles étaient parties toutes les deux en vacances.

Le lendemain, je suis retourné dans le Sud. Mon chef m'avait demandé de loger *Golf* et de ramener le maximum de photos. Mes observations n'avaient pas encore délivré une habitude exploitable. *Golf* allait tous les soirs à son restaurant où il se transformait en serveur, ce qui attirait le client. La journée, il glandait autour de la piscine. Vu la chaleur, je rêvais d'y piquer une tête.

Je m'étais aménagé une cache sous un pin non loin de la maison. Chaque jour, je m'approchais un peu plus pour photographier ce que je pouvais. La nuit, je les entendais discuter lorsqu'ils rentraient du restaurant. J'étais tellement proche que je pouvais entendre le tintement des verres. Ma bâche installée sous un pin me rappelait les nuits à la belle étoile pendant le stage guérilla. Il faisait doux et j'avais la paix, il n'y avait pas de chien pour venir me renifler. Au fil des soirs, je découvrais lentement son rythme de vie et peut-être bientôt une faille. J'ai mitraillé la piscine, la maison

de style provençal, *Golf* en maillot de bain, sa compagne en train de barboter, son gosse avec un masque de plongée sur le nez, *Golf* clope au bec. J'adorais observer les gens dans leurs gestes quotidiens. Je me faisais l'effet d'un chercheur scrutant des espèces rares. Tous ces gestes volés, ces moments de vie intimes, je les emmagasinais dans ma mémoire. Comme un gros disque dur, je possédais des morceaux de vie entiers de gens aussi variés que divers. Mais là c'était juste nul de se comporter comme ça avec un animateur de télévision juste parce qu'il a une grande gueule.
Je l'ai espionné quatre jours et quatre nuits et puis je suis rentré à Paris. Le boss était parti, son second était de retour, content de lui comme à son habitude. J'avais des infos mais rien de croustillant.

« Vous allez téléphoner à M. X* dont voilà le numéro. Il travaille au ministère de l'Intérieur. Prenez rendez-vous avec lui, il aura une enveloppe pour vous.

– C'est quoi ?

– On a pu avoir tous les numéros entrants et sortants du portable de *Golf*. »

On avait le bras de plus en plus long... Pour ça, il fallait faire une demande officielle à l'opérateur télécom afin qu'il livre la liste des appels entrants ou sortants ou, plus discrètement, glisser le numéro de téléphone au milieu d'une liste de gens à écouter.

À Nanterre, après une bonne poignée de main sur le trottoir, à quelques mètres des plantons, le type* en question m'a remis une enveloppe kraft. Dans la voiture, j'ai

* J'ai évidemment le nom de cette personne et j'ai conservé – au cas où – ces relevés téléphoniques.

parcouru le dossier. Il était épais comme un demi-Bottin. Il y avait soixante-six pages de contacts téléphoniques. L'affaire prenait une dimension inquiétante. Qui était au courant ? Qui couvrirait qui en cas de pépin ? Le jour où il m'avait embauché, mon patron m'avait prévenu qu'en cas de problème au cours d'une mission, il nierait tout et dirait que je suis devenu fou. Ambiance mission impossible. Je commençais à mieux comprendre ce qu'il entendait par là. Si l'envie lui venait de me faire passer pour un mythomane, il aurait cependant quelques difficultés à prétendre que j'ai tout inventé... Au cas où, je lui souhaite bien du courage.

L'organigramme téléphonique se mettait en place. Pour faire l'environnement de *Golf*, de retour au bureau, j'ai fait le tri parmi les numéros entrants et sortants. Ceux qui apparaissaient le plus souvent partaient à l'identification. Il fallait savoir qui était qui dans son entourage.

Le lundi, j'ai décidé d'aller voir le chef. Le numéro deux enfin parti en vacances, je n'avais plus d'intermédiaire et j'avais besoin d'avoir une idée claire de la suite de l'opération. Cela faisait presque un mois que nous bossions sur *Golf* et il était temps de faire le point. Dans ces milieux, on aime bien faire des réunions. Après avoir fermé la porte, il s'est assis...

« On en est où ? »

Je lui ai répondu qu'on n'en était nulle part.

« Je commence à en avoir marre. Ça traîne, ça traîne. Il faut trouver une solution pour qu'il ne soit pas à l'antenne en septembre. »

Je l'ai regardé et j'ai senti venir l'embrouille à très grande vitesse. À moi de me démerder. Merci les gars.

En traversant le parc André-Citroën, j'ai pensé que ça commençait à germer dans leurs petites têtes. Par phrases sibyllines, son second m'avait fait comprendre au téléphone depuis Marseille, où il était en vacances, que ça avançait.

À la fin du mois, le 26 juillet, un coup de téléphone est arrivé. C'était encore le sous-chef :

« Vous avez carte blanche. »

Dans la foulée, j'ai appelé Frédérique.

« Chérie, on part en vacances dans le Sud lundi. »

Le village de *Golf* avait pris ses quartiers de vacances et s'était transformé en carte postale. Sur le petit marché, les touristes déambulaient tranquillement, achetant les produits locaux vendus dans les boutiques du coin. Huile d'olive, lavande, petits santons en terre cuite, c'était un vrai décor de téléfilm. Frédérique, les yeux pleins de soleil, m'a dit qu'elle aimerait bien avoir une maison ici. Elle n'allait pas tarder à décrocher à son tour, à quitter le Service, ça se sentait. Moi aussi, j'aurais bien aimé, mais pour l'instant il fallait que je finisse de régler à ma manière ce foutu dossier pourri. Que je finisse de les piéger.

La nouvelle direction de la chaîne s'était mise en place à peine trois mois avant. Ils étaient bien sûr sous pression. On leur demandait de redresser la boîte d'urgence. Et à l'étage du dessus, chez Vivendi-Universal, ça valsait aussi. Messier avait été viré fin juin, il avait été remplacé par un type qui avait l'air sérieux, un type qui venait de prendre sa retraite et qui avait dirigé Rhône-Poulenc. Depuis la crise avec Lescure en avril, juste avant la présidentielle, Canal et Vivendi étaient le feuilleton quotidien des journaux. La direction historique avait été purgée par Messier qui était maintenant l'homme à abattre. À lire la presse, il s'était même abattu tout seul. Ses chaussettes étaient trouées mais son appartement faisait un hectare sur Central Park. Il aurait cramé des dizaines de milliards. Bref, ça devait gamberger à l'étage de la direction. Je les comprenais. La perspective de voir les *Guignols* gonflés à bloc leur tomber dessus à bras raccourcis le 1er septembre ne les réjouissaient pas, mais bien sûr pas au point de supprimer une émission aussi rentable.

Bob sur la tête, sac à dos léger, T-shirt et chaussures de marche, je me suis transformé en parfait randonneur aoûtien. À cause de la chaleur accablante, j'opérais tôt le matin.

Je me suis « mis au travail » en tentant de voir comment je pourrai trouver quelque chose dans les habitudes de *Golf* susceptible d'arranger mes patrons.
Je l'ai observé, suivi et photographié pendant une semaine sans faire le moindre effort.

Le dernier soir, Frédérique, qui évitait de trop me parler de cette histoire, m'a tout de même lâché :

« Tu n'as quand même pas quitté le Service Action pour faire la même chose en moins bien, pour des nuls dangereux et incompétents, et en toute illégalité ? »

Frédérique avait naturellement raison. Je n'ai pas accumulé autant d'expérience pour déplacer des poubelles afin d'emmerder un mec qui fait rire la France entière – dont moi – avec ses *Guignols*. Je suis rentré avec des semelles de plomb. Le double jeu commençait à me peser.

Ils ne m'ont plus appelé jusqu'à la semaine suivante. Cet été-là, *Golf* a eu un peu chaud, et moi avec.

J'étais à peine de retour à Paris que le téléphone s'est remis à sonner. C'était « numéro deux » qui me demandait de venir au bureau.

« Il faudrait s'orienter vers le fric. Il a beaucoup de biens immobiliers. Peut-être qu'il y a des trucs louches. Faut gratter », m'a-t-il dit tout bronzé.

Ils n'avaient décidément toujours pas l'intention de lâcher le morceau. Je ne pouvais plus les voir en peinture, mais j'étais soulagé. J'ai foncé au service du cadastre de Paris. *Golf* possédait plusieurs studios en ville, qu'il avait dû acheter au fil des ans. J'ai fait des photos des façades et j'en ai fait un dossier. En le feuilletant, quelques jours plus tard, le chef a dit :

« Il sait placer son argent. »

Et puis, en le refermant, il m'a demandé :

« Tu es sûr que tu ne peux rien faire pour ses comptes en banque ? »

En fait, j'aurais pu les faire sortir discrètement, mais c'était via quelqu'un que j'avais connu au Service et il n'en était pas question. Je m'étais dit que je ne ferais plus rien d'illégal et je trouvais maintenant leur demande insupportable. Et puis je commençais à trouver *Golf* de plus en plus sympa et surtout je ne voyais pas ce qu'il avait fait de mal. Quelques jours plus tard, le boss a bien cru qu'il le tenait. Il était tout excité. « Les stups l'ont mis sur écoute. Il serait en contact avec un gros dealer. » Comment savait-il ça ? C'était vraiment dingue ! Mais l'histoire s'est vite dégonflée. Il n'y avait rien du tout là non plus qu'on puisse reprocher à *Golf*. À cette époque, je continuais à l'apercevoir au self avec la bande des *Guignols*. Il riait fort. C'est toujours étrange de croiser une cible, de la regarder vivre sans avoir à se cacher. Je me souviens que j'ai croisé deux ou trois fois son regard à cette époque-là. Nous étions comme des intimes, sauf que l'un des deux l'ignorait. Parfois encore, le sous-chef me harponnait :

« On en est où du dossier *Golf* ? Il faut faire un point ! »

C'est avec moi-même que j'ai décidé de faire le point. L'été et les séjours sous le soleil du Sud avaient adouci la crise, mais elle était là. J'étais totalement déprimé d'avoir sombré dans ce mauvais film. Je ne me disais pas alors qu'il fallait que je claque la porte. Que je les laisse à leurs vengeances et à leur paranoïa. Parce que je n'en n'avais même pas la force. J'étais au bord du trou. C'est à ce moment-là qu'on a commencé à se dire qu'on allait se séparer, Frédérique et moi. Je n'allais pas tarder à divorcer pour la deuxième fois. La première fois, j'avais vingt ans.

Mon métier m'a appris à ne jamais se sentir perdu, mais cet automne-là, la vie a pris le pas sur le métier. J'ai reçu l'addition de mes péchés. J'étais en train de tout perdre en même temps, mes illusions, ma femme, mon temps et je n'allais pas tarder à y laisser mon honneur. J'avais raté mon passage de l'ombre à la lumière, de la vie d'espion à la vraie vie.

Je passais des nuits entières sans dormir, à regarder le plafond ou, au mieux, la télé. Mes contacts à l'extérieur reposaient sur une amie avec qui je passais des heures entières au téléphone.

Un soir, elle s'en souvient certainement, j'étais en triste état. Depuis quelque temps, je m'étais mis à dormir avec mon Glock sur la table de nuit, une balle posée juste à côté. J'ai tendu le bras et mis la balle dans la chambre. En pilotage automatique, j'ai placé le canon dans la bouche. Je me souviens avoir hésité : la bouche ou la tempe ? Mais au lieu d'appuyer sur la détente, j'ai fondu en larmes.

Quelques semaines plus tard, en décembre, j'ai négocié mon départ. Mon boss a commencé à mégoter, m'a dit que je n'avais qu'à démissionner et qu'il ne voyait pas de raison de me faire bénéficier du même parachute que tous ceux qui quittaient le navire à ce moment-là. Je lui ai fait remarquer que je savais quand même beaucoup de choses et que nous avions tous les deux intérêt à un départ serein. Il s'est vite radouci et je suis parti. Depuis, il a délocalisé SSSI à Sophia Antipolis, rebaptisée CK2, et il a embauché un célèbre hacker anglais comme directeur technique. Son bras droit est toujours là, aux dernières nouvelles. Il compte les mois. La soupe est bonne à Canal, et la retraite approche.

Récemment, dans un kiosque, je suis tombé sur un canard de télé qui annonçait en couverture une enquête exclusive sur « les coulisses de la lutte antipiratage » et une « visite du laboratoire CK2 ».

J'ai appris par la suite que leur nouvelle carte CanalSat, dont parlait ce canard, aurait déjà été « cassée ».

ÉPILOGUE

L'autre jour, comme je devais écrire les dernières lignes de ce livre, je suis allé m'installer au bar d'un grand hôtel du côté de République qui est un vrai nid d'espions. Oh, je sais, vous pensez Vienne, Berlin, alors que c'est juste parce que c'est direct en métro depuis Mortier et donc pratique pour les rendez-vous.

Je me suis assis, j'ai commandé un café et j'ai compté les espions de bureau, une bonne poignée à vue d'œil. Je me suis dit que ma carrière s'arrêtait là, sous leurs yeux, que je pouvais tourner la page, que j'assumais ma vie, que j'en étais fier mais qu'elle n'était pas finie.

Maintenant, il y a mon vrai nom sur ma boîte aux lettres, « Pierre Martinet ». Ça n'accroche plus mon regard lorsque je passe devant et je ne suis plus obligé de laisser tourner l'électricité quand je pars en vacances.

DIRECTION GÉNÉRALE DE LA SÉCURITÉ EXTÉRIEURE

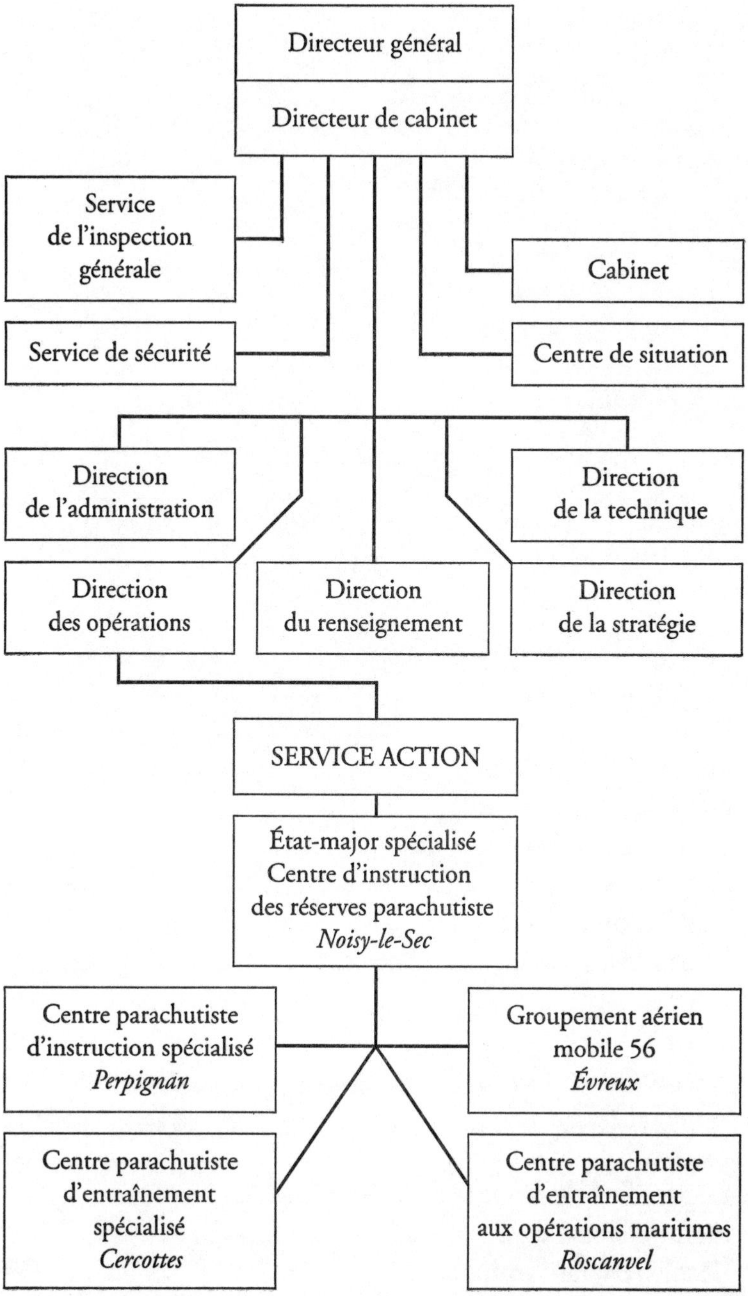

SOMMAIRE

REMERCIEMENTS

À G.L., qui m'a décidé à faire ce livre…

À mes éditeurs, Pierre Louis Rozynès et Guy Birenbaum pour leur soutien et leur confiance.

À Sophie Charnavel pour son intelligence et son regard sur le texte.

À Marion, Bob et Hélène pour leur lecture attentive.

Et bien sûr à celle qui m'a toujours soutenu et qui a toujours été là pour moi dans mes moments difficiles. Je n'ai pas toujours su être présent. C'est avant tout à elle que ce livre est dédié.

Impression réalisée sur CAMERON par

BRODARD & TAUPIN

GROUPE CPI

La Flèche

pour le compte des Éditions Privé
en mai 2005

Imprimé en France
Dépôt légal : mai 2005
N° d'impression : 29984
ISBN : 2-35076-020-0

Couverture : Pierre Gay, 2005

Crédits photos 1re de couverture et dos : © Laurence Jarrousse
4e de couverture : DR